马瑞民◎著

康熙四十年

欧洲那些事儿

U0331305

清華大学出版社

北京

图书在版编目 (CIP) 数据

康熙四十年欧洲那些事儿 / 马瑞民著. —北京：清华大学出版社，2022.10
ISBN 978-7-302-61896-6

Ⅰ.①康⋯　Ⅱ.①马⋯　Ⅲ.①欧洲－近代史－研究②中国历史－研究－清代
Ⅳ.①K504.07②K249.07

中国版本图书馆CIP数据核字(2022)第174812号

责任编辑：贺　岩
封面设计：李召霞
版式设计：方加青
责任校对：王凤芝
责任印制：丛怀宇

出版发行：清华大学出版社
　　　　网　　　址：http://www.tup.com.cn，http://www.wqbook.com
　　　　地　　　址：北京清华大学学研大厦 A 座　　　　邮　　编：100084
　　　　社 总 机：010-83470000　　　　　　　　　　邮　　购：010-62786544
　　　　投稿与读者服务：010-62776969，c-service@tup.tsinghua.edu.cn
　　　　质 量 反 馈：010-62772015，zhiliang@tup.tsinghua.edu.cn
印 装 者：三河市东方印刷有限公司
经　　销：全国新华书店
开　　本：170mm×240mm　　　印　　张：20.5　　　字　　数：342 千字
版　　次：2022 年 11 月第 1 版　　　印　　次：2022 年 11 月第 1 次印刷
定　　价：58.00 元

产品编号：091289-01

从来帝王之治天下，未尝不以敬天法祖为首务。

西洋人到中国三百年，未见不好处。

海外如西洋等国，千百年后，中国恐受其累。此朕逆料之言。

——康熙皇帝

朕即国家。

——路易十四并没有这么说，但是这么做的。

杰出、卓越、万能而又崇高的陛下，朕最为亲密的朋友。

——路易十四在信中对康熙皇帝的称呼

博格德汗（康熙皇帝）应接受沙皇陛下的保护，永世不渝。

——俄国驻尼布楚长官阿尔申斯基命人传达给康熙皇帝的内容

未经议会同意，以国王权威停止法律或停止法律实施，皆为非法。

向国王请愿，乃臣民之权利，一切对此项请愿之判罪或控告，皆为非法。

——英国权利法案

政府除了保护人民的财产外，没有其他的目的。

——约翰·洛克

把我们在数学上的发现介绍给中国人，也把一些中国的知识带到欧洲来。我毫不怀疑，在这个领域里中国人有很多值得我们学习的东西，因为他们的传统没有中断过。中国和欧洲应该取长补短，用一盏灯点燃另一盏灯。

——莱布尼茨

中国人有点故步自封，他们对祖先的崇敬使他们以为不可能在祖先发明以外再有任何发现。这种崇敬泯灭了他们超越的愿望，也窒息了追求。

——一位在华传教士

自然与自然的规律隐藏在黑暗中。上帝说，诞生吧，牛顿！于是一片光明。

——亚历山大·蒲柏

劳动是财富之父，土地是财富之母。

——威廉·配第

路易十四接见法国皇家科学院的科学家（他身后是他的弟弟和宫廷贴身侍卫，中间黑衣者是"首相"柯尔贝尔，蓝袍者是科学院秘书，左三正面者为大科学家惠更斯）

法兰西学院开会，法国最优秀的四十人才有资格成为院士

凡尔赛宫鸟瞰

凡尔赛宫的镜厅

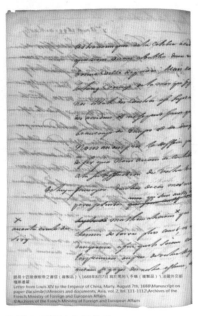

路易十四写给康熙的信

接受路易十四宴请，见过教皇和英国国王的沈福宗

知道了西洋来人内若有各样学问
或行医者必着速送至京中

康熙伍拾柒年柒月贰拾柒日奴才杨琳

闻

题报合并奏
搭回人数汇册

番住外国之人自然陆续得归候年终将

康熙御批

欧洲人画的康熙肖像

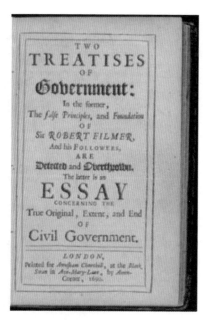

约翰·洛克的《政府论》

威廉·配第的《赋税论》

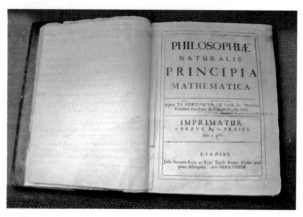

牛顿的《自然哲学的数学原理》

约翰·班扬的《天路历程》

英国在政治、经济、科学和文学上的四大名著

牛顿出生时的小屋

牛顿家乡的苹果树，超过 400 岁了

油画《路易十四家族》。路易十四（画面右部）背后的红布暗示他是太阳神，他的左边是黎明女神，右边是月亮女神（头上有月亮）。画面中间的蓝衣女人是国王的母亲，捧着地球，寓意大地女神。画面左边是路易十四的弟弟一家，最左边的女人拿着海王的三叉戟，寓意着海洋也在法国人的手中。这幅画表现了君权神圣。

伦敦圣保罗大教堂内部（建于康熙年间）

大清和沙俄签署《尼布楚条约》

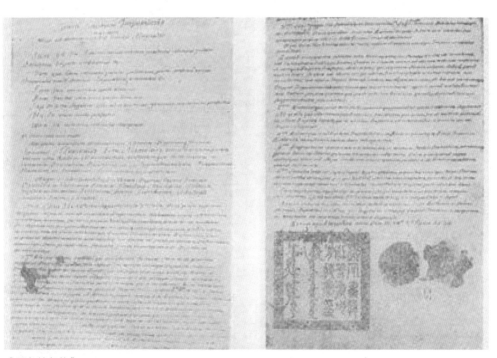

《尼布楚条约》

康熙写给教皇克莱芒十一世的红色谕旨（有拉丁、汉、满三种文字，上图为局部）

法国制铜镀金半圆仪（故宫旧藏）

**本书涉及的名人
生卒年份**

彼得大帝（1672—1725）

丹尼尔·笛福（1660—1731）

沈福宗（1657—1692）

雅各布·伯努利（1654—1705）

康熙（1654—1722）

威廉三世（1650—1702）

莱布尼茨（1646—1716）

牛顿（1643—1727）

蒲松龄（1640—1715）

路易十四（1638—1715）

罗伯特·胡克（1635—1703）

克里斯托弗·雷恩（1632—1723）

列文虎克（1632—1723）

克里斯蒂安·惠更斯（1629—1695）

约翰·班扬（1628—1688）

查尔斯·佩罗（1628—1703）

塞维涅夫人（1626—1696）

威廉·配第（1623—1687）

莫里哀（1622—1673）

前 言

大帝的遗产

康熙四十年。公元 1701 年。人类跨入新世纪。

按美元购买力计算，这一时期印度的 GDP 世界第一，约 907 亿美元；中国第二，828 亿美元；西班牙第三，239 亿美元；法国第四，212 亿美元；日本超过了德国、英国。按人均计算，荷兰第一，2130 美元；英国第二，1250 美元；意大利、比利时、瑞典、瑞士、丹麦都超过 1000 美元；中国为 600 美元，超过日本的 570 美元和印度的 550 美元。①

法国国王路易十四兴建了世界上最漂亮的官殿——凡尔赛官。他重赏法国学者、艺术家，法国服装美食、珠宝首饰、文学艺术、绘画建筑等软实力征服世界直到今天，说法语成为时尚。

俄国沙皇彼得一世装扮成平民，亲赴欧洲全面学习西方。他对俄罗斯进行了脱胎换骨式的全方位改造，最终把一个贪恋陆地的中世纪农业国打造成一个近代化的、亲海的经济和军事强国。

康熙皇帝少年即位，除鳌拜、平三藩、收台湾、抗俄军、灭噶尔丹。大清王朝发展到极盛，揭开了康乾盛世的序幕。

三位都被后世冠以大帝称号：路易大帝、彼得大帝、康熙大帝。

英国国王威廉三世不是大帝，胜似大帝。他领导英国率先进入宪政体系。他批准了一所学校，培养了乔治·华盛顿和托马斯·杰斐逊。

培根认为，大帝包括：建国者；立法者；拯救国家于长期祸患的人；铲除暴君者。康熙可以算作拯救国家于长期祸患的人；彼得大帝可以算作建国者（建立了一个新的俄罗斯）；路易十四可以算作立法者；威廉三世可以算作铲除暴君者和立法者。

---

① 资料来源于英国经济学家奥格斯·麦迪逊发表于《世界经济》上的专题文章《世界经济概况——公元 1 至 2030 年》。以上数字并不准确，仅供参考。

路易十四死后留下一个矛盾严重激化，财政已经破产的王国。不过，他创造的文化遗产足够法国人骄傲 500 年。

彼得大帝举全国之力打垮瑞典，死后俄罗斯跻身国际强国、海上大国。

威廉三世死后留下一个正在起飞的大英帝国。约翰·洛克设计了最先进的政府机构。牛顿领导着最先进的科学机构——英国皇家学会。威廉·配第为英国制定了最先进的经济财政体系。

康熙大帝死后留下一个隐患重重的帝国。

康熙四十年，勃兰登堡选帝侯腓特烈得到了一个新的称号——普鲁士国王。大科学家莱布尼茨劝他成立了柏林科学院。一个未来的德国正在形成。

培根说，人类的野心有三个层次：

第一，在本国之内争权夺势，这种野心是粗俗的和堕落的（阿哥们对内斗争）。

第二，扩张国家领土，这种野心有尊严，但也是贪欲（俄罗斯对外扩张）。

第三，拓展对宇宙的认识，这种野心是健全的、高雅的（科学家）。

大帝仅惠及于个别地方，科学家惠及全人类。大帝的功业持续不过几代，科学家则永垂千秋。

康熙年间，英国成立皇家学会、法国成立皇家科学院、德国成立科学院、俄国成立科学院。发展科学成为国策，尊重科学家成为共识。从康熙即位开始，可以说欧洲每年都有重大科技成果问世。

康熙四十一年。公元 1702 年。丰特内尔写道："新奇的东西一个接一个地出现。人类装上翅膀、翱翔空中的那一天将会到来，我们最终会飞到月球上。"

康熙朝是中国与欧洲交流最频繁的时代，几十名欧洲传教士长年伴在皇帝身边。路易十四给康熙皇帝送来了数学老师，罗马教皇两次派特使与康熙皇帝密谈。康熙帝上科学课、雇西医、喝葡萄酒、听西洋音乐、看欧洲油画。这段时间可以称为中欧的蜜月期。大清的天文部门由欧洲人掌管，大清全国地图几乎全是欧洲人帮助勘查绘制的，大清的数学体系是欧洲人建立起来的。在这个过程中，康熙逐渐认识到欧洲的先进和强大。他颇有远虑地说，也许中国未来最大的隐患就来自西洋。礼仪之争爆发后，中欧交流中断，欧洲人纷纷回国。康熙认为欧洲有很多好东西，乾隆认为欧洲有的大清都有，道光不知道什么是欧洲，慈禧则怨恨欧洲。

康熙年间，西欧各国展开了一场发展工商业的竞赛。英国、法国和俄国都把开矿建厂、发展海外贸易当作基本国策。大清政府依然把农业当作国家根本，从各个方面限制海外贸易。

大清在政治、经济、思想、科学、文化、海外探索上，都和欧洲拉开了较大的差距，而大清对此却一无所知。

从1500年到1700年，这200年整个欧洲面貌发生了较大的变化。

从大明正德皇帝到大清康熙皇帝，这200年的变化相对来说并不明显。老百姓头脑中的观念和生活水平相差不大。

越来越多的西欧知识分子放弃了恢复罗马时代的念头，展望未来，认为社会会越来越好。

大部分大清的文人秉持着陈旧观念，缅怀过去，认为发展的目标是回到"三代"。

在一本《影响人类历史进程的100名人排行榜》的书中，本书涉及的几位人物排名如下：牛顿高居第2、列文虎克第36、约翰·洛克排名44、彼得大帝排名88。

马瑞民

2022年1月1日

目　录
────────

第三部分　交流时代

第四部分　文艺时代

第一部分　大帝时代

路易十四 (1638—1715)

朕即国家。

即使是朕的敌人，朕也不允许他们怀疑我的王冠在整个基督教世界中居于首位。

我赐予臣民，不分贵贱，均有自由在任何时候亲自或书面向我进言。这是法国君主制有别于他国的地方。

每当我任命一位官员，就会有 100 个人不满，最终还得到一个叛徒。

如果你认为当国王是非常容易和非常舒服的事情，那么你一定搞错了。

在路易十四的灵魂当中，总有一种向上的东西，把他带向伟大的事业。（伏尔泰）

路易十四是一位伟大的国王，是他造就了法国在国际中的一流地位，自查理曼以来又有哪位君王有资格与他相比？（拿破仑说的。他意思是自己也有资格。）

第一章
路易十四——我是太阳

崇祯十一年。公元 1638 年 9 月 5 日。

法国安妮王后在结婚 23 年后，终于生下一个男婴，起名路易。

男婴不是路易威登，是路易久等。

这源于一场意外。

法国国王路易十三对王后没兴趣，王后对国王很仇恨，两人长期分居。有一天，路易十三在郊外打猎，突遇暴风雨，雷电交加，没办法回到他的行宫，只得就近回到卢浮宫。王后建议国王睡自己的房间，于是有了小路易。

1643 年，路易十三去世，5 岁的王子变成法国国王路易十四。

同年，皇太极去世，5 岁的福临变成顺治皇帝。

安妮王太后对小路易国王说，你长大了要学你祖父亨利四世，不要学你父亲路易十三。

小国王问为什么。

太后说，你祖父去世的时候，全法国人民都在哭。你父亲去世的时候，全法国人民都在笑。

国王年幼，首相马萨林把持朝政 17 年。1661 年，马萨林临死前告诉年轻的国王，以后不要再找新的首相了，你要自己掌控一切。

路易十四接受了这个建议。各部门官员还不习惯。他们经常问年轻的国王，他们有事向谁汇报。

路易回答就一个字，我。

路易十四 23 岁临朝亲政，一干就是 54 年，总在位时长 72 年，是有准确历史记载以来在位最长的君主。

就像朱元璋一样，没有首相意味着什么事都要自己做判断，自己下结论。路易十四经常加班工作。为了阅读文件，他还要学习拉丁文和其他国家的语言。他选定 6 名大臣做自己的助手，但决策者只有他一个。

1661 年，康熙皇帝登上帝位，这两位东西方帝王有很多相似的地方：幼年称帝，雄才大略，在半个多世纪的时间里紧紧掌握君权，开创了自己的时代。

路易十四在舞台上扮演太阳神阿波罗，由此得名"太阳王"，他的座右铭是"高于一切"。的确，在地球上，所有人都得仰望太阳。

路易十四长相普通，但讲话得当、姿态优雅。

但是，任何人都不能挑战他的底线，藐视或侵犯他身为国王的神赋权力。

他最著名的一句话就是——"朕即国家"。历史学家写道，他没有说过这句话，但他的确是这么做的。

太阳王不召开三级会议讨论国是。他向各省派驻官员接收地方权力，他对反叛的贵族无情镇压。

有一次打猎的时候，太阳王听说巴黎最高法院正在开会讨论他颁布的敕令，于是连衣服都没换就冲进法院，挥舞着皮鞭对脸色苍白的法官们说：

"先生们，我的命令不用讨论，只须执行。你们要知道，法出于我。"

心情好的时候，路易十四对臣子们说："请你们不断告诉我你们心里的意见，如果我不接受你们的建议，请不要气馁。"

路易十四对男人很专制，对女人却很客气。即使遇见最卑微的妇女，他也会脱帽致敬。如果同女人谈话，他一定在分别之后再戴上帽子。你很难想象康熙皇帝对一个宫女行礼。

中世纪的欧洲是封建社会。在封建社会里，全国被各地贵族（也可以理解为军阀）统治，四分五裂。大小军阀名义上是国王的臣子，实际上为了利益经常和国王刀兵相见。

路易十四认为，一个国家只能有一个国王。各地贵族必须放下武器，臣服于国王。

路易十四认为，一个国家只能有一种信仰。他废除了祖父颁布的《南特敕令》，强迫法国的新教徒改信天主教，否则就驱逐出境。结果，大量的法国人才流亡到德国、荷兰，法国很多著名的军事将领也投奔荷兰了。法国后来爆发大革命，和路易十四的宗教专制有很大关系。

一个国家，一个国王，一个信仰，一个意志。

国王的权力具有唯一性、完整性和不可分割性，恰如几何中的一个点。

总之，路易十四是一位俊美的、优秀的、专制的封建君主。

（一）富国强军

路易十四没有名义上的首相，但有个能干的助手，叫柯尔贝尔。

在欧洲，首相就是财政大臣，既帮国王收税、花钱，还要替国王赚钱（规划产业、投资经营、促进出口）。通俗地说，欧洲的首相是集团总经理（国王是董事长）。

大清的户部尚书是按部就班的政府官员。他只负责收税和支出管理，不需要考虑海外贸易和增加国家财富。

柯尔贝尔是商人出身。他说：

"让国家强大最简单、最有效的办法，就是拥有最多的财富。"

鼓励出口，限制进口是当时欧洲各国的普遍国策。

要想出口，首先要有商品。有商品，首先要有工厂。有工厂，首先要有资金。资金方面，法国政府提供贷款。光有商品也不一定卖得出去，商品要质量好，要有竞争力。质量好就要有管理规范。如果国货质量还是上不去，就去引进外国高级技工。

法国引进威尼斯技师发展玻璃业，引进瑞典工人发展铸铁业。荷兰新教徒得到信仰自由的法律保障与一笔资金后，在阿布维尔建立纺织业。

威尼斯派职业杀手到法国，准备刺死那些"叛国的玻璃技师"，未果。

1669 年，全法国有 4.4 万架织布机，图尔一地就有 2 万名织布工人。很多工厂的规模达到资本主义阶段。

路易十四大力支持工商业。他赐封大企业家为贵族，提高了商人的地位。他亲自访问工厂，并允许质量较高的商品可以花钱使用皇家纹章。

柯尔贝尔说，法国金融家最有钱，他们拥有豪华的房屋，家具、银器和装饰品。

大清的有钱人有两种：生活在底层的商人，贪污的高级官员。

商品出口才能换来真金白银。为了让商品有竞争力就得降成本，降成本就得在国内修路修运河。对于外国商品和进港的船只则课以重税。

过去，法国王室是奢侈品的最大买主，从意大利进口大量商品。

后来，法国从丝绸进口国变成丝绸出口国，仅在 1674 年就向英国运送了价值 3 万英镑的丝绸。

1698 年，法国成立中国公司，法国商船终于来到了广州。

路易十四对非洲十分感兴趣，他给很多非洲国王和酋长写信，也邀请非洲人来法国。法国成立了塞内加尔公司，并用路易十四的名字命名了当地的一个港口。

在海外扩张方面，路易十四取得的"成绩"如下：

1664 年，法国人从荷兰人手中夺走圭亚那。

1674 年，法国政府宣布中美洲马提尼克岛为法国领土（至今仍是）。

1679 年，法国占领海地。

1682 年，法国殖民者拉萨尔宣布整个密西西比河流域属于法国，并取名路易斯安那（以路易十四的名字命名）。

法国在印度和马达加斯加分别设立了据点。

法兰西在北美（加拿大）、中美和南美建立了海外殖民地，在非洲和亚洲拥有了据点，法兰西帝国完成了布局。

法国政府日进斗金，国库填满，柯尔贝尔成为重商主义的代名词。

为了发展经济，路易十四还建成一处世界文化遗产——米迪运河。米迪运河在法国南部，连通了大西洋和地中海，避开了直布罗陀海盗和西班牙国王船队的威胁。这项工程投资巨大，但促进了贸易的发展。

总之，大力发展产业经济、扩大出口、在海外设立殖民点已经成为西方近代政府的主要职能。康熙皇帝和大明皇帝一样，重视农业、忽视外贸、歧视商人、敌视洋人、监视中国人出海。

1683 年，柯尔贝尔去世。那一年法国政府收入是 9700 万里弗尔，支出是 1 亿 300 万，钱还是不够花。

路易十四发展工商业，不是让人民共同富裕。他要把这些钱收集起来变成个人财富，变成打击他国的军队和大炮，其中光是修建凡尔赛宫就是一笔天文数字。

为此，柯尔贝尔还得向法国人民征收更多的税。他说过一句历史名言：

收税就像拔鹅毛，要尽可能多拔，同时尽可能让鹅少发出嘶嘶声。

路易十四统治期内，法国参加了四场大的战争。

第一场战争是 1667 年至 1668 年与西班牙争夺比利时。路易十四以西班牙没有及时提供嫁妆为由，主动挑战并御驾亲征。战争结果，法国占据了里尔、杜埃等若干城市，胜了一局。

第二场战争是 1672 年至 1688 年的法荷战争。荷兰是世界第一贸易大国，垄断了法国的海上运输。为此，两国先打了几场贸易战。

路易十四通过高超的外交手段，说服英国人结盟。

荷兰海军强大，打败英法两国海军，但在陆地上只剩下挨揍的份儿。

荷兰人口不到 200 万。法国人口 2000 万左右，还拥有一支强大的中央军，可以扩充到 30 万。法国军队连战连胜，吞下荷兰一大半领土。

荷兰人与法国的宿敌西班牙、德国、丹麦和奥地利结成"反法同盟"。1688 年，荷兰的执政威廉意外变成英国国王。这样，英国和荷兰又结盟了。

荷兰海军上将鲁伊特在海战中死亡，尸体沿法国海岸运回荷兰。路易十四给法国海军下令，不得拦截，并鸣炮向这位传奇将军致敬。

最后，法国军队败回国内。不过，路易十四还是得到了斯特拉斯堡和他一直想要的弗朗什—孔泰地区。

第三场战争是 1688 年至 1697 年与神圣罗马帝国皇帝之间的九年战争。双方战成平手。路易十四损兵折将，巨额军费打了水漂。

第四场战争是 1702 年至 1713 年的西班牙王位继承战争。双方战成平手。路易十四损兵折将，巨额军费打了水漂。路易十四的收获是，他的儿子当上了西班牙国王。

总体上，法国军队可以单独打败欧洲任何一个国家，于是各国结盟，不让太阳王得手。法国的确增加了一些领土面积，但代价是法国人民的生命和血汗钱。在最危急的时候，路易十四不得不把凡尔赛宫里的银器熔化，用来支付军费。

法国有个叫贝尔纳的呢绒商，通过金融发了大财。很多法国贵族都向他借钱。路易十四听说了，也想向他借钱。如果把贝尔纳叫到宫里来，当面向他借钱太没面子了。贝尔纳表态，不相信中间人。他说，要是有人用我的话，至少要亲自提要求吧。有一天，路易十四经过马尔利宫的一栋房子。当时房门大开，路易十四就走进去，发现财政总监德马雷和贝尔纳正在吃饭（当然是路易十四安排的)。国王惊讶地说："没想到贝尔纳先生也在这里，真是稀客啊。你来一趟也不容易，我来带你参观一下吧。"

贝尔纳受宠若惊。一路上，路易十四详细介绍宫廷花园，比你遇上的所有导游都热情。陪同的圣西蒙公爵觉得国王说了一年的话。最后，国王把贝尔纳带回给德马雷。贝尔纳激动得快晕掉了，同意借给国王 600 万。借是好听的，实际上，国王不会还本，高兴的时候付点利息就行。

欧洲最有权势的人，在金钱面前也得屈膝施礼、强颜欢笑。

要是大清皇帝，先查查该商人有没有犯法，然后抄家。

善于给国王捞钱的柯尔贝尔多次对路易十四穷兵黩武、大兴土木的国策表达抗议，他说我的血都快变成醋了。

抗议无效。

不过，为了在战争中取胜，柯尔贝尔大力发展海军，将军舰从 20 艘扩充到 270 艘，带动了木材、绳索、柏油等行业，并把几个小渔村发展成繁荣的商港。

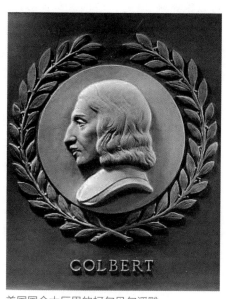

1683 年，柯尔贝尔在沮丧中去世，遗体在夜里秘密发葬，以免被街头愤恨的群众侮辱。不过，路易十四终生感谢这位为自己挣钱、省钱的老臣。

柯尔贝尔可以说是 17 世纪最优秀的国家财政部长。后人创造了柯尔贝尔主义这个名词，即重商主义。另外，他组建了法国皇家科学院、皇家音乐学院、建筑学院、绘画和雕塑学院、铭文和奖章学院。

美国国会大厅里的柯尔贝尔浮雕

柯尔贝尔也颁布了多项法律，成为法治史上的重要人物。美国国会众议院大厅有 23 位为人类法律做出贡献的伟人的雕像，柯尔贝尔就是其中之一。

（二）国家文化软实力

路易十四刚即位不到两年，就命令柯尔贝尔聘请专人，编制一本法国及其他各国作家、学者、科学家的名录，最终收录了 45 位法国人及 15 位外国人。外国人有荷兰人斯宾诺莎、丹尼尔·海因修斯、伊萨克·福修斯、惠更斯，意大利数学家维维亚尼。柯尔贝尔亲自致信给他们，赞美他们的成就，并表示法国国王每年会给他们每人一笔高额年金。许多外国人收信后大感意外。

路易十四批准成立法国皇家科学院，条件十分开放。外国人不仅可以成为院士，还可以担任负责人。实际上，第一任领导就是荷兰大科学家惠更斯。天文台则交给意大利人卡西尼负责。巧合的是，当时大清的天文负责人是比利时人南怀仁。

当然，路易十四本人也只有 1/4 的法国血统。他的祖母是意大利人，他的母亲是西班牙人。

英国皇家学会自负盈亏，当会员要交会费。牛顿为此要退会，英国皇家学会于是免了他的会费。法国皇家科学院院士不用交钱，每年还可以领一大笔钱。你只要是国王认可的科学家，你就发财了，生活从此无忧。

路易十四曾打算拆除卢浮宫。法国皇家科学院成立后，路易十四把原来国王的卧室和会客厅送给他们。于是这些曾经是国王最喜欢的房间里装满了一头大象和一头骆驼的标本，还有各种动物的尸体。绘画学院和雕塑学院得到了方形会客厅和国王图书馆，用来展示作品。建筑学院则得到了路易国王王后的卧室。

1672 年，26 岁的莱布尼茨来到巴黎，就像从乡下到了大都市。他兴奋地写道：

"科学院成员都是在各个领域中极为博学的人，他们能够编写一部科技大百科全书。国王拥有一座天文台，就像一座城堡。科学院成员在皇家图书馆每周聚会两次。图书馆拥有 3.5 万卷印刷品以及 1 万部手稿。图书馆附近是科学院的公园和实验室，他们培育几乎所有品种的植物并分析其化学成分。

巴黎是一个只要凭借努力就可以建立功勋的地方。你在这里可以发现所有知识分支中最有知识的人。"

路易十四本人也提出了一些科学设想：

1. 电与蓄电的构想。他认为海洋中有产生电的物质。

2. 燃烧金属线，用以代替蜡烛。这个想法影响了爱迪生。

3. 金属特性、密度等。

4. 潮汐现象与大气。

5. 立法尊重个人的智慧与发明物。

路易十四十分欣赏诗人、文艺评论家布瓦洛。有一次，国王对他说："记住，我永远有半个小时的时间是给你的。"布瓦洛接受国王的奖金，生活得就像一个公爵。他死后留下了28.6万法郎的现金遗产，在今天价值上亿元人民币。

布瓦洛听说高乃依生活贫困，告诉国王把他的赏金全数给高乃依。

国王听说后，立即命人送给高乃依200镑。

拉辛的作品饱受争议，路易十四支持他，使他知名、成功。在他困难的时候聘请他担任史官，给他巨额资助。

莫里哀的讽刺剧被教会和权贵攻击时，国王亲自为他辩护。

路易十四对文学作品的看法，比大部分官员们要开明得多。

有一次，路易十四对格拉蒙元帅说，我最近学习写诗，人们知道后就写诗给我看，这是其中的一首，我觉得文不对题。你觉得如何？

元帅读了之后说，陛下，您对任何事情都有非常的判断力。真的，这是我读过的最愚蠢、最滑稽可笑的诗。

路易十四听后放声大笑，然后说道："这首诗的作者真是自命不凡。"

元帅回答说，陛下，您用这个词最恰当不过了。

国王说，我很高兴你能直言不讳。不过，这首诗是我写的。

元帅脸一下就红了。他赶紧说，陛下！我这是背叛了您！让我好好看看，刚才读得太不仔细了。

国王说，不！元帅先生，人的第一感觉往往是对的。

1687年，路易十四资助出版《中国哲学家孔子》，向欧洲宣传中国文化思想。

路易任命音乐家吕里为国王秘书，将他提升至贵族之列。

其他秘书抗议道，一个玩音乐家的，也配当官？

路易对吕里说，你是天才。你当贵族是给他们荣耀，而非他们给你荣耀。

有人抱怨国王过分提拔建筑大师孟萨尔（凡尔赛宫主设计师）。路易十四愤怒地说：

"我在15分钟内可以册封20个公爵或贵族，但法国数百年才能造就一个孟萨尔。"

康熙一年可以任命10个总督巡抚，但200多年的大清只有一个曹雪芹。

甚至为国王制鞋的莱塔热也被封为贵族。

为什么法国餐欧洲第一？为什么法国服装欧洲第一？

你去问法国人，他们崇拜的对象是谁？

米其林餐厅的大厨、服装饰品的设计师。

在中国，当厨师有排名并成为明星时，中餐的质量就更高了。

以前，只有法国大贵族才有资格住进卢浮宫，并以此为荣。路易十四则安排高级木工、刀剑保养匠、钟表匠、奖章雕刻师长期住豪华房间。

这在大明大清都是不敢想象的。

路易十四在位时期，法国有油画雕塑学院、皇家科学院、建筑学院、舞蹈学院、音乐学院、喜剧院。

有一次，路易国王主持政府会议时，有人报告说勒布朗携来一幅新画。路易十四立即暂停会议，让与会人员同他一起欣赏油画。勒布朗为路易国王画了一幅将近50平方米的巨画——《亚历山大走进巴比伦》。这是一幅缅怀亚历山大的作品吗？不，这是一幅歌颂当代亚历山大——路易十四的宣传画。康熙的画像很少，也深藏大内，绝大多数官员都看不到，更别提百姓了。彼得大帝有一些画像，很多还是后世画的。至于路易十四，他生前就有大量肖像画和雕像，宣传他神圣、胜利、荣耀那一刻。

路易国王牢记前国王弗朗索瓦一世的故事。当时达·芬奇在罗马被人轻视、生活落魄，弗朗索瓦国王把达·芬奇接到法国，提供富裕的生活条件。达·芬奇在法国没有画一幅画，但国王根本不在乎，在达·芬奇临死前紧紧抱着这位老人。当然，爱是有回报的。弗朗索瓦国王买下了达·芬奇的遗产——《蒙娜丽莎》。路易十四把这幅世界名作挂在凡尔赛宫。

为了提高法国的艺术水平，培养法国本土人才，路易十四设立罗马大奖，每年在绘画和雕塑领域各选一名优秀人才，送到罗马留学3年。获奖者在罗马期间的所有支出，由路易十四负担。以前法国知名画家不多，错过了整个文艺复兴时代。从路易十四开始一直到今天，法国始终是世界绘画中心之一，知名画家有大卫、安格尔、莫奈、高更、塞尚、德加、库尔贝等。总之，法国绘画水平遥遥领先于世界。

法国在建筑（凡尔赛宫）、绘画、戏剧、舞蹈等方面将古典主义艺术发展到世界高峰。

政治与科学、艺术携手并进，科学家、艺术家的地位不亚于部队里的将军。

巴黎成为全世界文化艺术之都，成为全球目光聚集的舞台。

整个欧洲的宫廷和贵族都以会说法语为荣，所有的外交条约都用法文来撰写。

法国文化不是一种本土的、封闭的文化,它广泛吸收意大利和西班牙文化,它张开怀抱欢迎全欧洲的人才。巴黎的作家、画家、雕刻家与建筑家超过了佛罗伦萨和罗马。

任何一种有生命力的、有发展前景的文化都是开放式文化。

法国著名思想家伏尔泰认为,欧洲有四大时代——希腊时代、罗马时代、佛罗伦萨时代(但丁、达·芬奇、马基雅维利等人),以及路易十四时代。

法国在礼节、时尚、思想、艺术上被他国惊羡。

直到今天,法国文化仍占据世界主流位置。

俄国富国强兵,对外侵略,让别的国家和人民感到害怕。

法国通过文化软实力,让别的国家和人民羡慕。

乾隆爷的伟业被风吹雨打去,但《红楼梦》将在中国人的心中永生。不过,《红楼梦》不仅没有得到清政府的支持,还被列入禁书。作者穷困潦倒而死。

路易十四还有一大贡献,就是修建了世界上最漂亮、最壮观的宫殿——凡尔赛宫(具体内容本书后面章节有详细介绍)。除此之外,路易十四还下令为年老不能继续服役,参战受伤或生病的士兵修建一个生活场所,这就是著名的荣军院。路易十四临终前说:"我主持兴建的所有建筑当中,没有一所能及皇家荣军院对国家的重要性。"

(三)时尚也是国家财富

路易十四是时尚达人,把法国变成时尚国家、浪漫国家。

国王每天花一个小时专门打理自己的胡子,花半天时间穿一件衣服。他不仅自己这么做,还要求与他见面的人也要穿戴得整整齐齐。

1662 年,巴黎政府规划夜间照明。从此,巴黎成为不夜城,夜巴黎、梦巴黎成为多少人向往的地方。

不少意大利人、德国人甚至英国人,都认为巴黎比自己的故乡要好得多。

路易十四的第一个贡献是芭蕾。他从 7 岁开始,每天坚持芭蕾训练,经常上台表演。大约在 1653 年,在一次大型演出上,路易十四打扮成太阳神出场,姿容华美,惊艳全场,从此他被称为太阳王。太阳王有非常完美的腿。

芭蕾起源于意大利的脚尖舞,到路易十四手里才开始规范化、专业化。路易国王还专门为芭蕾舞开办了一所学校。今天芭蕾舞的标准脚位、手位都是当时确定的。巴黎歌剧院芭蕾舞团的首席退休待遇都是路易十四留下的规矩。马克龙想改革都不行。

第二个贡献是高跟鞋。路易十四身高大约 154 厘米。同时期的彼得大帝身高两米。路易十四命令鞋匠给他做鞋的时候在脚跟处垫上厚跟，从此，高跟鞋诞生了。后来很多巴黎矮子效仿。再后来，高跟鞋深受女人追捧。

第三个贡献是香水。古代法国人不爱洗澡，不是他们不讲卫生，而是因为迷信。他们认为多洗澡会生病。路易十四的爷爷亨利四世不洗澡，不刷牙，像一块馊臭的牛肉。

来自意大利的王后带来了香水香精。这些东西也不是意大利原产，可能来自波斯或者埃及。女人洒香水，男人也洒香水。在国务会议开始之前，国王和臣子们先讨论一下每个人香水的优劣。路易十四用香水本来属于个人爱好，没想到造就了一个大产业。今天，全球香水产业有几千亿元人民币的规模，路易十四是当之无愧的产业创始人。

第四个贡献是衣服。法国政府出台政策，如果发现贵族穿了法国以外的衣服，就要当众烧掉。1672 年，法国第一本时装杂志出版。

我大学毕业刚到上海的时候就是一个土老帽。在我办公室不远的地方有一家百货公司，它橱窗里展示的衣服每天从法国空运过来，据说和巴黎的时尚只差三天。我看中一条领带，打完折是 9500 元人民币。这还是 20 世纪 90 年代的事情。

第五是假发。路易十四戴假发不是为了美，是为了不让秃头露出来。路易十四刚把鸟窝戴到头上的时候遭到贵族的嘲笑，不过假发很快就流行全欧洲。牛顿、莱布尼茨等欧洲名人的肖像画都是一头假发。雍正皇帝都过了一把假发的瘾，还让画家画下来。

中国帝王的画像一般都是坐着，欧洲很多帝王的画像也是坐着，毕竟站着当模特多累啊。但路易十四要站着，这才显得孔武有力，另外还可露出他的美腿，他的白色长筒袜，他的红色高跟鞋。用现代眼光来看，这是一个滑稽的老年易装癖患者。

路易十四是欧洲第一知名模特和多种商品代言人。

第六，最重要的当然是美食了。

中国人为中餐感到骄傲。中餐好吃至少有两个原因：第一，广泛使用各种食材，不论中外；第二，在烹制方法上没有条条框框的约束。

在路易十四亲自尝试和努力下，法餐超过意餐，排名欧洲第一。

法餐不单是菜品。

法餐＝精选食材＋浪漫的用餐环境＋考究的餐具＋正规着装＋用餐礼仪。

甭管什么菜，一安上法国名字，就立马高大上了。比如：

- 法式卷心菜微甜浓汤（白菜汤）；
- 法式甜酸西红柿片配黄油鸡蛋粒（西红柿炒鸡蛋）；
- 精选花生油焗发酵咸味法棍（油条）。

今天，如果你学西餐的话，就会发现很多食物的名称是法语。

第七就是女人。有人说，看一个国家是否发达，就看这个国家的女人穿得好不好。看一个国家是否文明，就看这个国家的女人有没有头脑。

其实这是我说的。

受到男人尊重，受到知识熏陶，受到时尚养护，法国女人在美丽以外又加上了智慧和优雅。法国女人学习最先进的科学，阅读最动人的文学，同最优秀的男人交往。她们谈论国家大事，共享一篇文章，品评一个人物。

她们站在了时代的前沿。

中国不缺乏漂亮的女人。大清也有出身书香门第的闺秀。但独立有主见、能和男人谈笑风生的女人太少了。

托马斯·莫尔在《乌托邦》一书中建议：

全国每个人都穿一样的衣服，几乎终身不变。

如果全社会只生产一种颜色、一种样式的衣服，那成本肯定低。如果你只买一种衣服，你的开销也会大大减少。大家不攀比，就不会浪费。衣服多了，还要花时间去商场选，每天穿什么还要考虑，浪费时间。

浪费钱、浪费时间、浪费人工、浪费社会资源（各种燃料、机器、水、电）。

荷兰作家孟德维尔不同意上述观点。他写了一本书叫《蜜蜂寓言》。其主要内容为：

"曾经有一个奢侈糜烂的国家。忽然有一天，公民们全都醒悟过来，决定节俭度日，只储蓄不消费。

结果如下：

奢侈品无人过问，大量工厂和商店倒闭。

吃饭可以，喝酒是浪费。于是啤酒厂和葡萄酒厂关闭。

家里不需要装饰，室内室外不需要摆画、摆花。画家、花匠和雕塑家失业。

头发全部剪短，没有美容美发业。

人人都讲道德，不需要警察、法官和律师。

最终结果：

大量人口失业，百姓穷困潦倒，强盗横行街头。"

路易十四倡导的时尚是个庞大的产业，涉及上百个领域，如镜子、服装、钻石、化妆品、香槟酒、雨伞等。这些产业成为法国GDP的主要贡献者，也带来了大量的就业，如发型师、厨师、酿酒师、裁缝、皮匠等。

时尚把经济和文化连接起来，形成良性互动。

文化带动经济发展，经济支持文化传播。

柯尔贝尔说，时尚就是法国的金矿。

外国人看到法国人花天酒地、奢侈浪费，心里十分羡慕法国人的生活方式，产生了法国真好，法国有文化，我要学习法语，我要拥有法国商品，法国商品贵也值得买的想法。法国和我不熟悉的国家打仗，我首先会偏向法国。

在人类历史上，在所有的帝王当中，只有路易十四做到了。

说实话，要不是帝王本人亲自推动，其他人是完全做不到的。

中国也有这样的例子。乾隆帝酷爱西洋钟表，中国的能工巧匠迅速掌握了钟表制造工艺，制造了一大批精品文物。但是，乾隆爷没有想到建一个钟表厂向全社会销售，这样一来，既能赚钱，又能发展经济，促进就业。

（四）功过是非

路易十四年轻时非常好色。1683年，王后去世后，45岁的路易十四和48岁的曼特农夫人（寡妇）结婚。从此以后，路易十四不再寻找别的女人，一直和曼特农夫人生活了30年。

路易十四有句名言：

"每当我任命一位官员，就会有100个人不满，最终还得到一个叛徒（被任命的人也欺骗国王）。"

路易十四王朝的权力斗争不比康熙朝少，甚至更复杂。但我没有展开去写。

路易十四的后宫斗争则比康熙帝多得多。我也没写。我觉得小说和影视剧比我写得更精彩。我更关注那些影响历史走向的事件。

1711年，路易十四73岁时，路易太子去世，享年50岁。路易太子的儿子成为新太子。新太子当了不到一年，死于1712年，留下一个两岁的儿子也叫路易。当康熙的儿子们为皇位进行你死我活的搏斗时，路易十四只有一个曾孙可以继承王位。

不管人怎么变，国王始终叫路易。

1715年，路易十四去世时，把王位传给自己5岁的曾孙——路易十五——一个无能的废物。

路易十四死后，留下一个强大的法国。从综合国力来看，法国应该是欧洲第一，世界第二。大清的国土面积超过法国20倍，人口约为法国的6倍。

路易十四死后，留下一个到处充满文化气息的法国。

包括康熙皇帝在内，很多帝王认为自己的国家是最好的国家，是人人羡慕的国家。

近代史上，只有路易十四一个人做到了。他把法国变成世界上知识分子、女人和百姓羡慕的国家。

包括康熙皇帝在内，很多帝王死后没有留下什么产业遗产。乾隆皇帝倒是留下不少地方小吃，不过大都是假的。

路易十四给法国留下了每年数千亿美元营业额的时尚产业。

路易十四打了4场大型战争，没有人记住是什么时间和谁打的。路易十四占领了弗朗什—孔泰，没有人知道弗朗什—孔泰在哪里。但是，谁不知道巴黎是时尚浪漫之都？谁家里没有高跟鞋、香水和法国包包？世界各地，家家户户都受法国影响。

百家争鸣、百花齐放。在美的创造上，路易十四可谓千古一帝。

路易十四死后，留下一个到处充满火药桶的法国。

路易在全国推行宗教专制，驱赶新教徒，驱赶了很多学者和技术人才。后来法国大革命爆发，最核心的一个主张就是宗教自由。很多法国新教人才来到一个小城市，直接使这座小城市成为世界上最重要的城市——柏林。路易十四把人才送给德国，而德国日后成为法国最强大的敌人。

法国产业、经济实现了增长，但不够支付战争费用和凡尔赛的建筑费用。路易十四建立了大量的国有公司，发展了工商业。但是，这些公司的客户是王室和军队，不是市场中的消费者。公司受到政府的种种束缚，经营方式僵化。这些公司贪污严重，效率低下，没有竞争力，最终纷纷倒闭。

路易十四亲政 54 年，打仗 31 年。

贵族和教会依仗特权不交税，整个国家全部开销由工人、商人和农民支付。后人总结道：

亨利四世站在人民中间，路易十三站在贵族中间，路易十四站在收税人中间。

路易十四想干什么就干什么，想收什么税就收什么税，大量的国家财富用于挥霍和浪费，民间已经没有任何资本。法国辛辛苦苦几十年，财富在几年内就清零。英国是君主立宪政府，军事和征税等重大事项都由议会充分讨论。人民相对富裕，资本通过投资不断获得增值，形成良性循环和增长。

由于战争、贫穷和天灾，法国人口竟然减少了 200 万。

法国作家拉布吕耶尔写道：

"有某种野兽，雄性的雌性的都有，分散在乡村各地。它们皮肤黝黑，面如死灰，都被太阳烤焦了。它们趴在地上挖掘，把挖出的土向上抛出，积起一座土堆。它们不分昼夜，不眠不休地工作着。它们有着发音清晰的声音。它们站起来时，有一张人类的脸。事实上，它们是人。"

路易十四的爷爷，亨利四世说，我的治国目标是，让法国每个家庭每个星期都能吃上一只鸡。然而，路易十四统治的后期，农民一年才能吃三回少量的肉。

路易十四没有听妈妈的话。他一死，法国人民又笑了。在国王灵柩经过处，不少百姓饮酒、欢笑。更多的人待在家里，懒得去羞辱国王。

路易十四在临死前，在曾孙面前说：

"我太好战了，不要在这方面学我，与邻国好好相处吧。我花钱如流水，也不要学我，少修建宫殿吧。我没有给百姓带来舒适的日子，真是遗憾，希望你能做到。我走了，我离开了，但国家将永远存在。"

国王会死，国家不会。

朕不是国家。

临终前，太阳王对 5 岁的曾孙掌权自然不放心。那么，由谁来担任法国的摄政呢？按照王国的制度，奥尔良公爵是他的侄子，血统最纯正、地位最高，是当之无愧的人选。太阳王却偏爱自己的私生子——曼恩公爵。他任命了一个摄政委员会，由奥尔良公爵担任主席。他将皇家卫队交给曼恩公爵，让他掌管武力，并在适当的时候取代奥尔良公爵。

太阳王一死，奥尔良公爵联合一些官员，宣布自己是摄政王，给曼恩公爵安排了一个没有实权的职位——国王教育负责人。奥尔良公爵甚至宣布国王的遗嘱是错误的，并把遗嘱藏了起来。

人一走茶就凉。国王一死，他的权力就消失了，他的话也不再是永远正确了。这就是旧制度。

摄政王和欧洲各国谈判，为法国创造和平的外部环境，对内则节省开支，发展经济。摄政王不需要把自己等同于高高在上的王权，他放下身段，亲近百姓，得到了民众的拥护。这些都是和路易十四的理念背道而驰的。

不过，摄政王喜欢科学，支持艺术，他自己既画画，又创作乐曲，多才多艺。我在法国去过不下 10 个城市的火车站。这些火车站的候车厅比中国大多数县城的候车厅还小，但是，所有候车厅都有一架钢琴，任何人都可以去弹奏。我发现大部分时间都有人在弹奏。

路易十四通过经济、科学、艺术来巩固封建王权。经济、科学和艺术发展了资本主义，解放了思想，促进了时代的进步，也成为将来推翻封建王权的强大武器。

路易十四本人老去，君主专制制度也开始老去。

路易十四去世的那一年，提出三权分立的孟德斯鸠 26 岁，让欧洲君主胆颤心惊的伏尔泰 19 岁，让世界帝王胆战心惊的卢梭刚刚 3 岁，"百科全书之父"狄德罗比卢梭还小一岁。这 4 个法国人将推翻 1000 多年的法国君主专制，推翻封建暴政，并给全世界带来光明。他们才是人类历史上的太阳。

70 年后，法国爆发大革命。

法国人民捣毁了路易十四的墓地，以及他祖先的数十个墓地。路易十四的尸体因为坏疽已经完全变黑。人们殴打他的尸体并埋进一个万人坑。

法国民众将凡尔赛宫中的家具、壁画、挂毯、吊灯和陈设物品洗劫一空，连门窗也砸毁拆除。凡尔赛宫沦为废墟。

骄傲的路易十四把国王做到最大。

愤怒的法国人民把国王踩在脚下。

法国成为共和国，没有了国王。

不过，今天西班牙国王、比利时国王、卢森堡大公都是他的后代。

路易十四读过霍布斯的《利维坦》。他自己就是一个利维坦，他保护人民，他也伤害人民。今天的法国人不能否认路易十四是一名暴君，但是，他们从内心里为法语、法国文化和凡尔赛宫骄傲。

查理二世（1630—1685）

国王应该爱民如子，查理二世本身就是不少人民的父亲。（英国人讽刺国王好色）

不要让我可怜的内丽饿着。（查理二世的临终遗言）

国王没有说过一句愚蠢的话，也没有做过一件明智的事。（查理二世的墓志铭）

第二章

查理二世——快乐王

英国最后一个大帝，应该说是万历年间的伊丽莎白女王。这位自称处女的君主，率领英军打败了强大的西班牙无敌舰队。世界文学排名第一的莎士比亚、"科学哲学之父"培根、"磁学之父"吉尔伯特、环球海盗德雷克、头号魔法师迪伊、诗人中的诗人斯宾塞，都生活在女王开创的辉煌时代。

童贞女王的临终遗言是：

"虽然我们国家曾经有过，今后还会有更多才、更聪明的国王执政，但是，你们绝对不会有过，将来也不会有任何一位国王像我一样爱你们。"

处女没有儿子，王位传给了苏格兰的詹姆斯六世。詹姆斯出过书，在中西帝王中算是少见的。在书中，他的主张是，君权神授，国王只需向上帝负责。其他人则向帝王负责。詹姆斯国王自信、自负，有一次想审几个案子，过一把法官的瘾。大法官柯克毫不客气地拒绝了他。

"法律是一门专业，陛下对英国法律还不精通，还需要继续学习。"

听听！一个臣子告诉皇帝，你不懂本国法律。

詹姆斯国王死后，将王位和君权神授的思想传给了查理一世。查理一世是个好国王、好丈夫和好父亲。但他缺乏主见，被宠臣左右，花大钱打仗又打了败仗，频频向国民征税。

英国议会认为，征税要有正当的理由。

查理一世的理由是，我是国王，我想征税就征税，我想征多少就征多少。

议会拒绝国王的命令。双方冲突越来越大，终于引爆内战。克伦威尔战胜国王，成为英国护国公，可以理解为军人总统。

失败的查理一世经法庭审判后，被公开斩首。

查理一世的两个儿子查理太子和詹姆斯流亡法国，找母亲汇合（母亲是法国公主）。后来法国也不接纳他们，于是兄弟俩来到荷兰。他们既没有钱，也没有脸（没人尊重他们）。查理太子看上的女人也拒绝了他。二十多岁的查理太子带着弟弟过着寄人篱下的苦日子。

克伦威尔死后，他的儿子理查德继位。理查德善良无能，英国各地的军阀们逼他退位，并邀请查理太子回国成为新的英国国王。

共和国的实验失败了，英国还是恢复成王国吧。

查理二世在荷兰布雷达发表宣言，承诺赦免曾经反对国王的人，不追回革命期间被没收分配的土地财产，停止宗教迫害。

英国人见查理二世信誓旦旦，于是一致拥护他回国复位。

1660 年 5 月，英国海军护送查理二世回到英国。成千上万的人到英国东南港口多佛接他。30 岁生日当天，查理来到伦敦。伦敦市长安排放烟花，大庆三天。民众点燃篝火，彻夜为他欢呼。

公元 1661 年，8 岁的玄烨登基，称康熙皇帝。

同年，查理太子加冕为王，称查理二世。

一些精明的商家制作了国王加冕纪念品，从此成为惯例。

康熙登基的时候，如果推出限量版纪念花瓶，相信今天也是高价。

路易十四、彼得大帝、康熙登基的时候，老百姓没有这么高兴。老百姓如此欢迎一位国王，在世界范围内也是少有的。

克伦威尔执政期间不准百姓赌博、喝酒、斗狗，不准百姓穿华丽衣服，不准百姓庆祝圣诞节。政府要求百姓节俭、节欲、天天忏悔自己。总之，寺院里的僧尼就是老百姓学习的榜样。

那种日子，真是生不如死啊。

英国内战结束，不需要常备军了。于是政府让士兵回家，给查理二世留下不到 100 人的皇家卫队。为了国防的需求，海军保留下来。为了把军队控制在手里，查理二世给海军前面加两个字——皇家。并将皇家海军交给自己的弟弟詹姆斯。

克伦威尔处死了国王，也解散了议会。

国王回来了，议会也要恢复。经过大选，拥护君主的保皇党议员取得多数席位，共和派议员则成为极少数党。

1637—1640 年，英国国王年平均开支为 110 万英镑，考虑到通货膨胀，新议会增加了 10 万。从此，查理二世的年薪是 120 万英镑。查理二世只得同意。

120 万英镑换算成今天的货币，约 10 亿元人民币。这 10 亿人民币不是一个人花，除了家人，还包括秘书、侍卫、保姆、宫女、马夫、厨师等，一般情况下超过 300 人。

120 万英镑用于基本生活没问题，想修凡尔赛那样的宫殿，没门。包养 3 个情妇可以，包养 5 个情妇钱就不够了。

保皇党上台，自然要清算十几年前判处国王有罪、杀死国王的人。他们把克伦威尔、布拉德肖等人的遗体从坟墓里挖出来，鞭尸，再挂上绞刑架 24 小时，最后把脑袋挂起来示众，把身体扔入粪坑。

保皇党提出，在英国，只有大学出版社或官方控制的文书出版公司才能出版历史、政治著作，同时大幅削减伦敦出版商的数量，从 60 家降到 20 家。

总体上，查理二世遵守了布雷达宣言，只处死了少数一些人。

有一天，查理二世在街上遇到了自己离散多年的老师霍布斯。霍布斯出版过《利维坦》，否定君权神授，说国王是吃人的大海怪。保皇党扬言要把霍布斯杀死。

查理二世却请霍布斯吃饭，给他退休金，并把老师的画像挂在卧室。

英国内战加上军政府统治，年轻时的查理二世吃尽了苦头，英国老百姓也吃尽了苦头。

查理二世对国民说，从此以后，我开始享受了，你们也开始享受吧。

英国剧院又开张了。在过去，英国、法国，包括中国，都不准女人演戏。在查理二世时代，女人不仅可以演戏，还能写剧本。很多人看戏是为了看女演员。查理二世也看上了一位女演员内丽，把她收为终身情妇。

查理二世的妻子，葡萄牙公主凯瑟琳给他带来了一笔惊人的嫁妆，50 万英镑（一说是 80 万）的现金外加丹吉尔（摩洛哥的港口）和孟买两座城市。

葡萄牙是历史上第一个全球帝国，虽然衰败了，但家底还在。当时葡萄牙的领土面积并不小，加上巴西超过 1000 万平方公里。另外，葡萄牙在远东有果阿和澳门两个据点，经营着欧洲到印度和中国的航线。

凯瑟琳王后把英国和两个东方大国联系起来。

英国在印度有了根据地，后来占领了印度，把孟买打造成全球大都市。

凯瑟琳王后带来一些中国茶叶，天天饮用。英国贵族们纷纷效仿。当时茶叶贵得像冬虫夏草，老百姓一年工资都买不到一斤茶。相比较而言，咖啡是便宜货，满大街都是咖啡馆。今天，英国人最喜欢的饮料就是红茶。

王后长得不好看，没有魅力。

查理二世到处寻找情妇，至少"制造"了 14 个私生子女，其中一个还是戴安娜王妃的祖先。"国王就该爱民如子，而查理二世本身就是不少人民的父亲。"一位作家写道。

当荷兰执政威廉来英国和他谈结盟的时候，查理二世的情妇们光着上身在他们身边转悠。查理二世搂着情妇们接吻，威廉看得目瞪口呆。

大清的后宫有严格的晋升机制，这两年的后宫剧给大家普及了不少知识。欧洲国王只能有一个妻子。查理二世于是封情妇为伯爵、公爵。

国王的情妇们也不甘寂寞。有一次，查理二世去卡斯尔梅因夫人房间厮混，有个小伙子急忙跳窗而出。后来打听到是约翰·丘吉尔，英国首相丘吉尔的祖先。

路易十四发明了高跟鞋。

查理二世发明了一种比高跟鞋重要 100 倍的东西——安全套。科学家考证说安全套不是查理二世发明的。也许是因为他使用得最多，人们于是将发明安全套的功劳套在他的头上。

路易十四宫廷的女装争奇斗艳，查理二世则发明了男装。最早的西装就是查理二世规定的。

路易十四喜欢跳舞看戏，喜欢奢侈品和艺术品。

查理二世喜欢赛马、游艇、网球。他自己就制定了一些赛马规则。英国当时高尔夫、保龄球、曲棍球也很流行。

如果说路易十四让法国变成奢侈品大国。

那么，查理二世让英国变成体育运动大国。

查理二世喜欢玩乐，不喜欢被人约束，也不去约束别人。

查理二世的父亲说话有些口吃，表情严肃。查理二世总是显得平易近人、亲切友好。如果他在温莎公园散步的时候被民众认出来，他通常都会第一个挥手示意。

牛顿因为信仰问题不能在剑桥学院教书。他来到伦敦向查理二世申请豁免。查理二世痛快地批准了这个北方农场主的儿子。

英国皇家学会申请成立，国王立即批准。

约翰·格朗特制作了世界上第一份生命表，被称为"人口统计学之父"。英国皇家学会不少会员认为他是商人，身份低，不愿意让他入会。查理二世亲自推荐。

担心英国的天文研究落后于法国，查理二世批准建设格林威治天文台，现在是世界上最著名的天文台之一。查理二世任命约翰·弗兰斯蒂德为皇家天文学家。

王宫里有一头山羊叫老罗利，活蹦乱跳，宫里的人说它的性格像国王。有一天，国王经过宫女的房间，听见里面有人在唱歌，在歌里把山羊比做国王。

国王于是上前敲门。

侍女在屋里问，谁啊？

国王回答，我是罗利呀。

赖利为查理二世画像。查理仔细端详，然后说道，"这是我吗？真奇怪，我原来这么丑。"从表面上看，查理二世责怪赖利。其实国王在变相赞美画家，因为国王在拿自己的相貌开玩笑。

1671 年 5 月，查理二世的神圣王冠被胆大包天的布勒特团伙偷了。

查理二世问布勒特为什么要这么做。

布勒特回答说，我知道这个举动太狂妄了，可是我只能用这种方式提醒陛下，请关心一下生活无着的老兵。

查理二世说，你自己说，我该如何处罚你们？

布勒特说，从法律角度来看，我们 5 人应该被处死。但是，我们死了，每人至少有两个亲属落泪。如果我们活着，就会有 10 个人赞美您，而不是 10 个人落泪。

最后，查理二世不仅免了布勒特的死刑，还赏给他一笔不小的薪水。

有一次，约翰·考文垂爵士在议会公开质询查理二世："你的乐趣究竟是在男人身上，还是在女人身上呢？"

一个臣子当众问皇帝喜欢男人还是女人，会是什么下场？

查理二世也只是派出皇家侍卫，把约翰的鼻子割破。

在执政前期，查理二世遇到了三大灾难。

1665 年，伦敦地区暴发鼠疫，死亡人数超过 6 万。瘟疫迅速向全国蔓延，牛顿就是因为这场瘟疫回到家乡，发现一个苹果掉在地上。

在过去，阿姆斯特丹的瘟疫最多，现在到了伦敦，为什么？因为海外贸易发展了，商船多了，既运来了外国的货物，也运来了外国的老鼠。

瘟疫频发，也说明该地区商业发达。

一波未平，一波又起。1666 年 9 月 2 日，伦敦商业中心发生大火，1.3 万间房屋被烧毁、87 个教区教堂变成废墟，包括最重要的圣保罗大教堂。幸运的是，死亡人数不到 10 个。

当天，查理二世和他的弟弟亲自上街指挥灭火。他被浓烟熏黑，被脏水浇湿。事后，国王组织拨款赈灾，提供食物与住所给无家可归者。

当时的人们认为大火是上帝对荒淫的查理二世的惩罚和警示。

大火造成了大约 1000 万英镑的经济损失。当时伦敦市的年收入是 1.2 万英镑，理论上讲，灾难损失到今天都补不回来。

这场大火也不是完全没有好处。比如烧死了成千上万只老鼠，瘟疫以这种疯狂的方式结束了。

大火过后，查理二世任命克里斯托弗·雷恩爵士为灾后重建设计师，胡克为副手。

雷恩毕业于牛津大学，是英国皇家学会的创始人之一，担任过英国皇家学会主席（1680—1682），是牛顿的好朋友。雷恩被国王封为爵士，并当选国会议员。

雷恩也是一位天文学家、解剖学家和数学家。胡克瞧不起牛顿，却对雷恩赞赏有加。他说，自阿基米德时代以来，我们很少遇到过雷恩这般完美的人，他有完全灵活的双手和完美的哲学头脑。

查理二世说雷恩建造的一个房间有些矮。

雷恩说，刚刚好，不矮。

国王于是屈膝在房子里走，然后说，是的，不矮。

在伦敦，仅教堂一项，雷恩就设计了 51 座，其中包括著名的圣保罗大教堂。法国建筑光彩夺目，远超英国。雷恩设计的圣保罗教堂反过来影响了巴黎的建筑设计界。巴黎的先贤祠、圣彼得堡的圣以撒教堂、美国国会大厦都有圣保罗大教堂的影子。国内不少建筑模仿美国国会大厦，也可以说是模仿雷恩的作品。

雷恩死后被安葬于圣保罗大教堂唱诗班席位之下的地穴内，他的墓志铭写道：

"你在寻找雷恩的纪念物吗？四周都是。"

在查理二世的命令下，雷恩和胡克还设计了伦敦大火纪念柱，今天还可以参观。经历两场大灾，伦敦百业待兴。政府投入大量工程，内需旺盛，没想到英国的经济持续增长，一直没有停下来。新修建的社区也更加宽大、卫生、安全。

雷恩说：

"建筑有它的政治效用。公共建筑是国家的装饰品，它促进国家的繁荣，吸引游客和商业。它使人民热爱他们的祖国，这种感情是一个国家的一切伟大事业的动力。"

路易十四呕心沥血，投入大量精力为法国在海外开疆扩土。

查理二世没费什么力气，取得的成就一点儿也不比路易十四少。

通过王后的嫁妆，英国得到了非洲和印度的商业据点。

英国在北美的殖民地，一块在北方叫马萨诸塞，一块在南方叫弗吉尼亚。英国人夺取荷兰人的新阿姆斯特丹，用国王弟弟的封号改名新约克，即纽约。

英国人在纽约旁边开辟了一块殖民地叫新泽西（英国有个泽西岛）。

威廉·佩恩是克伦威尔时期的海军上将，为英国人打下了牙买加。他并不拥护君主制。当查理二世和他见面的时候，他拒绝摘下帽子向国王致敬。想象一个大清的臣子见了皇帝不下跪是什么后果。查理二世呢，一点也不生气，反而将自己的帽子摘下来。他说：

"按照英国习俗，两人见面时，总得有一个人脱下帽子。"

查理二世赏赐给佩恩儿子一块殖民地，用佩恩的名字命名为宾夕法尼亚。

人们用查理二世的拉丁文名命名一块殖民地为卡罗来纳。卡罗来纳有一个城市叫查尔斯顿，也是查理二世的名字。

查理二世的名字差一点出现在天上。英国著名天文学家，爱德蒙·哈雷把天上的一个星座命名为查理二世橡树座，不过其他天文学家都不承认，于是废掉了。

卡罗来纳是以查理二世命名的，路易斯安那是以太阳王命名的。

查理二世在位期间，英国人在北美有十二块殖民地，只差佐治亚一块了。

马萨诸塞的北边是法国殖民地。英国人于是再往北，成立了哈德逊海湾公司。今天，这家公司运营良好。

英国人还跑到台湾，和郑成功的儿子郑经签署了通商与军事合作协议。

不过，查理二世把著名的敦刻尔克（克伦威尔占领的）以 40 万英镑的价格卖给了法国国王。过去，英国财政部为了守护这个要塞，每年支出 12 万英镑。从经济角度来讲，这笔买卖是划算的。好战的英国贵族对此十分不满。

通过与荷兰的两场战争，英国海军也得到了长足的发展。

英国国王和法国国王、大清皇帝、俄国沙皇有个不一样的地方，后面的 3 位都是专制君主，甚至是独裁者。注意，独裁不是贬义词，是指君主万事自己做主，不需丞相和内阁。明朝中后期有一个内阁，在大多数情况下替皇帝决策，皇帝无异议批准即可。大清没有宰相，没有内阁，大事小情皇帝说了算，这就是独裁。

康熙亲自告诉群臣，"一切政务，悉由独断。"

英国国王任命一个首相，首相领导一些部长。首相小事自己做主，大事请示国王。一般情况下，国王不需要议会就可以治理国家。特殊情况，比如国王想征税，国王要打仗，就需要议会了。英国议会的议员是大地主、大商人、学者，国王不能派兵去抢他们的钱，只能和他们商量。这时候，国王就召集全国各地的议员到伦敦来开会。

英国议会分上院和下院。上院议员是国王任命的，不会反对国王。下院议员是选举产生的，他们既有商人，还有法律专家，能找到充足的理由反对国王。平时议员们不开会，一开会就指责国王的内政外交，要求改革。

英国议会还通过了《人身保护法》，其内容为：

任何人不经审判不得被监禁。不经法庭出示拘捕证，不得被逮捕。这条原则适用于任何人。

这样，议员们有了法律保护，可以在议会上畅所欲言，反对国王。

《人身保护法》被认为是最早的人权法律。

国王一生气，就解散议会。议会一解散，下议员们就失去了议员资格。下一次议会召开的时候，他们还要再选一次。

应该讲，英国下院对查理二世非常不满。一是怨国王情妇太多，浪费纳税人的钱。二是怨国王和法国结盟。三是怨国王支持天主教。在内政、外交、宗教和军事政策上，下议员们都反对国王。

国王治国，总是有一些失误的地方。比如，查理二世坚持要向荷兰宣战，一是被荷兰海军攻入伦敦，二是战争花光了国库的钱。

在下议员的压力下，查理二世的两个首相，一个流亡法国，一个被关进大牢。

在一次会议上，查理二世幽默地告诉下议员们，他年纪大了，不想出国受苦了（流亡）。

新教是英国的国教，可以说英国从上到下几乎全是新教徒。

查理二世和他的弟弟詹姆斯却喜欢天主教。查理二世遮遮掩掩，詹姆斯公开承认自己是天主教徒。

查理二世首先提出《信仰自由法》，允许天主教在英国合法存在。应该说，这是促进历史进步的法案。路易十四正相反，他在法国废除《南特敕令》，明确天主教是法国唯一的宗教，其他教徒要么改教，要么离开法国。

下议院全力反对《信仰自由法》，针锋相对地提出《宣誓法》，即英国公务人员、军人必须宣誓服从国教，还得当面骂一句天主教不好。

为了获得军费，查理二世只得硬着头皮答应。

詹姆斯是天主教徒，又是海军大臣。他只得辞职，流亡比利时。

查理二世的妻子凯瑟琳王后来自葡萄牙，也是天主教徒。查理二世的情妇给他生了 14 个私生子女，王后却没有生下一个。父死子继，兄终弟及。下一任国王就是天主教徒——詹姆斯。詹姆斯的新婚妻子也是天主教徒。看来他们的孩子也是天主教徒。

英国下院劝查理二世离婚再娶一位新教新娘，生下儿子。虽然王后不好看，虽然查理二世不喜欢她。但是，国王尊重王后，不忍心把王后打发回葡萄牙。因此，他拒绝离婚。

下议院的领袖是沙夫茨伯里伯爵。他提出，查理二世的私生子蒙茅斯很勇敢，可以把王位传给他。

查理二世再次拒绝。他说，这个方案违反法律，也不符合公道。

沙夫茨伯里说，英国议会可制定法律，使其合法化。

查理二世说，英国人民不会接受一个杂种为国王。

有一次，查理二世生气地对沙夫茨伯里说，我真的相信你是我们国家最低贱的一条狗。

沙夫茨伯里回答说，是的，作为狗统治下的狗，我是最低贱的。

查理二世应该恨沙夫茨伯里的医生，要不是他，沙夫茨伯里没准早死了。这位医生不简单，他就是影响人类历史进程的约翰·洛克。

沙夫茨伯里领导的下院推出《排他法案》，即禁止天主教信仰的人担任英国国王。这个人，显然就是指詹姆斯。

这个方案引起一场轩然大波。不仅查理二世反对《排他法案》，很多英国议员也反对。

支持詹姆斯的人是封建贵族和农民，支持英国的尊卑传统。詹姆斯身上流着先王的血，不管他的信仰是什么，他的继承权天生不可剥夺。

反对詹姆斯的人集中在金融工商业和知识分子，是新兴阶层。天主教反工商业（特别反对金融业）、反科学（比如软禁伽利略），所以英国下议院禁止英国发展天主教。

詹姆斯党被嘲笑为托利党。托利（Tory）一词源于爱尔兰语，意为不法之徒。反对党骂他们说：

"有着英格兰人面孔、法国人心肠和爱尔兰人是非观念的魔鬼。他们长着宽额头、大嘴巴和肥胖的臀部，可是没有头脑。他们是一群野猪，要把当时的政体连根拔掉。他们采取愚昧的破坏政策。"

反詹姆斯派被讥讽为辉格党。辉格（Whig）一词源于苏格兰的盖尔语，意为马贼。詹姆斯党骂他们说：

"老是空谈新的启示和预言。他们带着鼻音发表激昂的讲话，不过并不能使这些内容更有说服力。这些小喇叭会说话，他们唯一的词汇是'推翻''推翻'。他们的祈祷是一派胡言，是合法化的狂吠，是叹息、哭泣、哮喘和呻吟。"

两党对"歹徒""马贼"的蔑称不以为耻，干脆承认。

可以理解为，托利党是保皇党，辉格党是反对党。

只要是两党制，一般就会相互攻击。

在古代中国官场，党不是一个好词。繁体字的党上面是个尚，下面是个黑。也就是说公开黑幕。在明朝，有浙党、楚党、东林党。它们不是严格意义上的政党。

下议员们在议会天天发言，逼迫查理二世表态。

查理二世说，我绝不屈服，也绝不受欺负。人往往是年纪越大胆子越小，而我却恰恰相反，在未来的生命里程中，我绝不让自己的名誉受到玷污。我的手中有法律和正义，一切正直的人都站在我的一边。我宣布议会解散。

下议员于是丧失了身份，都回家了。

查理二世命人把沙夫茨伯里抓起来，指控他煽动革命罪。但是，负责审讯的陪审团成员都是辉格党人。他们宣判沙夫茨伯里无罪并马上释放。沙夫茨伯里和国王的私生子蒙茅斯一起逃到荷兰海牙。几周后，沙夫茨伯里病死。

议会没有了，沙夫茨伯里死了，查理二世是胜利者，也变成了独裁者。国王和议会是两个刺猬，只要一接近就会有矛盾。但国家出现危机的时候，两个刺猬也要抱团取暖。

用个现代的词汇，下任领导人的产生，是宪法问题。查理和下议员们关于王位继承权的争论，争的不是詹姆斯的人品和能力，争的是法律，斗争的手段也是法律。

万历皇帝想废长立幼，内阁和大臣都不支持，只好做罢。

反观大清，立皇储是皇帝一个人的事情，还搞得神神秘秘。当康熙向群臣征询谁是太子时，绝大多数人支持八王。康熙却不尊重民主投票结果，反而痛斥支持八王的臣子。康熙说，唯是天下大权，当统于一。或有小人，希图仓促之际，废立可以自专，推戴一人以期后福。朕一息尚存，岂肯容此辈乎？

皇储是谁，只有皇帝能定。提出候选人的臣子是小人，康熙要严惩之，甚至将其处死。

查理二世为什么坚持把王位传给詹姆斯，而不是自己的儿子蒙茅斯？

他明知道议员们对天主教恨之入骨，却把信仰固执的詹姆斯推上王位，这不是把弟弟放在火上当烧烤吗？

查理二世难道在内心里真的相信英国会变成天主教国家？

查理二世难道相信英国不会引发第二次内战，再砍下詹姆斯的头？

詹姆斯是查理二世最亲的人，把他排除在继承人之外，查理二世从法理上、从感情上都难以接受。

也许查理二世的想法是，我的职责是让詹姆斯继承王位，至于我死后，詹姆斯能不能管好国家，那是他的事，与我无关。

英国以后是好是坏，是上帝的安排，也与我无关。

我只尽到自己的责任。

1685 年 2 月，查理二世嗓子疼、发冷汗。御医们的治疗方案如下：

- 用树脂和鸽子粪糊在国王的双脚上使劲揉搓。
- 从国王身上抽出 1 升鲜血。
- 用强力的催吐剂和灌肠剂，让国王上吐下泻，最后脱了水。
- 把国王的头发剃光，用一块烧红的铁块往上烙（在没有麻醉剂的情况下）。
- 往国王的鼻子里灌辣椒粉，让他打喷嚏。
- 在国王身上糊满了热膏药，再用布把国王包成了粽子。

经过大夫们的经心治疗，再看查理二世，不是嗓子疼、发冷汗的问题了，而是浑身疼，已经奄奄一息了。

医生也很累。查理二世连连向他们表示感谢。

临死前，查理二世叫来神父，主持了自己加入天主教的仪式。从当国王的第一天起，他就想加入天主教。为了国家，他忍到了生命的终点。

55 岁的国王最后说了一句话：

"不要让我可怜的内丽饿着。"

作为帝王，说出这样的话来，真是滑稽、可笑、没出息。

路易十四有辉煌的凡尔赛宫和打遍欧洲无敌手的丰功伟绩。但是，百姓生活在极端贫困当中，生不如死。

查理二世不是大帝，没有野心，他鼓励民众和他一样工作、享乐。

查理二世的爷爷主张君权神授，被臣子们嘲笑。查理二世的父亲主张君权神授，被贵族们砍掉了脑袋。太阳王也到处宣传自己是上帝之子。查理二世与他们不同的地方在于，他认为自己是人，和臣民一样的人。他满足个人的欲望，也不禁止臣民们的欲望。

柯尔贝尔大力发展法国国有企业，采用种种政策提高法国企业竞争力。一开始，法国经济是增长了，后来，种种政策成了束缚企业的条条框框。

查理二世不关心国家产业，但英国经济持续增长。因为英国下议员们很多都是商人。商人已经进入国家决策层。康熙四十年，法国经济濒临崩溃，英国则超过荷兰，成为欧洲最大商业国。

查理二世不操心英国科学家。英国的科学成果远远多于法国。

查理二世统治了 25 年，英国取得显著的成就，经济持续增长，科学成果累累，签署了人身保护法案，北美殖民地扩张。最关键的是，英国诞生了政党。政党的产生是人类历史上最伟大的发明之一。几千年来，大臣对某一件事情产生不同的想法，是再正常不过的。但是，由于不同的想法，往往会产生你死我活的政治斗争。至于这些想法是对是错就没人管了，谁赢了谁就是对的。政党的存在，让不同的想法充分表达，让时间来证明谁对谁错。

查理二世甚至为君主立宪奠定了基础。他死后三年英国就成为君主立宪国家，而法国100年后才爆发大革命。

相对于克伦威尔，查理二世的统治用一个词形容，就是自由。

在他的治下，议员们充分发表意见，科学家放心搞研究，商人大胆去做生意，老百姓天天看戏。

想象一下，一个年轻的无名老师竟然对抗剑桥大学百年来的宗教规矩，这种事情轮得着国王本人来管吗？只要稍微严厉或者虔诚的国王，都会把这个年轻老师赶走。如果查理二世稍微不耐烦，否决了牛顿的申请，牛顿就只能回家务农，或者到偏远地区当牧师。那么，人类社会的进步很可能要晚上100年。我们今天很可能没有手机和汽车。

想想看，多么可怕的后果。

后人称查理二世的统治为"黄金时代"，称"淫荡""狡猾"的查理二世为伟大的国王。

取得如此多的成就，说明查理二世并不傻。

罗切斯特伯爵给生前的查理国王写了一篇墓志铭：

"国王没有说过一句愚蠢的话，
也没有做过一件明智的事情。"

查理二世听到后说：

"This is very true, for my words are my own and my actions are my ministers."

（没错。话是我说的，事是臣子们做的。）

威廉三世（1650—1702）

威廉三世是与路易十四相匹敌的伟大国王，是一个与路易十四完全相反的"大帝"。（伏尔泰）

"滚！滚！滚！搞清楚我是谁？我是你们的国王！告诉牛津主教、校长，得罪国王可不是好玩儿的。"（詹姆斯国王训斥一些牛顿大学的院长）

臣民有权向国王请愿。不管请愿内容如何，不能对其判罪或控告。（《权利法案》）

第三章

威廉三世——不是大帝的"大帝"

（一）荷兰执政

1650 年 11 月 14 日，威廉·奥兰治出生于荷兰海牙。他是荷兰执政威廉二世和英国国王查理一世长公主玛丽·斯图亚特的独子。他比路易十四小 12 岁，比康熙皇帝大 4 岁。

小威廉的童年非常不幸，比路易十四、彼得大帝、康熙不幸得多。在他出生前的 8 天，父亲患天花去世（康熙的父亲也患天花去世）。

荷兰和法国、俄国、大清都不同，它是世界上第一个资产阶级共和国。荷兰政府由执政（类似于总统）和议会组成。执政和议会矛盾重重。

议会议员主要是商人，他们反对战争，因为战争要收税，要中断商业经营。执政期待战争，因为没有战争的话，执政没有事情可做，只得服从议会。

威廉二世刚刚去世，荷兰议长德维特就宣布取消执政，全国只有议会一个政府。小威廉今后不得加入公职，永远是平民了。

小威廉还是个婴儿，别说发言权，连话都不会说。

荷兰议会接管了小威廉的教育和生活，实际上是把小婴儿软禁了。

小威廉的母亲和祖母经常吵架（婆媳矛盾严重），这导致威廉长大后沉默寡言。

1660 年，威廉的母亲染上天花去世，威廉只有 10 岁。

可怜的孩子！

德维特对小威廉还不错，亲自负责他的教育，还教他打网球。

就像孝庄皇后教导小康熙一样，威廉的祖母也时常提醒小威廉，一定要夺回荷兰执政，成为荷兰共和国的领导人。

1668 年，威廉 18 岁了。这个机智的年轻人躲过家庭教师的监视（德维特委派的），秘密搭船前往西兰省。在那里，他成为西兰省议长，掌管了一个省的大权（当时荷兰一共 7 个省）。新西兰的国名就来自西兰省。

德维特强烈反对。但荷兰七省高度自治，除了军事外交，其内政不接受荷兰议会的管辖。

除了西兰省，其他省份议会也呼吁德维特让威廉进入中央政府。

德维特不得不任命威廉为陆军司令。听起来权力很大，但在和平时期，陆军司令只能训练士兵，不能参与政务决策。

1670 年 11 月，威廉搭船前往英国，拜访自己的两位舅舅，英国国王查理二世和他的弟弟詹姆斯，其目的是与英国建立军事同盟，共同对付法国国王路易十四。威廉还不知道，他的舅舅和太阳王已经达成秘密协议，英法共同瓜分荷兰。

1672 年，英国舰队向荷兰船只开炮。与此同时，12 万法国陆军越过边境。

荷兰只有 2 万陆军，几乎要被全部歼灭。

荷兰 7 个省中有 5 个已经全部沦陷。荷兰共和国几乎要被灭国。

这一年史称荷兰国难年。

荷兰人愤怒了！爆发了！他们走上街头，用拳脚把德维特活活打死，并要求议会政府解散，威廉上台。

威廉这个陆军司令终于有事要办了。

不过，这件事情实在难办，在沦陷一大半的国土上同时与英法两大强国交战。

威廉提出谈判。

英法提出的条件是：荷兰的 6 个省划归英法，只把荷兰省留给威廉。荷兰省改称荷兰王国，威廉可以当大权独揽的国王。

威廉当场表示拒绝。

英国代表白金汉公爵说："殿下，难道你没有看出来你的国家已经灭亡了吗？"

威廉坚定地答复道："我的国家是很危险，但还没有灭亡。只要我不死，我就会一直战斗！"

弱小无助的威廉只能使出最后的绝招：

炸毁拦海大坝，让海水倒灌，把陆地变成泽国，阻止法军进攻阿姆斯特丹。

这只是权宜之计。

法国找英国做盟友，威廉也开始寻找自己的盟友。首先是法国的百年敌人西班牙。奥地利、普鲁士不愿意坐看法国势力范围越来越大，纷纷支持荷兰。

威廉实行全民总动员，招募 8 万陆军。

荷兰人民同仇敌忾，在盟军的协助下，把法国军队赶出了荷兰。

威廉司令派人到伦敦，向英国国会议员游说并制造反法舆论。

查理二世本人受路易十四资助且心向天主教，但英国议员普遍信仰新教并反对法国。英国国会拒绝给查理二世拨款。查理二世只得和自己的外甥威廉谈判。

两国于 1674 年结束第三次英荷战争。英国获得荷兰部分殖民地，但必须给予荷兰 20 万英镑的补偿。同时，查理二世把侄女玛丽公主（詹姆斯的长女）嫁给威廉。

英国退出后，法国继续同荷兰作战，也同西班牙作战，并占领了西班牙的弗朗什—孔泰。荷兰海上战神鲁伊特死于西西里岛。"七省号"战舰载着他的遗体，沿着法国西海岸返回荷兰。路易十四听到鲁伊特的死讯后，立即给法国海军下令：不得拦截运载鲁伊特铅棺的荷兰船只。如遇上"七省号"战舰，一定要鸣炮致敬。

1678 年，法国国王路易十四决定结束法荷战争，然后集中精力对付西班牙。路易十四引诱威廉说，荷兰只要承认弗朗什—孔泰归法国所有，法国就撤军，并大幅降低荷兰商品的关税。

多亏西班牙出兵，荷兰才挡住了法国的进攻，保住了国家。威廉不愿意背叛盟友，想继续战斗。但荷兰议会的议员们为了商业利益，劝说威廉改变了主意，结束了荷法战争。

威廉在万分危机时刻，挽救了共和国和人民，也可以说战胜了欧洲最强陆军和最强海军，获得"护国英雄"的称号。

1683 年，神圣罗马帝国两次战胜土耳其，利奥波德皇帝名声大振，成为欧洲人民心目中的英雄。

极度自恋的路易十四犯了红眼病。他决定偷袭皇帝的后院，侵占德意志地区。利奥波德皇帝及时察觉到路易十四的阴谋，呼吁威廉再次结盟。

1686 年 7 月 9 日，德国、奥地利与荷兰、西班牙、葡萄牙等国组成大同盟。

路易十四不惧同盟，于 1688 年 9 月侵略德意志。

"大同盟战争"打响。

荷兰再次与法国开战。

就在这时候，英国出事了。

（二）英国国王

康熙二十四年。

公元 1685 年，英国国王查理二世病逝，将王位传给自己的弟弟詹姆斯二世。

詹姆斯二世一上任，就聘用天主教神父作为自己的私人忏悔师，并大肆提拔天主教徒担任政府高官。

为了威胁辉格党人，詹姆斯二世决定把英国军事将领都换成天主教徒。枪杆子在手，看谁敢反对我？很快，爱尔兰总督、卫戍司令，甚至皇家海军司令都是天主教徒了。英国陆军原来有 7000 人，詹姆斯将其扩充到 2 万，并举行盛大的阅兵仪式，向臣民炫耀。

詹姆斯二世胆子大了。1688 年 4 月，他下令要求新教徒使用天主教的宗教仪式。

这是一个极其危险的信号。

1640 年，詹姆斯二世的父亲查理一世干涉苏格兰的宗教仪式，导致英国爆发内战，自己被杀头。

1688 年 5 月 18 日，坎特伯雷大主教和 6 名主教上书要求国王撤销刚刚发布的宗教法令。

有军队撑腰，詹姆斯二世下令将 7 名主教抓起来审判。

所有人都劝他说，英国历史上从来没有过一次抓捕 7 名主教的先例。

詹姆斯说，我按照上帝的意志推广天主教，绝不退步。

英国所有律师都愤怒了。英国是法制国家，反对不合理的政策是什么罪，怎么能抓？陪审团宣判他们无罪。

有一天，詹姆斯二世走在伦敦街头，发现到处人山人海、锣鼓喧天。

詹姆斯很高兴，以为人民拥护国王。

结果，大家匆匆从他身边走过，向另一个方向奔去。

詹姆斯派人一打听，伦敦市民为 7 位主教无罪释放而欢呼。

詹姆斯这么一折腾，托利党人也不支持国王了。他们说，我们支持您继承王位的天然权利（皇室血统），但不支持您的宗教政策。不仅不支持，还坚决反对。

歹徒和马贼握手言和了。但是他们也没有办法，总不能像荷兰德维特那样废黜国王吧。他们忍耐着詹姆斯二世，因为他们还有最后一个盼头，一点希望。

国王有 5 个儿子，不幸都夭亡了。按照顺序，未来王冠将落在国王的长女玛丽头上。而玛丽的丈夫就是荷兰执政威廉。威廉和玛丽都是坚定的新教徒。

议员们都希望詹姆斯绝后，或者早点驾崩（55 岁了）。

国王做到这份儿上，还不如躲进老鼠洞。

1688 年 6 月 10 日，一个消息如晴天霹雳般传来，詹姆斯二世有儿子了。

老来得子，詹姆斯二世欣喜若狂。

议员们却崩溃了。

那不是一个男孩，那是一个要把英国变成天主教国家的小恶魔。

我们能熬过老国王，但怎么能熬过小王子。

国王 55 岁了，王后怎么可能生儿子？

一个谣言迅速流传开来：儿子不是国王的。谣言还提供了两个证据：

第一，孩子出生的时候，负责接生的医生不在现场。这不是很奇怪吗？这么重要的事情，却禁止医生入内。医生没有亲眼看到孩子的出生过程。

第二，接生的两个护士分得 500 英镑的巨款。这不是劳务费，这是封口费。

那么，这个孩子又是从哪里来的呢？

有人说，詹姆斯从民间买了一个男婴，通过一个盒子秘密送进王后的房间。

谣言再多也没有法律效力，剥夺不了这个男婴的继承权。

歹徒党和马贼党中的 7 位贵族密谋用政变手段把詹姆斯和他来历不明的儿子赶走，让威廉夫妇提前接班，成为英王。

威廉本人对于这个计划表示强烈支持。第一，反法大战即将打响，急需把强大的英国拉过来。第二，作为新教徒，他强烈反对岳父把英国变成天主教国家。

詹姆斯对此一点儿也不担心。首先，他认为把英国变成天主教国家是神的旨意，神一定会保佑他。其次，他手下有 3 万精兵，还有一员"五虎"上将——约翰·丘吉尔。一听这名字你就知道，这位就是大名鼎鼎的丘吉尔首相的祖上。詹姆斯本人也不是脓包。他身经百战、视死如归。

路易十四告诉詹姆斯，法国军队随时准备为他而战。

詹姆斯回绝了。面对即将登陆的女婿，此时的詹姆斯必须团结国民。而法国军队登陆英国势必会激起英国人民的反感。为了拉拢马贼党，詹姆斯取消宗教法庭，关闭天主教学院，罢免天主教官员。

荷兰民少兵寡，威廉从德国借来一支部队。瑞典人和丹麦人也踊跃报名。这 3 个国家都是新教国家。新教联军超过 1 万人。

威廉首先发动了一场宣传战，或者说造谣战。他说詹姆斯要调爱尔兰军队杀死新教徒（爱尔兰军队大多是天主教）。他说詹姆斯要把英国卖给路易十四。

1688 年 11 月，威廉的新教联军刚刚登陆英国，詹姆斯的军队就迎上来了。不是来打仗，是来投诚的。英军主帅约翰·丘吉尔也投诚了。

威廉的军队 1 万变 3 万，詹姆斯的军队 3 万变 3000。

詹姆斯的亲生女儿，安妮公主也逃出伦敦，表示与父亲决裂。

真是众叛亲离！

眼看大势已去，詹姆斯先把妻子和幼小的儿子送到国外。12 月 11 日晚上，他偷偷溜出伦敦，跑到肯特，准备登船前往法国。当地官员和百姓劝他回到伦敦，同威廉谈判。

12 月 16 日，詹姆斯回到伦敦。

听到岳父返回伦敦的消息，威廉蒙了、傻了。

詹姆斯跑到法国，我到伦敦加冕为王，这是完美的结局。

老岳父待在伦敦不走，我怎么称王？我是抓你还是杀你？

威廉心生一计。

第一步，他命人把詹姆斯从伦敦带到罗切斯特关押起来。第二步，他让狱卒在国王的牢房外大声恐吓，要马上砍下国王的头。

詹姆斯的父亲查理一世就是被公开斩首的。詹姆斯吓得心惊肉跳，天天琢磨如何越狱。12 月 23 日，他逃出罗切斯特城堡，乘坐渔船渡海来到法国，和路易十四一起过圣诞节。渔船当然是威廉为他准备的。

路易十四嘲笑他为了宗教丢掉 3 个王国（英格兰、苏格兰和爱尔兰），真是太傻了。

对天主教做出较大贡献的人，教皇会封他们为圣人，名字前面加一个"圣"字，如圣约翰，圣爱德华。如果詹姆斯真的把英国变成天主教国家，教皇一定会给他一个圣人称号，称他圣詹姆斯。

詹姆斯狼狈逃窜，连仅有的天主教成果也没有保住，史称"屎詹姆斯"。

岳父跑了，威廉从容来到伦敦，成为英国国王，史称威廉三世。

（三）光荣革命

威廉能够成为英国国王，应归功于英国议会中的歹徒党和马贼党。

两党把英国王冠送给威廉，自然要求高额回报。这个回报不是爵位，不是金钱，而是权利。

英国议会制定了一份《权利法案》，其主要内容如下：

1. 国王无权停止法律的施行。

2. 国王无权擅自废除法律。

3. 国王无权设立审理宗教事务的法庭。

4. 国王无权肆意征税。

5. 臣民有权向国王请愿。不管请愿内容如何，不能对其判罪或控告。

6. 国王征募或维持常备军，须经议会同意。

7. 新教徒在法律范围内可以置备武器（类似于美国公民可以持枪）。

8. 议会选举不受国王干涉。

英国《权利法案》

9. 议员们言论自由。如有不当，国王只能在国会审理。

10. 国会要定期召开。

简而言之，国王没权，议会有权，议会高于王权。

一个新的制度——君主立宪制诞生了。

你可能经常听到《美国宪法》《美国宪法第二修正案》，但没有听说过英国宪法吧。因为英国根本没有专门的宪法！英国宪法是由历史上一系列的文件共同组成的，最早的文件是1215年的《大宪章》，《权利法案》也是英国宪法组成部分之一，至今仍然有效。

《权利法案》也是美国《人权法案》、巴黎《人权宣言》，以及《联合国人权宣言》和《欧洲人权公约》的母本。

英国议会成立于1265年，一直同英国国王斗争。到了1649年，议会砍了国王查理一世的头。1653年，克伦威尔解散了议会。1661年，查理二世返回伦敦为王，议会又恢复了。然后，查理二世接着和议会斗。查理二世去世后，议会把詹姆斯二世赶走。经过400多年反反复复的斗争，议会决定用法律来划清君主和议会的界限。从此以后，英国建立了世界上第一个长期的君主立宪国家，直到今天。

本以为驱逐詹姆斯要持续一两年，打上三四场仗，死伤五六百人，没想到不经过流血牺牲就实现了（詹姆斯着急上火，流了一些鼻血），后人称之为"光荣革命"。

英国议会推翻詹姆斯不单纯是宗教问题，还有权力问题。

詹姆斯视路易十四为偶像。他收紧权力、扩编军队、干涉法律、管束宗教，其目标是建立像法国那样的君主专制国家。

英国议会绝不允许独裁暴君出现，因此邀请威廉为王。

英国是近代政治文明的发源地，宪法、议会、政党、君主立宪、责任内阁等种种政治制度是各国效仿的榜样。

在英国逐渐走向近代制度的同时，从康熙朝开始，中国皇帝的权力越来越大了。

再说威廉。他把英国和荷兰归在一起，形成共主联邦。其实100年前，荷兰人就想把国家献给英国女王伊丽莎白一世。当时西班牙强烈反对，女王不敢接受。

威廉的称号是"荷兰执政兼英国国王"。

伏尔泰说他是"荷兰国王兼英国执政"。

威廉在荷兰是执政，也是民族英雄，权力不受限制。

威廉在英国是国王，却被议会约束，权力有限，相当于"执政"。

路易十四、彼得大帝深深地影响了他们的国家。

威廉也深深地影响了英国。

第一，威廉给英国带去了最重要的东西——金子（荷兰太有钱了）。另外，他还带去了点金术——金融。英国陆续成立了银行、股票交易所、保险公司。在此后300年的时间里，英国成为世界金融中心。金融业成为英国的国家竞争力。为了保障英国金融改革的顺利进行，威廉国王任命了一个非常牛的人监督货币生产，这个人就是大名鼎鼎的科学家牛顿。当法国和俄国还在大力发展工商业的时候，英国走到了一个更高的层次——金融业。大清则继续在农业领域耕耘。

第二，威廉对英国军队进行了改革，提升了英军的战斗力，为大英帝国的扩张奠定了坚实的基础。詹姆斯来历不明的儿子（实际上真是他的亲生儿子）长大后前往苏格兰领导暴动，没有成功。詹姆斯的孙子复辟也失败了。

第三，思想自由。查理二世在位的时候颁布了《特许制法令》，控制言论自由。1694年《特许制法令》到期，威廉三世没有重新颁布，英国有了出版自由。

1693年2月8日，威廉和玛丽批准北美殖民地建立一所学校。校方感激国王夫妇，于是将其命名为威廉玛丽学院。

这所学校培养了如下校友：乔治·华盛顿、托马斯·杰斐逊、詹姆斯·门罗。

1694年12月28日，玛丽女王感染天花遽然逝世。威廉悲痛万分，拒绝续弦，并把玛丽的一绺头发带在身边。

（四）荷兰衰落，英国崛起

威廉三世成为英荷两国元首后，第二年就动员两国力量，向法国复仇。

英国从1689年向法国宣战，到1815年打败拿破仑，这一时期史称"第二次英法百年战争"。

长话短说，这场战争双方打成平手。

1697年，英法两国签订《莱斯威克条约》。路易十四被迫承认威廉三世为合法的英国国王，相当于认输。

1701年，为了防止法国和西班牙合并，威廉三世再次联合奥地利、普鲁士、汉诺威等国向路易十四宣战。

威廉三世算是路易十四的终身对手。

这一年，威廉三世没有妻子，没有子女，按照法律，玛丽女王的妹妹安妮公主成为第一继承人。安妮公主有很多子女，不幸都夭折了。

英国王位没有继承人了。

詹姆斯居然还活着，而且还有儿子。

英国人绝不允许拉出去的屎再捡回来。因此，英国议会于1701年通过了《嗣位法》。法律规定，詹姆斯家族以及其他信仰天主教的皇亲国戚，都无权继承英国王位。安妮公主是英国王位第一继承人，汉诺威的乔治（信奉新教）是英国王位第二继承人。

1702年初，威廉在野外纵马奔驰，突然马失前蹄，一下把他从马上甩出去老远，重重地砸在硬地上。

医生给重伤的国王开出药方：把螃蟹眼捣成粉，就着水让国王喝了。

第二天，国王死了。享年51岁。

威廉马术精湛，怎么就会在草地上摔倒呢？

侍卫在现场发现，国王的马被一个土堆绊到了。

这个土堆是一只鼹鼠的"作品"。

国王到底死在谁的手里？医生？马？鼹鼠？还是螃蟹眼？

威廉被列入世界最有影响的帝王之一。主要原因有：

第一，他使荷兰挡住了英法两大强国夹击，维持了荷兰的独立。

威廉没有子女，他死后荷兰执政又没有了。荷兰国家权力再次回到荷兰议会手中。没有国家元首的荷兰照样运转正常。

多年的战争让以商业为竞争力的荷兰遭到了灭顶般的经济损失，世界贸易网络被冲击得七零八落。欧洲国家纷纷复制荷兰模式，发展本国工商业，并把贸易权牢牢地控制在本国资本手中。荷兰人买不到货，卖不出货，商人大面积破产。荷兰银行业本来领先于全球，但没有贸易的金融是无源之水，日渐枯竭。威廉到英国后，促进了英格兰银行的成立。伦敦逐渐取代阿姆斯特丹，成为世界金融中心。

荷兰共和国，称雄全球100年，无奈地退出世界历史的中心舞台。但这并不妨碍荷兰至今仍是世界上重要的国家之一。

第二，威廉三世接受《权利法案》，使英国率先成为君主立宪制国家。从此，英国国王慢慢成为名义上的国家元首，不再是国政外交的决策者。

威廉三世死后，英国王位由玛丽女王的妹妹安妮继承。1708年，安妮女王拒绝批准议会通过的《苏格兰民兵法案》。这是英国君主最后一次否决立法。

从此，英国君主只能同意议会的任何法律。

威廉使英国摆脱法国的影响，阻止英国滑向君主专制。英国在政治体制上领先于世界。在经济上，威廉·配第、亚当·斯密、大卫·李嘉图开创了经济学。在科学上，英国皇家学会有上百名科学家，包括牛顿。

安妮女王去世后，英国王位传给汉诺威的乔治。

英国每一任国王都在法律监督下和平交替。

与此同时，大清的皇太子、四爷、八王正在进行着激烈的权势斗争，俗称"九龙夺嫡"。康熙帝为此牵扯了大量的精力，又急又气。这种落后的制度为小说家和影视编剧提供了丰富的题材。

英国国王根本不用考虑这一问题。英国议会早就把超过 10 个候选人进行了排序，国王只能接受。当然，英国国王也不用考虑国政问题，首相才是国家真正的负责人。

威廉和玛丽接受《权利法案》后才得到王冠

彼得大帝（1672—1725）

我文明了自己的国家，我征服了别人的国家。可是我既不能文明自己，也不能征服自己。

——彼得大帝

我为国家鞠躬尽瘁，敌人却视我为蛇蝎。此心只有上帝可证。

——彼得大帝

他是一位真正受过教育的王子。他不仅是俄国的立法者，而且完全懂得所有的海军事宜。他是一位建筑师、解剖学者、外科医生、老于经验的军人、精打细算的商人。如果他把那股蛮气和横劲收起来，那么他将是所有王子中的楷模了。

——普鲁士腓特烈二世

很不幸。我们伟大的王朝，只有一个人，率领着十来个助手，拼命前进，而数百万的个人，却在拖着他们的后腿。

——伊凡·普索可夫

他是罗伯斯庇尔（革命家）加拿破仑（帝国创造者）。

——普希金

彼得大帝没有死，我们每天都在做他（交给我们）的工作。

——普京

第四章

彼得大帝——用野蛮创建文明

康熙十年。公元 1672 年 5 月 30 日。

阿列克谢沙皇的第二任妻子纳雷什金娜生下一个男孩，这就是历史上著名的彼得大帝。

沙皇第一任妻子生下两子一女。两子体弱智低。长女索菲亚反而颇有心机。

4 年后，沙皇去世。长子费奥尔多继位。

1682 年，费奥尔多去世。这回轮到了二傻子伊凡。

彼得的母亲和舅舅想把 10 岁的彼得推上沙皇宝座。

索菲亚想扶持傻子弟弟，自己在背后掌权。

两派爆发武装冲突，数十人暴死，包括彼得的两个舅舅。看着残缺的尸体，闻着恶臭的鲜血，可怜的小彼得吓得不停地抽搐。这个习惯伴随了他的一生。

最后双方达成妥协，两兄弟并列沙皇。

天无二主，土无二王。一个国家，两个皇帝，算是少见。

伊凡傻，彼得小，最终由两人的姐姐索菲亚掌权。

金庸大师在《鹿鼎记》里是这样描写索菲亚公主的：

"眼珠碧绿，骨溜溜地转动，皮色雪白，容貌甚是美丽。索菲亚公主和韦小宝有过多次啪啪啪。"

实际上，索菲亚粗黑肥壮，更像厨娘。

索菲亚把傻伊凡留在莫斯科执政。纳太后带着小彼得避居在莫斯科郊外的普村。普村有很多欧洲人。小彼得受到他们两方面的影响：喜欢航海和造船；向往西欧的文化和生活。

小彼得把普村的孩子编成一支军队，经常演习打仗。

17岁时，彼得长到两米零四，比身边的人高出两头。他棕发圆脸、大眼宽鼻，喜怒不形于色。

1689年，与康熙皇帝一样，彼得率领"少年军"打败了索菲亚的军队，把姐姐关进修道院。与康熙不同的是，彼得并不急于掌权。他把国家交给母亲和舅舅，自己继续操练"少年军"。傻伊凡智商低下，继续当傀儡，7年后去世。

同年，俄国政府和大清政府签订《尼布楚条约》。

1695年，彼得率领3万军队远征土耳其的亚速，因没有海军配合，大败而归。他在顿河河畔的沃罗涅日设立造船厂，很快就拥有了一支小型舰队。第二年，彼得终于夺占亚速，打开了进入黑海的大门。

和太阳王相反，彼得完全不讲究生活品质，什么都吃，什么都穿，站在街上就是一个傻大个农民。俄国太穷太落后，彼得大帝考虑的不是文化，而是经济和军事。

当时的俄罗斯横跨欧亚，面积超过千万平方公里。不过，国家大而不强。政治动荡、军事弱小、经济落后、文化荒芜。

控制全球贸易的荷兰已经辉煌了近百年。法国在路易十四的专制领导下已经成为欧陆首强。英国是贸易、科技和文化大国，光一个牛顿就碾压同时代所有人。

英法荷意德的大学加起来超过100所，知名的科学家、艺术家不计其数。俄罗斯遍地是文盲，每年出版的新书少得可怜。在首都莫斯科，100个人中间识字的不超过3个。大清国的读书人，是俄罗斯的1000倍。

俄国的经济几乎全是农业。工业只有几十个手工工场，商业被外国人（荷兰人）把持。大清的工商业强过俄罗斯百倍不止。

大清还是一个讲究传统和礼数的国家。

在俄罗斯，人们的主要娱乐方式就是喝酒加打架。彼得经常动手打人。他把好友梅尼希科夫的鼻子打出血，把勒福尔的肚子踢出瘀青。彼得最喜欢的娱乐节目，就是用钳子一颗一颗拔掉对方的牙齿。

你很难想象康熙皇帝亲手殴打朝廷官员。

俄国人虽然野蛮爱战，但在武器和职业化管理上已经远远落后西欧。马克思说："俄国士兵都是临时招来的农民，连口令都听不懂。"

1605 年至 1611 年，波兰军队两度攻占莫斯科。1610 年，7000 波兰士兵击溃 4 万俄军。克里米亚汗国捕捉俄罗斯人卖给土耳其帝国。伊斯坦布尔的奴隶市场和妓院充斥着俄罗斯壮男美女。

俄罗斯国库空虚、贪官遍地、思想僵化、不思进取。俄罗斯社会生产力低下，连年饥荒、盗匪横行。俄罗斯民众生活在封闭、愚昧、贫穷当中。颇有讽刺意味的是，他们不仅不觉得自己落后，反而有很强的民族自豪感，瞧不起其他民族。

俄国沙皇政府认为他们是罗马帝国的唯一继承人。他们使用罗马帝国"双头鹰"徽章（今天还在俄罗斯国徽上）。另外，"沙皇"就是"恺撒"的意思。

在宗教上，他们不承认天主教的罗马教皇，对新教也嗤之以鼻。他们认为自己信仰的才是正宗基督教，是正教，别人的都是"邪教"。东正教大牧首若阿辛主张把居住在俄罗斯的外国人全部赶走。

俄罗斯人认为自己是政治上的罗马人，宗教上的神选民族。

在军事上，俄罗斯人认为自己的使命是打败强大的土耳其帝国，收复罗马帝国的失地。

位于欧洲与亚洲之间，处于文明与野蛮之中，这就是俄罗斯的位置。

心理上，认为自己是世界第一，极端傲慢。

实际上，落后野蛮，既不如英法，也不如大清。

这就是彼得继位时，俄罗斯人的心态。

鸦片战争后，大清臣民也是这种心态。

心理学上有个词叫"达克效应"，就是智力越低的人越自信。他不知道自己不知道，不知道自己知识匮乏，不知道自己能力很差，用句现在流行的词语就是迷之自信。

但 24 岁的彼得是清醒的。摆在他面前的，是用炮声唤醒沉睡的俄罗斯人。

彼得大帝决定全面学习西方。这个决定发生在一个星期四。反对学习西方的俄罗斯人称之为"黑色星期四"。

（一）面向西方

1697 年，彼得派出一支 250 人的使团出访西欧（按今天的标准，这个人数都是非常巨大的）。

170 年后，1871 年，日本明治政府的欧洲考察团才 100 多人。

1876 年，清政府在英国政府再三要求下，才极不情愿地派郭嵩焘到英国就任大使。这一年，俄罗斯已经割走大清 100 多万平方公里的土地。但大清官员普遍认为，中国人出国受"洋鬼子"管辖，丢祖宗的脸。

俄国访欧团有两个目的：一是扩大反土（耳其）同盟，二是学习西欧先进的科技和经济。

访欧团中有一名特殊人物，这就是彼得本人。他化名米哈伊洛夫下士，藏在队伍中间。他不想让欧洲各国国王招待他，带他四处游乐。他的时间是宝贵的，要全部用来学习。他想去哪里就去哪里，想待多久就待多久，想学什么就学什么（别人不防范他）。

俄国访欧团第一站到了里加（今拉脱维亚首都），当时归瑞典所有。彼得提出要考察城市防御工事。俄国和瑞典是老对头。

当地总督一口回绝。彼得很生气，后果很严重。13 年后，彼得把里加纳入俄国领土。

在柯尼斯堡（当时属普鲁士），彼得报名参加了一个短期炸药培训班。他的结业证书上写着："尊敬的米哈伊洛夫投掷炸弹完美，熟练运用火药射击，达到专家水平。"

在荷兰赞丹、阿姆斯特丹，彼得学习航海。他吃粗茶淡饭，住水手工棚。彼得凿木头、造军舰、学驾船，荣获船厂颁发的"优秀工匠奖"。

阿姆斯特丹是欧洲第一商业中心、沿海大城市。彼得学习城市建设经验。他还把荷兰的三色旗带回国内（今天俄罗斯国旗是三色旗）。

荷兰是共和国，没有国王只有摄政。当时的摄政威廉兼任英国国王，邀请彼得访问英国。

彼得参观了牛津大学、英国皇家学会、皇家天文台、皇家造币厂，和造币厂督办牛顿讨论了科学方面的问题。彼得买了一台天文望远镜，爱不释手。他说："我确信月亮上有大地和山脉。"

彼得观摩英国议会开会。威廉国王给他准备了最尊贵的位置。他却非要爬上屋顶，从天窗向下看。

当时人们评价说："国王坐在王位，皇帝站在屋顶。"

彼得发现英国造船技术比荷兰要先进得多，因为英国人有科学技术。

英国有专门的莫斯科贸易公司，成立于明嘉靖年间，一直在运营。彼得大帝访英的时候，这家公司已经经营了将近150年了。

彼得大帝完全没有理会附近的肯辛顿宫美术馆。欧洲有无数博物馆、音乐厅，彼得看得哈欠连天。

我不是来提高个人文化素质的，我是来寻找对俄罗斯有用、见效的东西的。这些东西就是造船、工厂、大型工程、兵工厂、陆军和海军。

彼得大帝离开英国后，房东愤怒地四处抱怨说：

"所有地板都覆盖着油脂和墨水，地板要全部更换。所有墙壁必须用油漆重刷。窗帘、被子和床单被撕成碎片（难道来了一群俄罗斯猫？）。50多把椅子都坏了，或者消失了，很可能用来烧火了。300块玻璃窗被打碎。我为之骄傲的花园也被毁成垃圾堆了。"

彼得沙皇拜见波兰国王奥古斯特，接受宴请。

奥古斯特觉得自己面前的银盘不干净，于是用手把盘子攥成团，扔在一边。

彼得看见了，以为波兰国王向他炫耀力气，于是也把自己的银盘卷成团。

奥古斯特以为彼得向他炫耀力气，于是接着攥盘子。

就这样，两位国王举行了一场内卷比赛。

"奥古斯特兄"，彼得说："既然我们卷盘子不费吹灰之力，为什么我们不一起把瑞典卷起来呢？"

当时，中国瓷器在欧洲还属于奢侈品。欧洲王室主要使用银盘。

在德国，彼得见到了一位和牛顿不相上下的科学家——莱布尼茨。在莱布尼茨的建议下，彼得同意在俄国设立科学院。

大国君主远涉重洋去国外学习先进的科学文化知识，这在历史上是极为罕见的。

1698年，彼得回到俄罗斯，带回来750名外国技术工人以及火枪、大炮、指南针、圆规、各国地图册、船锚、牙科器械、动物标本、荷兰报纸、服装、帽子等。

（二）开始改革

彼得回到俄国，第一件事就是要求贵族们剃掉胡子。

彼得认为，俄国向西方学习，首先要从形象上变成西方人。

欧洲的天主教反对留胡子。

东正教则支持留胡子。《圣经》里的先知和福音使者都有胡子。俄国男人给胡子编辫子，加蝴蝶结，比女人还臭美。

俄罗斯人认为，没胡子是天主教陋习，剃掉胡子相当于历史大倒退。

面对强烈的抵制，彼得提出一个妥协办法，不剃胡子就交税，富商每年100卢布，农民每年1卢布。1卢布对农民也是一笔大支出。完税的人可以得到一个牌子，挂在胡子或脖子上，随时准备接受检查。交不起税的人把剪掉的胡子收起来，以备下葬的时候放进棺材里。他们怕自己没有胡子，天使不认识，不让进天堂的大门。

大清的太监把男人之宝留着，怕死后无颜去见祖宗。

大清政府强迫汉人留辫子是暴力的、野蛮的，这一点不如彼得沙皇。

彼得的第二项改革是服装。1700年1月，彼得要求俄国官员们穿西欧精短服装。俄罗斯本来就穷，富人还穿拖地长袍，浪费布料，浪费国家财富。

俄国贵族第二次强烈反对。俄国女人倒是很支持，积极参与。

俄罗斯女人和大清女人一样，一般不准出门，不准接触陌生男人。

彼得允许她们抛头露面，鼓励她们学习音乐、跳舞和文化知识。没有女人，怎么举办宫廷舞会？

如果让康熙皇帝和大清官员的妻子跳舞，这简直荒诞透顶。

俄罗斯女人和大清女人一样，婚姻由父母包办，最后入了洞房才知道对方长什么样。彼得鼓励恋爱自由，鼓励婚姻自主。

毫不夸张地讲，这是一项具有重大历史进步意义的改革措施。

男女没结婚就约会，导致婚前性行为和大量私生子。俄罗斯教会强烈抨击彼得的妇女解放运动。

彼得大帝的其他改革措施有：

不随地吐痰、不当众搔痒、不用袖子擦嘴、不吮手指，参加舞会前不吃大蒜。

彼得沙皇领导着一群自以为是的乡下土老帽、一群野蛮人。

经过数年的努力，至少从表面上看，俄罗斯与西欧区别不明显了。

大清灭亡后，中国男人才剪掉辫子、脱掉长袍马褂，从形象上变成近代人。

这些都是小改革，并没有触及保守派的自身利益，接下来的改革才是要伤筋动骨，要刀刀见血的。

俄罗斯人被揪住剃胡子

首先是政治改革。

彼得取消贵族杜马议会，以参政院取代。彼得罢黜大牧首，以宗教院取代。他把政教两项权力都牢牢地掌握在自己手中。

俄罗斯教会准备自己选大牧首。彼得大帝听说后来到他们中间，大声说道："我给你们找了一个新的大牧首。"说完，他掏出明晃晃的短剑，狠狠地插在桌子上说道："这位大牧首将管着你们。"

以前，贵族生下来就承袭父辈的权力，不用奋斗，到了战场分不清南北。

彼得将官员职级分成 14 层。所有官员都要从最低一层做起，靠功绩晋升。老百姓也可以从最低一层做起，将来成为高官。这和我国商鞅变法有类似之处。这套制度一直沿用到 1917 年俄国革命。

其次是经济改革，目标是把俄国从落后农业国变成先进工业国。

工业化首先要有原料。彼得鼓励全国各地挖煤，把地主变成煤老板。有了原料就可以造成品，炼铁炼钢。彼得刚继位的时候俄国需从国外进口大量钢铁，1710 年全国实现自给自足。彼得去世前，俄国开始向国外出口钢铁。

煤和铁是工业前进的两个轮子。

工业化最缺什么？人才。

彼得从欧洲考察归来的时候带回大量技术人才和管理人才，还是远远满足不了需求。很多西欧人不愿意去落后的俄国，彼得就引进外资。外国老板会想办法引进和培养人才。英国人在莫斯科经营皮革和皮靴厂。彼得命令全国各城市派代表去学习管理经验。

彼得去世前，俄国有 233 间工厂。其中，莫斯科帆布厂雇用 1162 名工人，一家纺织厂雇用 742 名工人，一家冶金工厂雇用 683 名员工。大部分工厂由政府投资，承担前期风险，经营正常后引进私人资本。

俄国实行落后的农奴制度，劳动力被死死地绑在土地上。俄国农民习惯懒散的农家生活，不愿意上生产线当工人。很多工厂招不到人，无法扩大再生产。彼得用法令强迫农民进工厂，用皮鞭强迫他们长时间工作。工人伤亡率很高。彼得替自己解释说，我国人民有点像儿童，他们从来不主动学习，除非被老师逼迫。开始也许很难，等到他们学会后，他们会感激老师的。在工业生产方面，我们必须强迫农民学习和工作。

俄国农业落后，农民通过焚烧林地来供给土地肥料。彼得禁止这种方法。因为他需要木材来建造船只。他劝农民多种桑树和葡萄（酿酒），多养马（打仗）养羊。

第三是商业改革，减少进口，鼓励出口。

沙皇本人只穿国产衣料，官员们穿外国服装犯法。一位海军将领投资绸缎工厂，获彼得重赏。一位农夫生产油漆，达到欧洲一流水平。从 1700 年到 1725 年，俄国进出口贸易额扩大将近 10 倍。

用个中国的词，以上就是洋务运动。

100 多年后，俄国通过《北京条约》割走大清 100 多万平方公里的土地。大清才开始洋务运动。

政治改革必然会引起你死我活的权力斗争。俄国贵族身材没有彼得高大，脾气没有彼得火爆，军队没有彼得众多，只能服从。彼得血腥镇压反对派，亲自动手杀人。

经济改革简单易于理解，贵族们还能赚钱，反对者寡。

最困难的是文化改革、观念改革。

就像大清末年的子民，你用刀逼他掏出兜里的钱他能忍受，你用刀割他头上的辫子，他和你拼命。

俄国人把上帝创造世界列为元年，公元 1700 年是俄历的 7209 年，比中国的黄帝纪元还早 3000 年。别国新年从 1 月开始，俄国从 9 月开始。

中俄《尼布楚条约》的签约时间，按公元是 1689 年 9 月 7 日，按中国纪年是康熙二十八年七月二十四，按俄历是 7197 年 8 月 28 日。

俄国人认为别国的历法是错误的，他们是最准确的。

彼得提出将俄国历法改为先进的西欧历法，把 1 月作为新年开始。

俄国人民强烈反对。

耶稣怎么会生在冬天？绝不可能。强烈反对圣诞节。

面对阻力，彼得只能妥协。

俄国使用古老的斯拉夫字母。彼得下令采用新文字。他设立俄罗斯第一家报社并兼任主编。他鼓励工艺和科学书籍出版。他从荷兰引进印刷术和印刷工人。从此，俄罗斯的报纸和图书越来越多。

书多了就可以建图书馆。但俄国人爱喝酒，不爱读书，咋办？

彼得规定，进图书馆读书的人可以免费喝一杯白酒。

彼得下令修建艺术馆，摆放图画和雕塑，供民众免费参观。

彼得下令设立各类学校。1725 年，莫斯科、圣彼得堡等地已开办各类学校 46 所，开设语言、哲学、逻辑、医学、植物学、数学、化学、物理、航海、天文、地理、枪炮制造、军事战术、军事指挥等几十种课程。彼得下令贵族子弟必须入校学习。愿意送子女到欧洲留学的，国家有奖学金。相反，学习不好，毕不了业的，不准结婚，不准继承爵位。

俄国没人懂戏剧。彼得引进外国演员，上演法国戏剧大师莫里哀的作品。剧团、交响乐、合唱团、音乐会在莫斯科的夜晚轮番上演，省得贵族们晚上喝酒、赌博、泡妞、斗殴。

直到今天，俄罗斯人的音乐素养还是很高的。

彼得煞费苦心地发展文化也是为了改革。

越是愚昧落后的地方，那里的民众越自信。他们反过来歧视别人，排斥新事物、新观念，拒绝任何改变。

彼得要用教育、科学和艺术来去除俄罗斯民众脑中的无知和心中的迷信。

在莱布尼茨多次建议下，1724 年，俄罗斯成立圣彼得堡科学院，面向欧洲聘请科学家。法国皇家科学院院士德莱尔来俄国教授天文。德国人哥德巴赫来俄国，提出了著名哥德巴赫猜想。一名年轻的瑞士人来俄罗斯研究数学，他叫欧拉，人类历史上最伟大的四位数学家之一，100 年才出一个的天才。从此俄罗斯成为数学强国，一直到今天。

彼得大帝为科学院投入巨款，还专门安排一名管家负责院士们的膳食。他怕科学家外出吃饭，在路上浪费时间。

别的国家都是先有大学，几所上百年历史的大学，然后再有科学院。俄国没有大学，连像样的中学都没有。有人反对彼得大帝创建科学院。彼得大帝说，先有河流，再建磨坊，这是对的。但是，修一条运河需要几十年，修一个磨坊几年就能完成。我活不了几十年了，活几年是没问题的。我在活着的时候修好磨坊，鼓励后人尽快挖掘运河。

在彼得的推动下，俄国出现了第一家报社、第一座图书馆、第一个印刷厂、第一家医院、第一家剧院、第一座博物馆、第一所军事学院。

彼得没有兴趣盖教堂。教会的钱也被他拿去修建学校和其他公共设施。

彼得说，如果没有军事威胁，就应该努力用艺术和科学为国家赢得荣誉。

路易十四修建了举世闻名的、辉煌壮丽的凡尔赛宫。

彼得的工程要比他大得多。他修建了一座城市，一座首都。

彼得胸中装着一颗海洋的心。

俄罗斯的西北方是欧洲强国瑞典，控制着波罗的海，称其为瑞典湖。俄罗斯正西方是世仇波兰和立陶宛，西南方是乌克兰，有强大的哥萨克骑兵。俄罗斯最南面是宿敌土耳其以及受到土耳其保护的克里木汗国，封锁了俄罗斯进入黑海的通道。俄罗斯正北方是北冰洋，大半年不能航行。正东方是陆地，一直延伸到西伯利亚和太平洋。

彼得的梦想是俄罗斯商船和军舰可以自由进出波罗的海，直达瑞典、德国、丹麦、荷兰和英国。他讨厌内陆的、保守的莫斯科，他要建设一个面向海洋的新首都，一个向西向西再向西，离欧洲最近的新首都。

他用手指着波罗的海海滨，大小涅瓦河的交汇处，宣称未来的首都就在这里。

俄国大小官员强烈反对。瑞典海军一天就可以到达城外，不用登陆就可以向王宫发射炮弹。而且这里还是入海口，河网密布，要填海，要修桥，投资成本非常高。

莫斯科人怕水，怕潮，怕得风湿病。

彼得不管，他要实现自己的梦。

彼得将新首都命名为圣彼得堡，不是他名字的彼得，而是圣徒彼得。

连这个名字都是欧化的。

德国人倾向于用"堡"命名地名，如汉堡、勃兰登堡。俄国人喜欢用"格勒"，如加里宁格勒。后来，俄罗斯反西方的时候，就把圣彼得堡改成彼得格勒、列宁格勒，现在又恢复为圣彼得堡。

从 1708 年起，超过 4 万建筑工人从早到晚在圣彼得堡施工，只领半薪。被俄军俘虏的瑞典士兵，无条件无薪酬无休息地干活，死伤大半。

彼得本人也常年在工地干活。

在海滩上建城市需要大量石头，可是当地根本没有石头。

彼得下令，除圣彼得堡外，全国各地一律不得用石头建造房屋。官商有钱人要额外用一大袋石头缴税。任何到圣彼得堡的人，不交石头，不准进城。

1712 年，圣彼得堡正式成为俄罗斯首都。这座平地而起的新都市，比欧洲很多城市都漂亮。圣彼得堡是我多少年一直想去的城市。

普希金写道：

"在新国都面前，莫斯科垂下她的头，就好像皇家寡妇向新任沙皇低头一般。"

新首都建好了，莫斯科的官商都不愿意搬家。他们心里怨恨，甚至希望上帝毁掉这个半邪的城市。

彼得对他们说，莫斯科你们是不能待了。你们要不随我去圣彼得堡，要不单独去西伯利亚。二选一。

马克思说，彼得沙皇将首都迁往彼得堡，只是一个开端。俄罗斯要的不是一个出海口，它要的是整个欧洲，甚至是全世界。

圣彼得堡的彼得保罗教堂高达 122 米。当时需要在尖塔上装金色天使和十字架，没人敢上去。一个酒鬼说自己愿意爬上尖顶安装雕像，但彼得必须答应他，可以终生免费畅饮伏特加。沙皇答应了。醉汉顺利完成任务。他把彼得给他的敕书挂在脖子上，走进任意一家酒馆，伸出中指向脖子上一弹。店家就端上伏特加。今天，俄罗斯人仍然使用这个动作表示请你喝酒。

非常之时须有非常之才。彼得用人不分贵贱，普通民众从历史的旁观者变成参与者，变成有贡献的人。

彼得有一把外国手枪，扳机坏了。铁匠尼基塔·德米多夫花两个月给他修好了。

彼得大发感慨："多好的手枪啊！如果俄罗斯能造出这样的好东西我就不用等了。希望我能活到那一天！"

铁匠说："我们俄罗斯人现在就能造出一模一样的东西！"

彼得摇摇头。

铁匠从口袋里掏出一把一模一样的手枪，递给沙皇。

彼得大喜。他向铁匠道歉说："对不起，我错怪你了。我才看出你是个大能人。我给你 5000 卢布，你建个兵工厂吧。"

彼得沙皇的改革广度之宽，力度之深，在之前的人类历史上从未有过。他带着十几个人，用二十多年时间，把一个愚昧、落后、封闭的农业文盲国变成文明、进步、开放的工业精英国。他就像大力士赫拉克勒斯一样，拉着俄罗斯前进了 100 年。他彻底改变了每一个俄罗斯人的心理和行为。

1717 年 5 月，彼得访问巴黎。他想把女儿伊丽莎白嫁给法国国王路易十五。与 7 岁的小国王见面时，彼得热情地把孩子高高地举起来拥抱他。这体现了彼得的激情和热情，但严重违反外交礼仪。

在法国，他抱着黎塞留的塑像说，我愿意用一半的领土换取你的治国经验。在某种程度上，他的确是黎塞留的学生。

（三）对外扩张

政治改革、经济改革、文化改革，各种改革，是成是败最终都体现在俄罗斯的综合国力上，体现在军事实力上。

俄军一上战场，就知道改革是否成功了。

沙皇是强是弱，要看他在位期间俄国领土增加多少。

与俄罗斯接壤的有四大强国，土耳其帝国、大清帝国、波斯帝国和瑞典王国（也可以称"瑞典帝国"）。俄国一直是瑞典的手下败将，而且瑞典控制着波罗的海，直接威胁着俄罗斯。

彼得沙皇视瑞典为头号敌人，他和萨克森选帝侯兼波兰国王奥古斯特二世、丹麦国王腓特烈四世组建针对瑞典的北方同盟。

1700 年 8 月，彼得大帝亲率 3.5 万俄军进逼瑞典的纳尔瓦要塞。

瑞典国王卡尔十二是一位优秀的军事统帅。17 岁的他先后击溃了萨克森和丹麦军队，然后大败彼得，占领库尔兰，又占领了大量的波兰领土，迫使波兰国王奥古斯特二世退位。

在一场战争中，5 万俄军被 8000 瑞典士兵击溃。俄军失去了所有的炮兵，以及大量的军队高级将领。

痛定思痛，彼得开始进行大规模军事改革。

彼得引进国外新式武器和战略战术。

彼得兴建海军学院、工程兵学院、炮兵学院，大量投资兵工厂，把国库里的钱主要用在战争上。

彼得扩大海军。他说了一句世界名言：

"帝王只有陆军，他就只有一只手。如果加上海军，他就双臂齐全了。"

按照这个标准，大清长期以来都是一只手。当然，晚清是有水师的，但水师不完全等于海军。

1714年8月，彼得亲率俄国舰队在汉科角海战中击败瑞典舰队，取得海军建立以来第一次胜利。彼得自己也晋升为海军中将。

彼得没有自封为元帅、总司令。他第一次参战的军衔是下士，然后靠着战功一步一步晋升为海军中将。

长话短说。俄罗斯最终打败了欧洲强国瑞典。1721年，俄瑞签订《尼斯塔得条约》。俄国夺得了梦寐以求的波罗的海东岸、芬兰湾、里加湾等大片土地。

法国的一位公爵写道：经常使欧洲北部国家感到害怕的瑞典，即使不说被消灭了，也可以说是垮掉了。从此，一个迄今默默无闻，从未影响过他国的大国非同小可地崛起了。

彼得的名声达到顶点。俄罗斯枢密院封彼得为"大帝"和"祖国之父"。

俄国改国号为俄罗斯帝国，彼得大帝算是开国皇帝。

1722年，彼得大帝又发动了侵略波斯的战争，夺取里海西岸和南岸部分地区。野心膨胀的彼得大帝还曾考虑率兵到中国的长城脚下，因力量有限而未能得逞。

自彼得大帝后，俄罗斯成为世界军事大国。

彼得大帝是一个理想主义者。塑造强大的俄罗斯是他的梦想、他的信仰，他获得幸福的唯一源泉。

彼得的父亲留给他28982亩土地、5000间房屋及每年20万卢布的收入。为了政治、经济、军事和首都建设，彼得把这些财产几乎全部交给国库，只留下罗曼诺夫家族的祖传财富——800名农奴。彼得卖出自己的3000匹马，遣散了300名厨师和仆人，以此减少皇室餐饮支出。宫中仆役向他抱怨酬金太少，彼得大帝说，你们的酬劳相当于俄罗斯炮兵，但炮兵比你们有用多了。

和路易十四宫殿、服装、宴会相比，彼得沙皇太寒酸了。他邀请朋友用餐经常采取野炊的方式，而且每个人要付自己的费用。

他自己节俭，也要求官员们节俭，甚至帮助他们节俭，具体措施就是拖欠他们的工资。

彼得找情妇都找最便宜的。丹麦国王腓特烈讥笑他的情妇档次不高。彼得反击说：“兄弟，我的娼妓花费低，而你的那些妖妇要把你王冠上的珠宝拿走。这些珠宝你本可以投资到更有用的地方。”

有一次，彼得大帝在种一棵树。有人劝他干点别的，因为这棵树几十年后才能成材（言下之意彼得大帝活不到那一天）。

彼得大帝说，俄罗斯海军永远需要大树，我们的树永远不够。

彼得大帝想的是国家的未来。

路易十四临死前才承认朕不是国家。彼得大帝早就知道这个道理。他说沙皇陛下的利益不等于俄罗斯的利益。

为了早日看到俄罗斯的强大，彼得大帝几乎把自己的每一分钟，每一滴血都贡献给了国家。路易十四、康熙皇帝劳苦工作，是为了把权力控制在手中。彼得大帝拼命工作，是自发的。俄国农民就够辛苦了，他比俄国农民还辛苦。他通常5点起床，工作近14个小时，晚上的睡眠时间只有6小时，不过，午后会小睡片刻。

有一天，彼得大帝路过一栋正在修建的房屋，听见两个工人骂他只会吹牛，不会干活。彼得大帝没说话，撸起袖子和两个工人一起抹灰泥。到了晚上，两个工人对这个大个子又佩服又感谢，忙问他叫什么名字。

“我就是你们骂的人。”彼得说完就走了。现在，这座房屋上钉了一块纪念牌，上面写道：“彼得大帝参与修建的房子。”

1700年至1725年之间，彼得大帝亲自签署或枢密院通过的有关改革的法令有2900个之多。我相信康熙皇帝朱批的奏折不会少于这个数，只不过其内容大都是就事论事，缺少规则和改革措施。

在接见海外归来的留学生时，彼得伸出右手说道：“老弟们，你们看，我是沙皇，但我手掌上有老茧，这些都是为了给你们做示范。”

说实话，手上有老茧的帝王还真是不多。

彼得大帝希望俄罗斯臣民像他一样工作到死，奉献一切。

（四）遭遇反对

改革的成果是巨大的，代价也是巨大的。

和法国一样，彼得修建圣彼得堡、穷兵黩武的代价就是经济破产。从1680年到1724年，俄国财政收入增加了6倍，仍然不够支出。这些收入的

75% 用于陆军和海军。

彼得有四个办法：

一是印钱。在彼得任内，卢布贬值了 50%。

二是物品专卖。商人只有交钱后才能经营盐、烟叶、柏油、脂肪、树胶、大黄鱼、鱼子酱。政府垄断棺材经营，利润率高达 400%。私人不准经营。棺材是刚需，每年都有大量需求（俄军还经常打仗）。

三是从百姓手中收税。帽子、皮靴、蜂房、房产、地窖、烟囱、生育、结婚、洗澡、钓鱼都收税，还有前文提到的胡子税。

四是从贪官家里查抄。俄罗斯官员们几乎人人贪污。税务官从百姓手中收到 100 卢布，其中 30 卢布能进入国库就不错。西伯利亚总督加加林亲王光装饰一座女神像就花了价值 13 万卢布的珠宝。气得彼得用一根 13 卢布的绳子把他吊死。

彼得砍掉一些人的脑袋，削掉一些人的鼻子，但贪污的风气仍然无法制止。有时候，彼得不忍心对自己的好朋友下手。那些执行命令的士兵却向他哀求说："陛下，让我们再打几下吧，这些盗贼把我们的面包都偷光了。"

数百年来，俄罗斯人民早就习惯了贫穷、受苦和专制。他们没有想到彼得在位的时候他们更贫穷、更痛苦。勒福尔于 1723 年写道："街道上，许多人想出卖子女来求生存。政府对军队、官僚甚至任何人都没有发放薪饷。"

就像明朝末年一样，农民揭竿而起，反抗政府。1698 年莫斯科叛乱、1705 年阿斯特拉汗叛乱、1707 年伏尔加河沿岸叛乱。就像官员贪污屡禁不止一样，农民起义也屡禁不止。

彼得也知道百姓的苦处，他曾设立一些慈善组织来救济穷人，但杯水车薪、无济于事。

俄国贵族憎恨彼得让他们一级一级晋升，憎恨出身低贱的人通过经商成为巨富。

俄国农民恨彼得让他们当工人，修圣彼得堡。

俄罗斯宗教势力巨大。教士们鄙视天主教，鄙视西方文明。彼得把教会的钱用来修建圣彼得堡，用来打仗。为了国家富强，彼得禁止年轻女人出家为尼（让她们工作或生孩子），僧侣也要参加劳动。俄罗斯神职人员大怒，宣传彼得为反基督者，呼吁老百姓拒绝服从彼得的命令，拒绝纳税。

彼得也不客气，把一些人流放到西伯利亚，把一些人终身禁锢，把一些人拷打致死，打不死继续烧死。

俄罗斯人认为向落后的欧洲学习是一种奇耻大辱。我们俄罗斯是大学生，怎么能向法国小学生学习呢？

俄罗斯人认为，彼得信任外国人，说外国比俄国先进，这是舔欧，这是辱俄，彼得是俄奸。

1875年，郭嵩焘准备前往英国就任公使。大批文人疯狂地骂他，说他身为人，却去英国服侍鬼子，对不起列祖列宗。

一些文人痛恨雍正皇帝，给他编造了"篡改遗诏"的故事。

俄罗斯人给彼得编造的故事更多。他们说真正的彼得死了，可能死在出国考察的路上。那个住在圣彼得堡皇宫里的"沙皇"是德国人伪装的。那个人为了德国的利益，不眠不休地祸害俄罗斯。

绝大多数俄罗斯人不理解他，大部分人反对他，辱骂他，甚至想推翻他。

彼得大帝有时候气得就像疯子一样，他脸部肌肉抽动，浑身痉挛颤抖、歇斯底里般地狂叫，见物就砸、见人就打。

敌人不服从，亲人不理解。彼得大帝非常孤独。他说：

"我为国家鞠躬尽瘁，敌人却视我为蛇蝎。此心只有上帝可证。"

彼得大帝没有时间对臣民做深入细致的思想工作。对于反对改革的人，轻则赶走，重则处死，用恐吓和惩罚等野蛮手段促进俄罗斯发展进步。

最终，彼得大帝把刀架在自己唯一的宝贝儿子的头上。

彼得大帝只有一个儿子亚历克西斯（以下简称"亚历"）活到成年。

父亲常年在外，亚历从小被教士们包围起来，接受教育。教士经常埋怨沙皇把教堂的钟熔掉去铸制大炮。亚历就问父亲为什么要去征讨遥远的地方。彼得沙皇对爱好和平的儿子非常不满，经常责骂他。他写信给亚历说："你要设法使自己有利于国家，否则，你就要放弃皇位。"

有一次，亚历向神父伊格纳季耶夫告解说他希望父亲早点死去。

伊神父说，我们都期望他早死，百姓背负的重担太多了。

反对改革的保守派把希望寄托在亚历身上。

郁闷的亚历成年后经常酗酒、玩女人。

彼得大帝写信给亚历说，每个人都知道你痛恨我的功业，而我是为了国家才这么做的。如果你反对改革，你就到修道院出家为僧。更差的情况，你将会成为一名犯人。

亚历偷偷跑到维也纳，企图寻求政治避难。彼得的密探一直跟着他。亚历没有办法，于 1718 年 1 月回到莫斯科。他跪下含泪向父亲请求宽恕，彼得先是答应了，后来命人严刑拷打他。最终，亚历死在狱中。

那是他唯一的儿子。

列宁说，彼得用野蛮的手段，使野蛮的俄罗斯摆脱了野蛮。

彼得大帝和儿子亚历克西斯

（五）功过是非

彼得把一些侏儒送给普鲁士的腓特烈。腓特烈送给彼得一些黑人。彼得培养这些黑人，其中一位还是诗人普希金的曾祖父。

17 岁时，彼得娶了美而愚的罗普金娜。他不喜欢皇后，把她送进修道院。彼得有很多情妇，多数出身卑微。最后，他迷上了贫民出身的凯瑟琳。两人结婚的当天，他们的五个孩子参加了婚礼。1721 年，彼得宣布凯瑟琳为第二任皇后。

彼得经常被顽固派气得发狂，同瑞典土耳其作战失败会沮丧，这时候他就会疯癫发作，浑身抽搐，拿刀追着杀人。只有凯瑟琳一人可以接近他，抱着他的头，让他睡在自己的胸脯上。

彼得和朋友彻夜酗酒，别人怎么劝也不回宫。

凯瑟琳安详地对他说，"回家吧，小父亲。"彼得乖乖地跟着她回去。

彼得在前线打仗，频繁写信给凯瑟琳。

凯瑟琳在后方和别人私通。

彼得知道后又发疯了。他处死了奸夫，却拿凯瑟琳没办法，最后只得原谅她。

1724 年 11 月，彼得在芬兰湾看见一只船在沙洲上搁浅了，几个士兵有可能被淹死，他奋不顾身跳进冰水中去救他们。

第二天彼得就感冒了，痊愈后他又全心投入工作，导致病情加重。

1725 年 2 月 8 日，一代天骄彼得大帝去世，享年 52 岁。

临死前，彼得想起了莱布尼茨的建议，派遣白令船长去东方探险，勘察亚洲和美洲是不是连在一起。白令船长发现了亚洲和美洲的分界线，也就是白令海峡。英国、法国探索北美已经一百多年了，俄罗斯奋勇赶上，在美洲占据一百五十万平方公里的土地。

彼得大帝临死前又作出一个惊人的决定：把皇位传给他深爱的凯瑟琳皇后。俄罗斯诞生了一位没有皇室血缘的女沙皇。

把皇位传给皇后，实行双沙皇制，都是俄罗斯独创的奇葩政治制度。

彼得大帝停止了呼吸。

生命不息，奋斗不止。

昼夜奔跑的俄国人民终于可以喘上一口气了。

国家需要折腾，但折腾的时间不能太长。

支持彼得的人说他是神的使者，他是俄罗斯伟大的设计师和建筑师，他是国家之父。反对彼得的人说他是基督之敌，他是白痴，他破坏了民族文化，他是伤害俄罗斯人民的罪人。

保守的大贵族们收回了古老的传统权力。

彼得一世签署的法令大多数被废除了。

俄国男人又蓄上了长胡子。

俄国人又穿戴上了古老守旧的服饰。

商人的地位一落千丈。

顽固派把首都迁回了莫斯科。

俄国人忘记了海洋，又关心起大陆了。

不变的是，野蛮残忍继续存在，官员还是个个贪污，社会道德继续腐化堕落。

彼得去世后的 37 年里换了 6 位沙皇。这些沙皇中没有一个人有勇气和能力肩负起彼得一世开创的事业。

古老、封建的俄国又抬起了它骄傲的头，继续蔑视西方。

顽固派铲平了彼得大帝用一生心血浇灌的花园，留下一地残枝败叶。

冬季来临，大地一片白茫茫。

第二年天气转暖，冰雪消融，无数认不清的植物就会破土而出，在夏天开出各式各样的花朵。

俄罗斯再也回不到过去了。

无论顽固派表面上如何抵制欧洲，在内心里，他们不得不承认俄罗斯不是百分之百好。欧洲的确有值得学习的地方。

让他们百分之百回到从前，他们也不愿意。

康熙大帝与路易十四有相似的地方，都维护了一个帝国的稳定，都在对外的战争中取得了胜利。

彼得也做到了。但他所做的不止这些。

他发动了一场革命。

他开创了一个时代。

俄罗斯出了彼得这样的人，是国家的幸运，是上天对这个国家的眷顾。

像彼得这样的帝王，在人类历史上少之又少。

彼得对俄国的影响是全方位的，包括制度、经济、文化、军事各个领域。

彼得对俄国的影响是长期的，直到今天。

彼得创造的俄国对世界的影响也是巨大的。

在近代史上，俄罗斯周边国家都是强大俄罗斯的受害者。比如土耳其。从和欧洲打交道而言，土耳其比俄罗斯至少早 200 年。从两国实力来看，彼得大帝是土耳其人的手下败将，割地求和。然而，俄罗斯早早成为世界大国、强国，土耳其帝国却从世界强国变成被人宰割的对象。

俄罗斯总统普京说过，彼得大帝没有死，我们每天都在做他交给我们的工作。电视剧《康熙王朝》的主题歌里有一句："我真的还想再活 500 年。"

按照普京的标准，彼得大帝又活了 300 年。

彼得大帝之后，俄国又出现了一位大帝。这个大帝还是个女的，叫叶卡捷琳娜大帝。如果说彼得大帝给俄罗斯注入体力，那么，叶卡捷琳娜大帝给俄罗斯导入灵魂，俄国在强国的路上持续前行。

威廉·配第（1623—1687）

劳动是财富之父，土地是财富之母。

一个人口少领土小的小国，凭借它的地理位置、贸易和政策的优势，能够同比其人口更多、幅员更辽阔的大国在国力和财力上相抗衡。

彩票是针对自我感觉良好的生活潦倒者们征收的一种附加税。

房屋可以消费，也是一种投资工具（最早看到炒房商机的人）。

第五章

威廉·配第——国家是公司

　　威廉·配第（本文简称配第）1623 年出生于英国的一个手工业者家庭。14 岁时，他不顾父亲的反对，执意出海远航，追求自由冒险的生活。

　　《鲁滨孙漂流记》里写道：

　　"我（鲁滨孙）从小喜欢胡思乱想，一心想出洋远游。我父亲一心一意想要我将来学法律。但我对一切都没有兴趣，只是想航海。我违抗父命，全然不听母亲的恳求和朋友们的劝阻。我的这种天性，似乎注定了我未来不幸的命运。"

　　10 个月后，配第在船上摔断了腿。

　　配第是个近视眼，曾经把一座山峰当灯塔。这一次伤腿说不定是把楼梯当平地造成的。

　　船长把无用的配第抛弃在法国诺曼底海岸。挂着拐棍的小配第一无所有，凭着机灵劲儿在卡昂修道院通过教英语来维持自己的生活，同时在修道院里学习科学和语言。配第边工边读，顺便倒腾珠宝挣零花钱。

　　3 年后，配第回到英国。这个近视眼还加入了英国皇家海军。

　　配第很可能把敌舰当成盟军，并向真正的盟军开炮。

1644 年，配第拿着 3 年海军生涯的积蓄去荷兰莱顿大学攻读医学，业余时间到工厂做钻石工人。配第受资本家压迫，对资本主义国家深有感悟。

1646 年，年轻的配第（23 岁）到法国行医。他担任大哲学家霍布斯的秘书，并与笛卡尔等人通信。小水手能够混进世界顶级学者交际圈，和配第勤学好问有关系。无论从事什么职业，配第都细心观察，勤于思考，写下大量笔记。

霍布斯认为，真理要促进和平与财富。他的作品《利维坦》主要是解决和平的，所以配第准备解决国民财富问题。

1649 年，配第获得牛津大学医学博士学位，成为医生并兼任皇家医学院解剖学教授，顺便还教授音乐。

这一年，英国国王查理一世被砍了头，克伦威尔成为英国国家元首。

1651 年，配第任爱尔兰总司令的随从医生。这个总司令来头不小，他叫亨利，是英国护国公克伦威尔的儿子。受亨利关照，配第获得一个肥差，负责将爱尔兰的土地分配给英国贵族和大商人。在工作当中，配第用 9000 英镑给自己分配了 120 平方公里的土地（相当于 3 个北京东城区）。

克伦威尔去世后，英国恢复了王国，查理二世成为新国王。

配第立即转变立场，投靠国王，被封为爵士，还担任了国会议员。

配第有一些科学家朋友，如化学家波义耳。好朋友们一商量，成立了英国皇家学会。配第是英国皇家学会创始人之一。

1666 年，配第来到爱尔兰，大肆购买土地。他名下的土地面积相当于海淀区加朝阳区。在自己的土地上，配第创办渔场、冶铁和铝矿企业，从水手、海军士兵、医生、科学家成功转型为一个大地主和大资本家。

1667 年，配第和伊丽莎白小姐结婚。

配第出身穷苦家庭，年轻的时候一贫如洗。他的经历和鲁滨孙有很多相似的地方。

配第为什么成功？可能和他写下的这一段话有关：

"普通人在时运不佳，或对自己的事业悲观失望时，不是努力与他们所面临的不幸抗争，相反，他们颓废消沉，不作任何努力，甚至也不关心去尝试或采取可能挽救自己的方法。我认为最正确的做法是对所处的情况有确切真实的了解，其次就是在遇到任何不确定的情况时都应往好的方向想。

如果没有强有力而明确的根据，绝不轻易悲观。"

当然，配第的发财之路不完全是正当的，甚至使用了一些见不得人的手段。

马克思批评配第是个"十分轻浮的外科军医""掠夺成性的、毫无气节的冒险家"。但是，谈到配第的贡献时，马克思称他为：

- 现代政治经济学的创始者；
- 最有天才和最有创见的经济研究家；
- 政治经济学之父，在某种程度上也可以说是统计学的创始人。

守着自己的大庄园，配第潜心20年研究学术，从大资本家变成世界知名的大学者。

配第有个好习惯，随身携带笔记本，有想法马上记下来。他的手稿能装满60个大箱子，其内容涉及医学、数学、物理、政治、统计学。

配第的墓碑上写着：

"他是一个真正的爱国者和一个健全的哲学家，凭借他强大的才智，他的科学著作惠及了他的家庭和他的国家。"

配第是少有的奇才，干什么都行。出身平民，跻身贵族。白手起家，成为巨富。结交世界名人（霍布斯等），创立世界著名组织（英国皇家学会）。以上都不算什么。最牛的是他写了一本书，开创了一门学科，成为政治经济学之父。

1676年，配第写了一本书，叫《政治算术》。这本书可以说是英国国家战略发展报告。

这本书首先分析了英国面临的困难和威胁：

"地租普遍下降，整个王国日益贫困；
以前王国拥有大量黄金，现在黄金和白银都相当匮乏；
没有贸易，人们找不到工作；
人烟稀少，税赋种类繁多而且税率沉重；
爱尔兰和美洲殖民地是英国的沉重负担；
贸易状况普遍衰退；
在海军实力竞争中，荷兰正紧紧地追赶我们；
法国既富有又强盛，正在迅速赶超英、荷两国。"

接着，配第指出了英国的机会和优势：

"伦敦的建筑较以前宏大而华丽了；

美洲殖民地拥有的船只已达 400 艘；

东印度公司的业务令其原有本金翻了一番；

凡是能够提供可靠抵押品的人都能够在法定利率之下得到借款；

建筑材料（甚至是橡木）几乎没涨价，降价商品对伦敦的重建有利；

交易所里挤满了商人，似乎和从前一样；

街头乞丐和曾因偷盗而被判过刑的人，并不比以前增多；

四轮大马车的数量和马车装备的华丽，都是前所未有的；

公共剧场十分宏伟华丽；

国王拥有比历次灾难前更强大的海军和卫队；

牧师富有，大教堂在修复中；

很多土地已经改良，食物价格非常合理。"

当前的困局如何突破？未来的英国应该朝哪个方向走？

配第没有马上给出答案。他笔锋一转，开始分析荷兰和法国，先看看别国是如何成功的，以及有哪些教训。

他得出的第一个结论是：

一个人口少领土小的小国，凭借它的地理位置、贸易和政策的优势，能够同比其人口更多、幅员更辽阔的大国在国力和财力上相抗衡。

法国人口是荷兰的 13 倍，土地面积是荷兰的 80 倍，而法国的财力和国力只有荷兰的 3 倍。这说明，法国是大国，也是穷国。

荷兰之前也是穷国，自然条件比法国差远了。配第写道：

"100 年来，荷兰一直是一个极度贫困、并且深受压迫的民族。他们居住的地方寒冷、潮湿，非常不舒适，自然条件极其恶劣，他们被视为宗教异端，深受迫害。荷兰人决心改变自己的命运。他们进行艰苦的劳动，几乎人人投身到工作中。所有人，无论贫富长幼，都仔细研究各种关于数量、重量以及长度的技艺，所有人的生活都是勤俭的，同时还要供养那些没有劳动能力的人和孤儿。他们处罚懒人，强迫他们劳动，努力使他们变成有用之人。"

不过，荷兰也有自己的优势。配第写道：

"荷兰人居住密集，可以减少修建教堂和雇佣神职人员的成本，可以降低调查犯罪的成本；

荷兰风力资源丰富，使用风车相当于节约了几十万英镑的财富；

荷兰水运发达，国内物流成本远远低于法国；

荷兰沟壑多，相当于天然的堡垒，降低了国防开支；

荷兰几乎垄断了欧洲的渔业，通过渔业发展了木材业、油脂业等；

荷兰人周游世界，了解全球各地商品价格，好从中渔利。"

配第认为荷兰的成功有三个主要原因：

第一是宗教信仰自由。配第认为限制宗教信仰是荒唐透顶的。配第还有一个有趣的发现，异教徒经商天分强过正统教徒。他说，在印度，统治者是穆斯林，经商成功的却是印度教徒。在土耳其，商业被犹太人和基督徒们操控。在意大利和葡萄牙，商业几乎全部掌握在犹太人和非天主教的外国商人手中。整个欧洲名义上是天主教，但商人大多是新教徒。

第二是保护财产所有权。荷兰通过登记制度，明确了房地产的所有权。配第说，如果财富的所有权没有保障，如果劳动成果可以随意被别人剥夺，或者被别人通过欺骗手段夺走，就没有人愿意去辛勤劳动了。

第三是金融，比如银行业。配第举了一个例子。一个人有 6 万英镑，存在家里的话永远是 6 万英镑。如果他把其中 4 万英镑存入银行，他名下 6 万英镑并没有减少。银行呢，可以把这 4 万英镑贷给第三方使用。第三方原来一无所有，现在有了 4 万英镑，可以投入到生产经营活动当中。经济就这样发展起来了。

地主老财把金银埋在后院，成为"死钱"。如果拿出来放高利贷，由于风险太高，可能本都收不回来。银行通过专业知识控制风险，给国民经济注入巨量的"血液"。

配第的第二结论是，通过调节赋税结构，可以增加国家财富。

在封建社会，政府主要从穷人手中征税，征来的钱不够国家开支，更谈不上累积财富。富人们大吃大喝，反而交税很少。财富被富人们挥霍了，没有用于再生产。

大明、大清都是这样。大清税率很低，国库亏空。

配第建议，要从那些大吃大喝的人手中多征税。政府把税收盈余交到善于经营的人手中，用于进出口贸易、改良土地、捕鱼、开矿以及兴办工业。这些人用钱生钱，增加了本国金银珠宝等财富。这些人通过锦衣玉食、家具、住宅，漂亮的花园、果园以及公共建筑来美化自己的国家。

相反，如果国家的钱落到那些吃喝玩乐的人手中，或者落到那些终日沉溺于空谈理论的庸才手中，国家财富就浪费了。

配第说，荷兰对 24 小时内会消失的商品会课以重税，对耐用品则减税免税。比如酒，对人来说可喝可不喝，喝到肚子里几个小时后变成了尿。尿完了，财富也消失了。而盖个大楼几十年不倒。因此，政府要鼓励盖楼，限制饮酒。

相对高楼，贵金属更不易腐蚀变质，永不丧失其价值。

酒是短期财富，大楼是定期财富，金银是永恒财富。

换句话说，财富要落到企业家手中（用钱生钱），而不是地主手中（吃光花光）。

路易十四、彼得大帝把国库里的钱用来投资建厂，兴办实业，保值增值。

康熙皇帝没有这些想法。

配第赞成藏富于民。他说，如果一个国王将全体国民财富的 1/10 据为己有，而另一个国王仅仅征收全部财富的 1/20，那么后者尽管相对贫穷，但是要比前者更显王者风范。

封建社会一般交实物税，种地的交粮食，养鱼的交鱼，种棉花的交衣服。因为运输、保鲜不方便，后改为一律交钱。显然这种方式更先进。

配第认为，交钱的确方便，但也不能一概而论。

比如爱尔兰的百姓主要都是农民，只会种地，不会挣钱。他们为了用金钱交税，有的贱价处理自己的粮食，有的出去打零工，有的甚至去偷抢，连务农的心思都没有了。爱尔兰亚麻产业发达，政府应该让当地百姓交亚麻抵税。政府收到亚麻后，集中交给商人销售。这样，百姓安心务农，政府收税也容易。

配第的第三条结论是，法国的海上力量无论现在还是将来都无法超越英国或者荷兰（具体内容略）。

配第的第四条结论是，人口、领土和贸易是国家财富的主要构成因素。法国国王比英国国王富裕，但法国的海外贸易额只有英国的一半。英国高收入人口也多于法国。总体上，英国国民财富和法国不相上下。

配第认为，爱尔兰是英国领土，但经济上没有产出，实际上是负债。像这种情况，可以把爱尔兰卖出去。不过，像荷兰这样领土面积小的国家，一旦发生战争也很危险。

分析完法国和荷兰后，配第开始给英国开"药方"。

配第认为以下因素阻碍英国成为大英帝国：

英国领土分散（纽约、牙买加、孟买）；税赋结构不合理、内部关税壁垒高（从爱尔兰到英国）；殖民地生产过剩，宗教严重对立；在政治上，国王与议会的关系还没有理顺。针对以上问题，配第分别提出了自己的解决方案。

关于铸币问题，配第设计了一道数学题。

第一，英国有 600 万人口；

第二，每人每年平均消费 7 镑；

第三，英国年总消费 4200 万镑；

第四，平均到每周，约 80 万镑；

第五，英国土地每周需 400 万镑资金流转；

第六，英国房租每周需 100 万镑流转；

第七，四、五、六项加在一起，英国政府铸造 600 万货币就足够市场流通了。

配第相当于做了央行行长的工作。

最后，配第提出，英国有充裕的资本，足以掌控整个商业世界的贸易，足以维持 10 万步兵、3 万骑兵、4 万水兵以及政府开支。

配第对英、法、荷三国进行了国力的对比分析。国力主要指土地、人口、建筑物、制造业、商业、渔业、工匠、海员以及士兵的情况。配第还研究了公共收入、利息、赋税、登记制度、人员价值、银行、港口、海上运输、海上霸权等论题。

《政治算术》相当于新时代的《隆中对》，是对世界趋势的总体判断，是英国国家战略发展报告。

全世界只有配第一个人有这样的眼光。

配第说：

　　"我采用数字、重量和尺度等术语来阐述我的观点。"

配第是商人出身，对成本、利润等数字十分敏感。

经营工商业、国际贸易要比农业用到的数字多得多。17 世纪末开始，西欧各国都重视统计数字，不那么关心修辞了。

可以这么说，两个人对同一事件进行调查分析，分别写出报告。有数字的报告比没数字的报告可以得出 3 倍以上的结论，而且结论的准确性也大大提高。

过去的文章中主要使用谁比谁好、谁是最大等定性结论。

《政治算术》的问世，标志着统计学的诞生。

当时，经济学还没有成为一门独立的学科，所以配第起名《政治算术》，其实就是政治经济学。配第本人由此成为"政治经济学之父"。

当然，在那个年代，配第的很多数据不可靠，和实际差距较大。不过，配第依靠数据建立的公式和背后的逻辑更重要。

配第的朋友，英国皇家学会会员，约翰·格朗特制定了世界上第一份生命表（每个年龄活着的人口比率），人们称他为"人口统计学之父"。格朗特调查发现，伦敦每年大约有 1.3 万个葬礼，每 11 个家庭平均每年 3 人死亡，家庭平均人口 8 人，因此伦敦的人口约为 38.4 万人。在所有的葬礼中，不到 50 人死于饥饿。可见英国普通人生活水平高于法国。

欧洲即使最小的村镇也有一所教堂和一个神父，而每个人生下来就希望是基督徒，结婚的时候希望得到上帝的承认，死亡之后希望上天堂。因此，教堂记录了几乎每个人的出生日期、结婚日期和死亡日期。今天，我们不仅能够找到莎士比亚等名人的出生登记簿，大部分平民的出生登记簿也能找到。欧洲教会起到了社会管理的职能，累积了大量的数据。

可以说，统计学是解决世界上绝大多数问题的钥匙。在当今社会，没有数据分析寸步难行。在这一点上，配第和格朗特都是非常伟大的。

配第的《赋税论》比他的《政治算术》更知名。因为在该书中，他说了那句最著名的话：

"劳动是财富之父，土地是财富之母。"

劳动加上土地，就会致富。

配第认为，商品价值和劳动时间成正比。欧美大多数职业施行小时工资制，老板按小时支付劳动者薪酬。

配第将商品价格分成两个：自然价格和政治价格。自然价格是劳动时长，政治价格即市场价格。举个例子，同样请老师上一小时的课，劳动时间是相等的，自然价格是相等的。但名师的收费是普通老师的 10 倍。他们的政治价格不一样。

配第认为英国税收制度存在诸多弊端，改革方向是：

- 公平。配第认为，每个人交税后他的生活品质不应该明显下降，即穷人少交税，富人多交税。举个例子，彼得大帝征收胡子税，穷人每年1卢布，富人每年100卢布。英国人头税不分贫富一个标准，这太不公平了。

- 节省。如果税务机关是个庞大的官僚机构，工作人员多，就会造成征收成本过高，再加上各级官员从中贪污，最终只有一半的税款进入中央政府财政。彼得大帝时代，明朝末年就是这样，到国库里的钱甚至还不到一半。

- 准确。法国施行包税制。国王把一个地区的税收打个包卖给某个包税人。包税人通过收税来盈利，这不能准确反映经济活动，也是非法的。政府漏税和重复征税都是一种错误。

配第分析了几种税收的利弊。

- 关税。关税不纳入国库，归国王个人所有，是商人交给国王的保护费。国王贪心，大幅提高关税，是一种愚蠢的行为。关税低，商人愿意纳税，政府收税成本也低。关税高，商人为了利润，或者武装走私，或者贿赂海关官员，钱最终没有落到国王手中。如果武装走私成了规模，政府还要动用军队去剿灭，更是得不偿失。

- 人头税。人头税的好处是容易征收，而且计算税金准确。人头税的问题是对穷人来说是一笔负担。

康熙和太阳王执政时期，大清和法国都取消了人头税。

- 消费税。配第认为消费税有 4 项好处。第一是公平。消费就交税，不消费就不交税。富人买东西多交得多，穷人买东西少交得少。第二，为了不交或少交消费税，人们减少消费，养成勤俭的生活习惯，有利于增加国民财富。第三，消费一次交一次税，不会重复计算。第四，消费税是大数据，可以精确地统计出国家财富、产出和贸易。

配第还说：

"彩票是针对自我感觉良好的生活潦倒者们征收的一种附加税。"

配第认为，税收与国民财富、与国家经济实力成正比。国家财政收入低是社会落后的表现。

大清政府的目标是维持，而不是发展。因此，康熙政府的税率是比较低的，只要老百姓吃饱饭，不造反就好。康熙皇帝还搞个"摊丁入亩"，不管人口增加多少，税收不增加。税收低导致国库没有余钱，甚至亏空。清代通货膨胀严重，政府收入实际上在持续下降。国家80%的财政收入用来发俸禄和军饷，基本上没有剩余投入民生福利。大清政府没有调节、促进经济的手段，甚至没有这样的想法。平时还好，万一遇上打仗，不是卖官，就是额外征税，和明朝末年的"三饷"没有任何区别。

配第去世的时候，英国的财政收入不到大清的1/5。到了乾隆末年，英国的财政收入比大清多1/5。工业革命后，英国的财政收入是大清的4倍。可见英国经济真的腾飞了。

第二次鸦片战争后，大清开始搞洋务运动，开矿山，办工厂，政府税收实现了翻番。

在征税对象上，配第认为：

"对从事生产和贸易活动的人应该少征税。

对于有钱但又不工作，不创造价值的人多征税。

将第二类人的税交给第一类人，让他们扩大再生产，增加社会财富。"

简单地说，大清国可以理解为一个农民村落，大家靠天吃饭，尽量填饱肚子。

配第笔下的英国可以理解为一个工业小镇，居民多工作，多赚钱，再去理财。

在上述两本著作中，配第提出了若干经济学理论：

专业分工理论。配第说，老式造船厂先造好第一艘船，再造第二艘。荷兰人不一样。他们分成几个专业小组，同时造几艘船。

人口即国家财富。配第发现，荷兰的经济发达程度远远超过法国，但人口只有法国的1/13。一旦打起仗来，荷兰明显不是法国的对手。今天，很多小国的经济发达程度超过中国一倍，但它们的综合实力不到中国的1/10。

就业理论。配第认为，劳动创造财富。劳动的人越多，国民财富就越多。因此，政府要想方设法让失业的人找到工作。

配第认为，英国不是没有工作机会，现成的、合适的职位很多。比如发展运输业不让荷兰人赚运费，发展捕鱼业不让荷兰人在英国近海捕鱼，多生产国货把外国货赶出市场。配第估计，这三项产业可以增加500万英镑的收入。而200万英镑就可以养活全英国的闲散人员。

配第说，把年轻男性犯人关进监狱完全是一种浪费，应该强迫他们劳动，用以抵消刑期。

当今各国政府无不把就业视为首要任务。失业率一高，总统就要下台了。

配第估计，英国神职人员不到2万名，法国神职人员超过27万。这多出来的25万人不从事生产，其收入反而是普通劳动者的3倍。这完全是巨大的浪费。

彼得大帝也注意到了这个问题。他禁止年轻女性进修道院当尼姑。他要年轻女人或者生产，或者生孩子，不能浪费在念经上。

配第—克拉克定理。配第认为英国应减少农业人口，将他们转移到工商业。工商业者收入高，消费能力强，能拉动经济。

1940年，美国经济学家科林·克拉克在对40多个国家不同时期三次产业的劳动投入产出资料进行分析后得出结论：

> "随着经济发展和人均国民收入水平的提高，劳动力首先由第一产业向第二产业转移，然后再向第三产业转移。"

后人称之为"配第—克拉克定理"。

美国农业人口占比约1%。1个美国农民养活了99个美国人，还能出口。

康熙政府的做法正相反，不鼓励工商业，将大量人口绑在土地上从事农业生产。农民收入低，也没有消费能力，商品经济极度落后。

雍正皇帝更过分。他要求五谷之外要少种经济作物。他认为"市肆之中多一工人，则田亩之中少一耕稼之人"（《雍正朝起居注》五年五月初四）。所以，"招商开厂，断不可行。矿厂除严禁之外，无二议也。"

这些都是违背历史潮流的。

利息理论。把钱借给别人，自己没有劳动，不辛苦不出汗，为什么要收利息呢？配第认为，利息是租金。我把地租给你，你种地赚钱，给我租金。同样，我把钱借给你，你用钱赚钱，也要给我收益。我用100万现金买房，租出去一年能收3万租金。同样，我把100万借给你经营，你年底要给我3万的利息。

大航海时代，国际贸易增加，追求财富的人越来越多，王公贵族纷纷"下海"，成为商人。各国政府纷纷主导成立公司（如英国东印度公司和荷兰东印度公司）。西班牙发现了美洲的金银矿，贵金属大量流入市场，冲击了传统的封建经济。各国政府为财富和殖民地大打出手。以上种种因素，诞生了重商主义。其主要观点为：

- 多出口本国货物，赚取贵金属；
- 提高国货质量，以便在国际市场上有竞争力；
- 对外国商品征收高关税；
- 鼓励使用国货（彼得大帝禁止官员穿外国衣服，英国政府禁止荷兰船只运送英国货物等）；
- 大力发展制造业；
- 商人不再是低人一等的阶层（法国允许贵族经商）；
- 争取自由贸易；
- 修建运河以降低物流成本；
- 中央政府强力介入经济管制，频繁制定经济政策；
- 增加税收，用以支持国家发展战略；
- 开设银行；
- 发展海军，为商船保驾护航。

以上这些观念和做法，已经成为西欧各国的共识和通行做法。而大清对此几乎一无所知。

配第提出的充分就业、劳动价值、货币周转、地租、专业分工等理论又在重商主义之上。

他终结了重商主义，带领经济学进入新的阶段。

科学家发明一条定律就已经很厉害了，而配第发明了一门学科。

马克思大量借用了配第的观点，称其为"政治经济学之父"。

配第在经济学领域开了一个头。他死后，英国出现了一位真正的经济学集大成者，他就是《国富论》的作者亚当·斯密。

恩格斯说："配第在政治经济学的几乎一切领域中所做的最初的勇敢尝试，都一一为他的英国的后继者所接受，并且作了进一步的研究。"

配第可能是个"奸商"，但他找到了让英国变得强大，让英国百姓变得富裕的方法。

英国率先发展出经济学理论是有其社会基础的。

英国人爱赚钱，不以为耻。

欧洲俗语说，在罗马和巴黎可以学到知识，在伦敦可以学到如何赚钱。

在大明大清，聪明的中国知识分子抱着"治国平天下"的理想，洁身自好，视金钱如粪土。然而，他们一旦当上官，十有八九成为贪官，拼命往家搂粪土。他们也不想想，国家如何致富，个人如何合法致富。

政治和经济有密切的关系。

武力可以推翻一个政府。经济手段也可以推翻一个政府。

国与国之间的战争拼的是军队，拼的也是金钱。

配第的书籍是时代最先进的理论代表。如果传到大清，可以说没人看得懂，也没人会同意。资本工商经济和封建农耕社会，已经不是一套话语了。

约翰·洛克（1632—1704）

政府除了保护人民的财产外，没有其他的目的。

使你感到恐惧的事物会支配你。

我们不应该把自己想得太好，以致把自己的价值估计得过高。我们也不可因为自己具有某些长处，别人没有，便以为应在别人面前占优势。我们只应该在我们的本分以内谦逊地接受别人对于我们的给予。

收入好像我们的鞋子，如果太小就会挤脚并疼痛，如果太大则会绊脚和摔跤。

在缺乏教养的人身上，勇敢就会成为粗暴，学识就会成为迂腐，机智就会成为追趣，质朴就会成为可笑，温厚就会成为谄媚。

——约翰·洛克

培根、洛克和牛顿是有史以来生活过的三个最伟大的人物。

——托马斯·杰斐逊

第六章

约翰·洛克——消灭大帝的人

在一本《影响人类历史进程的 100 名人排行榜》的书中，本书涉及以下几位人物：

● 牛顿排名第 2；
● 列文虎克排名第 36；
● 约翰·洛克排名第 44；
● 彼得大帝排名第 88。

路易十四、查理二世、威廉三世和康熙没有入选。

约翰·洛克（本文简称洛克），一介文人，他的影响力超过路易十四、彼得大帝，这是真的吗？

路易十四改变了法国，彼得大帝改变了俄国，而洛克则改变了英国（立宪）、法国（大革命）和美国（独立），以及世界。

五四运动时，中国有识之士提出用"科学"和"民主"救国强国。如果说牛顿代表科学，那洛克就代表民主。

崇祯五年。公元 1632 年，洛克出生于英国威灵顿。幼年的洛克在著名的威斯敏斯特中学就读。上学期间，英国国王查理一世被公开处死，行刑地点离学校很近（走路约 8 分钟）。校方禁止学生前去围观。不过，这一历史事件影响了洛克的一生。

洛克 1656 年获得牛津大学基督教会学院学士学位，两年后获硕士学位，然后留校任教。《哈利·波特》影片中的餐厅就是在牛津大学基督教会学院拍摄的。那间餐厅的墙上挂满了著名校友的画像，我一眼就认出了洛克。

洛克在大学里谈了一阵子恋爱，不久就和女朋友分手了。他无意再找伴侣，终身未婚。洛克认为理智比冲动更重要。著名哲学家笛卡尔、斯宾诺莎、莱布尼茨都是终身未婚。学哲学的，谁不知道苏格拉底的故事。

在道理上讲赢女人的男人，只能当单身狗。

脸皮厚、胡搅蛮缠的男人都能抱得美人归。

洛克对科学很感兴趣。他是化学家罗伯特·波义耳的学生，是牛顿的好朋友。36 岁，洛克成为英国皇家学会会员。

沙夫茨伯里伯爵体内长了一个大怪瘤，奄奄一息。洛克用手术刀在他肚子上扎了一个小孔，插进一个导管，把体内的物质排掉了。医学家至今也没有弄明白这是怎么回事，在那个年代这么做 99% 会让病人死掉。

恢复健康的伯爵于是聘请洛克担任秘书兼私人医生。1667 年，伯爵的儿媳生产，洛克亲自接生。有如此高素质的接生医生，小婴儿后来成为索尔兹伯里伯爵，一位知名的哲学家。

查理二世对沙夫茨伯里不错，让他担任贸易与殖民委员会主席，洛克则成为委员会秘书。沙夫茨伯里对查理二世的宗教政策十分不满，后来成为辉格党（反对国王党）的首领之一。

愤怒的查理二世准备拿沙夫茨伯里开刀。

1682 年，沙夫茨伯里逃往荷兰，第二年在那里去世。

作为沙夫茨伯里的私人秘书，洛克也是重大嫌疑分子。1683 年，他逃往荷兰。后来詹姆斯国王赦免了他，允许他回国。洛克喜欢荷兰，一直待到1688 年，在此期间完成了《人类理解论》等多部著作。

光荣革命后，辉格党成为执政党。1689 年，57 岁的洛克跟着玛丽王后返回英国。回国后洛克匿名出版了《政府论》。他的《人类理解论》也在 1690年出版。

晚年，洛克的好友玛莎姆女士邀请他前往乡下定居。牛顿经常探望他，探讨科学问题。

康熙四十四年。1704 年 10 月 28 日，洛克病逝，未婚未育。他的墓碑上写着：

"追求真相是他学习的唯一目标，任何有关他的事物都写在他的著作里了。

他的美德不足以让他炫耀，他的邪恶就让尘土掩埋吧。

如果你要寻求为人的典范，去从《圣经》里找寻吧。

如果你要寻找邪恶的典范，希望你不会找到它。

如果你要寻找死人，这里的确有一个。"

（一）《政府论》

洛克最重要的著作就是《政府论》。

有个叫罗伯特·菲尔麦的英国人写了一本《先祖论》，其核心思想是君权神授、君权至上。他的观点如下：

人一生下来就隶属于父母，父母的威权称作"父权"。

人一生下来就隶属于君主，君主的威权称作"君权"；

上帝创造亚当，男性，父亲，赐予他君权。所有帝王的君权都来自于亚当。

在中世纪的欧洲，人们认为帝王是上帝委派的。国王的话就是神的旨意。

人民不能怀疑国王，更不能推翻国王。

英国国王詹姆斯一世、查理一世都是君权神授的坚信者。

英国臣民们嘲笑"书呆子"詹姆斯，并砍下了查理一世的头。

路易十四认为自己是响当当的神授君主，把自己比成太阳神。

在中国，老百姓，包括知识分子，很少考虑这个问题：

老天爷为什么不选汉人而选择一个满人（康熙）当皇帝？

吴三桂说康熙"窃我先庙神器，变我中国冠裳。夷君（康熙）无道，以致彗星流陨"。

康熙则说，自古得天下之正莫如我朝。汉高祖系泗水亭长，明太祖一皇觉寺僧。他们都能得天下，我们大清怎么不能。

如果你穿越回到大清，你又是一名汉人，你是支持吴三桂，还是康熙？

所以，中国古代的皇帝一直没有神圣性。

明末思想家黄宗羲提出，皇帝也是人。谁能够牺牲小我，为人民服务，谁就是皇帝。

显然，政府并不是从人类产生以来就有的组织。那么，政府是从什么时候产生的？为什么要产生政府？在政府产生之前，人们是怎么生活的？政府产生后，应该做什么工作？什么是一个好的政府？什么是一个差的政府？

洛克说，为了理解政治权力，首先要追溯它的起源。

英国哲学家托马斯·霍布斯说，人类最早处于无政府的自然原始状态。人们为了争夺有限的资源，在欲望的驱使下相互残杀，无时不生活在危险和恐惧当中。为了和平和安全，人们提出成立政府，保护自己。

在某种程度上，洛克可以说是霍布斯的学生。他吸收了霍布斯的理论，将其作为自己修建理论大厦的材料。

洛克借用了霍布斯提出的"自然状态"这一概念，但反对他的观点。他认为，在自然状态下，人们过着理性平和的生活，整个社会靠自然法则运行。

人与人之间不是你死我活的争斗关系，而是人人平等的关系。

果真如此吗？平时，你看你的领导高高在上，他说什么你都得唯唯诺诺，还要拍他马屁。现在把你和你的领导丢进一个森林里的一口深井里，很可能没有人救你们。此时，你口袋里有两个馒头，而你的领导什么都没有。请问你还听他的话，把两个馒头都给他吗？恐怕他要听你的话了。

人人平等了，问题也出现了，一旦出现财产纠纷，公说公有理，婆说婆有理，怎么解决？

因此要成立政府。政府保护人身安全、自由和私人物品。

政府保护我不被恶霸殴打。

政府保护我不被他人囚禁。

政府保护我不被骗子窃取财物。

这三种事物用一个词表示，就是财产。

洛克第一个重要的观点是财产。

英文财产一词源于拉丁文的 proprius，表示一个人所拥有的东西。这些"东西"包括他自己。

路易十四、彼得大帝、康熙皇帝的确不保护某些人的生命权和财产权。路易十四告诉自己的儿子：

"君主有完全的自由处置所有的财产，不论属于教士还是平民的。因为上帝已经赋予他无限的权威。"

比如奴隶被虐死是轻罪，甚至无罪。

比如奴隶所有的劳动所得都归主人所有，奴隶本人不拥有任何私人财富。

但是，如果是人，是民，政府就必须予以保护。

无论是霍布斯还是洛克，都认为人类社会一开始是没有奴隶的，一开始都是人民。

人都光着屁股来到人间，财产是从哪里来的？

洛克认为，是通过劳动得来的。比如路边有野苹果，没有人摘，烂在地里，什么都不是。如果你摘了，野苹果成为你的财产，你可以处置，自己吃掉或卖掉。

如果没有法律保护，人们不敢积累财产。所以洛克说：

"人们选择一个立法机关并授以权力的目的，是希望由此可以制定法律，保卫一切成员的财产。

政府就像是半夜巡逻的'更夫'一样，防止人民的财产被偷窃。

政府除了保护人民的财产外，没有其他的目的。"

人民先有财产，后有政府。因此，人民的财产是人民创造的而不是政府创造的。政府存在的目的是保护人民已有的财产。

作为英国贸易与殖民委员会的秘书，洛克为卡罗来纳殖民地制定了一份宪法。13个殖民地联合成立美国的时候，保护财产已经深入人心。美国很快就成为世界富国强国，头号大国。而西班牙统治下的拉丁美洲，比美国早殖民100多年，到今天仍然没有形成一个强大的国家，而且普遍贫穷。为什么？尼尔·弗格森认为，主要是这些南美国家从来不尊重和保护私有财产。

洛克第二个重要的观点是人权。

霍布斯认为，在自然状态下，人与人之间充满敌意，相互残害，像野兽一样。

洛克认为，在自然状态下，人不是野兽，人是有权利的人。

当时没有君主，没有君权。但是，当时有人民，因此就有人权。

人民为了保护私人财产，通过契约的方式推选出帝王。

因此，帝王来源于人民，而不是上天或上帝指定的。

帝王在产生之前，与普通人是一样的，是平等的。

康熙说，汉高祖一泗水亭长耳，明太祖一皇觉寺僧耳。

他们来自人民。

洛克用"天赋人权"取代"君权神授"。

先有人权，再有君权。君权非神授，而是人授。

那么，人权包含哪些权利呢？

洛克的答案是：生命权、自由权和财产权。

美国开国元勋杰斐逊等人在起草《独立宣言》时，照搬了洛克的三大权利说，不过把第三项改为"追求幸福的权利"。杰斐逊等人认为，政府有责任保护私人财产，但没有权利分配私人财产。

举个例子。中国农民起义经常打着"均贫富，等贵贱"的幌子，结果呢？少数穷人变巨富，少数巨富变成穷人，大多数穷人还是穷人。

所以，杰斐逊没有强调财产权。上天允许每个人去创造财富，但不保障每个人都有财产。

不过，麦迪逊在起草《美国宪法》时，又恢复了洛克的三大权利说。

无论是《独立宣言》，还是《美国宪法》，其精神内核都是洛克的权利说。

早年的洛克在《论宽容》中还提出过人有一项权利——异议权。即我有权不同意别人说过的话。

洛克第三个重要的观点是：人民有权与政府解除协议。

霍布斯认为，人民为了自身安全选择了政府，和政府签约之后就要遵守协议，就要服从政府。除非政府要杀你，否则你不能反抗。

洛克不同意。他认为人民只是把部分权利交给了政府，自己也保留了一部分。举个例子。董事会聘请总经理，充分授权总经理，不干预总经理的日常运营。但是，董事会保留了奖惩、罢免、更换总经理的权力。当总经理无能，当总经理损害股东利益的时候，董事会必须及时更换总经理。

当政府和人民发生利益冲突时，当政府掠夺和毁坏人民的财产时，当政府剥夺人民自由，把人民变成奴隶时，人民就有权要求政府退让、解散或改组。必要时，人民有权采取暴力手段。

美国《宪法第二修正案》中体现了洛克的思想：

"人民持有和携带武器的权利，不得予以侵犯。"

洛克的观点相当于一个清朝的读书人告诉康熙皇帝：

如果你的工作不合格的话，人民有权要求你下台。

吴三桂说康熙皇帝：

"夷君无道，奸邪高张；道义之儒，悉处下僚；斗筲之辈，咸居显职。君昏臣暗，吏酷官贪；水惨山愁，妇号子泣；鬻官卖爵，仕怨于朝；苛政横征，民怨于乡；关税重征，商怨于途；徭役频兴，工怨于肆。"

所以，吴三桂要"伐暴救民，顺天应人"。

洛克的第四个重要的观点是分权。

亚里士多德在《政治学》一书中论述了政体的三要素：议事、行政和审判，可以说是分权学说最早的表述。

希腊历史学家波里比阿赞扬罗马政体中执政官、元老院、保民官三者的权力配合与制衡原则。

西塞罗在《共和国》一书中主张政体应兼顾君主、贵族、平民三者的利益。

中国隋唐时期设立中书省、门下省、尚书省。其中，中书省负责定旨出命，门下省掌封驳审议。中书、门下的诏敕由皇帝裁定，然后交尚书省执行。一个提方案，一个提意见，一个去执行。这是中国古代版的"三权分立"。

洛克提出将权力一分为三：即立法权、行政权和对外权。后来，他又说对外权隶属于行政权，因此变成两权。立法权在英国议会，行政权在国王。

洛克反对将立法权和行政权合二为一。他说：

"如果有人同时拥有制定和执行法律的权力，他们就会攫取权力，使自己免于法律的惩罚。他们在制定和执行法律时，使法律适合于他们的利益。这违反了社会和政府的目的。"

那么，立法权和行政权谁高谁低呢？

我们要理解，什么是政治权力？

在大清是君叫臣死臣不得不死，是官大一级压死人。搞政治就是你下我上，你死我活。政治就是四爷还是八王继承大位。

洛克不这么认为。他说，政治权力是制定法律的权力。政治权力不是我有权让你死，而是我有权制定法律，你违反法律就得接受处罚。政治权力管的是行为，不是个别的人。政治是治理某一类问题，不是治理某一个人。

所以，立法权高于行政权。

当帝王是暴君的时候，通过立法就可以罢黜他，换上一位人民满意的君主。

但是，英国还有比议会权力更大的部门，那就是全体英国人民。

当英国人民发现立法部门出台的法令与他们的委托相抵触时，人民可以罢免或更换立法机关。

法国著名启蒙思想家孟德斯鸠将洛克提出的对外权改为司法权，正式提出了"三权分立"学说。

洛克的第五个贡献是政教分离。

洛克认为，政府的基本职责是使人民幸福和安全，它针对人的自然权利，是公共的。但宗教是人们头脑中的事情，是私人的。政府不能管理人们头脑中的东西。他说：

"严格区分公民政府事务与宗教事务，并规定二者之间的界限。"

洛克的政教分离思想写入美国《宪法第一修正案》：

"议会不得确立一种宗教或禁止信教自由。"

《独立宣言》《美国宪法》脱胎于《政府论》。
先有美国思想，后有美国政府。
洛克就是美国这栋大厦的设计师。

洛克的第六个贡献是平等。
罗伯特·菲尔麦说，人一生下来就有父亲，就有君主，人一生下来就不是平等的。英国有贵族，印度有种姓，中国有三纲五常。
倡导平等的人是古代帝王最大的敌人。
在大清，倡导人人平等，本人斩立决，家产抄没，妻女为奴。倡导男女平等，本人斩立决，家产抄没，妻女为奴。康熙皇帝特别注重教化，三纲五常就是最大的教化。
更可怕的是，有人给他平等都不要，必须给自己找个主子。在一部民国时代的电影里，一个清朝遗老听说溥仪当了伪满皇帝，兴高采烈。别人告诉他，溥仪是假皇帝，是日本人的傀儡。他说，我不管，没有皇帝我就不能活。
洛克说，在没有政府的自然状态下，没有任何人地位高于另一个人。
今天两个陌生人走到一起，没有哪个人愿意无条件接受另一个人的管辖。
人类一开始是平等的，后来不平等了，现在要恢复到平等。

洛克的第七个贡献是自由。
他再次拿自然状态举例子。他说人的天生自由就是不愿接受人世间任何上级权力的约束，不愿意服从任何人的意志或立法权。
一个人在公司里受经理管辖，肯定不愿意中间再加一个副经理。一个人听经理的指令工作，肯定不愿意听经理的指令吃饭。
人类从最初到现在，都喜欢自由，追求自由，这是人的本性。

《政府论》借鉴了前人（包括霍布斯）的成果，提出政治的新理念和政府的新组织。洛克打破了封建专制思想与体系，设计了资产阶级政府的框架。

举个不恰当的例子。几千年来，各国政府的办公楼都是平层的。洛克设计了一个三层楼的政府办公楼，比过去升级了。

今天我们读洛克的书，以为他是某个大学的教授，不会想到他是 300 多年前的人，不会想到他生活在康熙年代（他比康熙还大了 18 岁）。

按照洛克的设计，一个国家不应该出现大帝（路易十四、康熙）。

由于《政府论》的观点过于激进，洛克一直不敢公开承认自己就是作者。但是，他又想让别人知道有这本书。于是在给别人写信的时候，洛克就赞扬《政府论》。他说这本书太好了，太伟大了，真想认识一下作者。

从马基雅维利开始，欧洲的政治类图书层出不穷。明朝末年，黄宗羲、顾炎武提出了一些突破性、颠覆性的政治思想。康熙、雍正、乾隆，这三朝再也没有人提出过先进的政治观点，更别提进行政治框架设计，大家都老老实实听孔子的话。

法国宫廷、大清君臣玩政治，洛克玩政治学。

政治是什么？政治是众人的事、大家的事。主语是人。

在猴群，成年公猴通过搏斗成为猴王，有权同所有母猴交配。落败的公猴只能逃走。这是野蛮的动物政治。

在远古时期，大部分人不是人，是奴隶。奴隶的地位连动物都不如。实际上，大清就存在大量奴隶。后来，大家都是人了，但人分三六九等，尊卑贵贱、士农工商。大臣跪皇帝，百姓跪县太爷。

以上都是扭曲的政治、低级的政治、人吃人的政治。

所以，洛克把所有人都视为平等，把人当人，而不是奴隶或仆人，在此基础上才能进入先进的、文明的政治。

（二）《认知哲学》

1671 年的一天，洛克在某个俱乐部和别人吵了一架。回到家后，他义愤难平，想写篇文章，把问题说清楚。谁知这一写就是 20 年，最终变成一本叫《人类理解论》的书。洛克首先公开了自己的目的：

"探讨人类知识的起源，确定性和范围，以及信念、意见和同意的各种根据和程度。"

洛克认为世界是由物质构成的。物质有主性质和次性质。主性质包括了形状、运动或静止、数目等和物质不可分离的那些性质，而次性质则包括了颜色、声音、气味等其他各种性质。主性质在物体里，次性质在知觉者中。

比如一片绿叶，它的形状大小是主性质。但绿叶不知道自己是绿叶。

一个人说，看，这是一片绿叶。绿是人类的定义，是次性质。

没有人类之前物质是主性质。

有了人类之后，人对物质的认识是次性质。

中国人说绿，英国人说 Green。

叶子还是一片叶子，中国人和英国人因为不能达成共识，会吵起来。

同为中国人，有人说是绿，有人说是青，也不能取得一致。

对绿叶的争议属于认识论的范畴。认识论考察知识的来源，研究人类如何将不同的知识变成普遍必然性的知识。

笛卡尔认为人类有些知识是天赋的。

比如，人类天赋中有思辨原则。比如几何学公理、逻辑学的基本规律、同一律、矛盾律、排中律等，与生俱来，不需要学习。在任何成年人面前放上两个他没有见过的动物，他就知道这两种动物不一样。他会比较。比如，人生下来就有实践原则，知道善恶。王阳明说人生下来就有良知，不用学。

洛克指出：

1. 不存在天赋的思辨原则，都是后天学会的。

2. 不存在天赋的实践原则，都是教化的结果。

王阳明举过一个例子。一个最坏的小偷也不肯当众脱下内裤。这就是小偷的良知。王阳明不知道，地球上有很多不穿衣服的原始部落，没人觉得羞耻。他们是人，但没有这个"良知"。

洛克认为，人生下来的时候知识为零，后天掌握的知识来源于感觉经验。比如看水知道是清是浊，摸水知道是冷是暖。人的心灵开始的时候是一张白板，后来白板的内容越来越多。

将白板理论映射到教育。我们的孩子在出生时是一张白板。这张白板在很大程度上是由家长书写的。

人的知识来源于经验。你把麻婆豆腐说得再详细，也不如让孩子吃一顿。

人的经验分为两种：感觉和反省。感觉来源于感官感受外部世界（眼睛、耳朵、鼻子、嘴巴、皮肤等），反省来自于心灵观察（思考与学习）。

你做一道麻婆豆腐，你吃了，感觉不好吃，这就是经验。

你发现哪个环节出了问题，下一次你调整了烹饪方法，你做得好吃了，这就是反省。

观念有简单观念和复杂观念。"女人"是个简单观念，解释什么是女人不难。但"美"就是个复杂观念，不容易说清楚。因为美不是一个具体的东西，是我们反省加工出来的。当我说一个女人美的时候，每个人答案都不一样，很难甚至不可能形成共识。

但是，人真的有天赋思想吗？我养过母猫。母猫生仔的时候会咬断脐带，吃掉胎盘。乳猫不会排便，母猫就舔乳猫的肛门，刺激乳猫排便，一般会吃掉乳猫的粪便。我就在想，当母猫是小猫的时候，它并不懂如何抚育幼猫。在它的生长过程中，它从来没有见过别的猫是如何生产的。然而，母猫一旦生产，就是一个合格的妈妈，什么都知道。它的技能肯定不是后天学会的，那就是天生的，是一种天赋。

（三）教育思想

爱德华·克拉克找到洛克，向他请教如何教育自己的儿子小爱德华。

为了回答克拉克的问题，洛克专门写了一本书，叫《教育漫话》。

作为一个单身老汉，洛克没有孩子，更没有教育孩子的经验。他自己也不曾想到会写一本关于教育的书。洛克更没有想到，这本《教育漫话》在中国出版了多次。我也有幸一读。

没有孩子的人写出这么一本书真是神奇，这有违他的经验哲学。

洛克说自己童年的时候，父亲对他教育严格。随着他逐渐长大，父亲对他的管束越来越宽松，后来父子两人就像朋友一样。他对这种教育方式很满意。

在《教育漫话》的开篇，洛克便对儿童教育的意义下了一个判断：

"我敢说，我们日常所见的人中，他们之所以或好或坏，或有用或无用，十分之九都是由他们的教育所决定的。人之所以千差万别，便是由于教育之故。我们幼小时所得的印象，哪怕极微极小，小到几乎觉察不出，都对成年有极重大极长久的影响。"

洛克不同意对孩子进行恐吓教育。他说：

"我们不应该让一个'愚蠢的女仆'告诉孩子晚上有小妖精和鬼怪出没，否则夜晚便永远和这些可怕的念头结合在一起。孩子从此再也摆脱不掉这些想法了。"

几乎所有的教育专家都会警告父母不该让孩子们发展出负面的联想。

洛克还说：

"父母不应该用奖惩的方式教育孩子，这样培养的是孩子的感觉主义而不是理性。用'奴隶的纪律'培养出来的孩子有'奴隶的性情'。

关注对儿童爱和尊重，交流和实用技术的培养。

儿童不应学习过多使他们更个人化的学科，比如诗歌和音乐，也不需要学习过分枯燥无用的技能，比如拉丁语、古希腊语。

儿童应该接触和社会职能有关的学科，还有前沿的科学知识。在这样的一套教育下，孩子不可能太差。毕竟他的童年幸福，加之身体、性格的健康和社会技能的掌握，都让他更好地与社会相处，与自己相处。

教育上的错误比别的错误更不可轻犯。教育上的错误和配错了药一样，第一次弄错了绝不能借第二次第三次去补救，它们的影响是终身刷洗不掉的。

年轻人不可中途插嘴，说话的时候要用请教的态度，不能像教训别人似的。应该避免固执的态度和傲慢的神情，要谦逊地提出问题。谦逊不会遮住他们的才能，也不会减弱他们的力量。它反而可以使他们得到更好的注意，使他们所说的话宜于让人接受。"

洛克特意指出，不论冬天还是夏天，都不应该给孩子穿得过多或过少。让孩子受点冻没什么不好。比如脸本来是最脆弱的，但是在天气寒冷的时候，我们也不用捂脸御寒。为什么呢？因为我们的脸从出生起就暴露在外，得到了充分的锻炼。我们可以把身体当作脸来锻炼，多暴露，以后就不怕冷了，还不容易感冒。

洛克没有直接的教育经验，但对人性本身研究得很透彻。换言之，他知道一个理性的人是什么样的，而理性的人正是培养的目标。为了这个目标，就可以提出教育的途径。

俄国女沙皇叶卡捷琳娜根据洛克的教育思想，写了一本儿童教育手册。

（四）总结

在美剧《权力的游戏》中，丹妮莉丝"大帝"的称呼是：

风暴降生丹妮莉丝、不焚者、弥林的女王、安达尔人、洛伊拿人和先民的女王、七国统治者暨全境守护者、大草海的卡丽熙、獠牙破碎者、马族卡奥、北境之王的姑妈、龙之母。

那么，洛克的称呼应该是：

英国经验主义开创者、法国大革命火炬手、美国独立精神导师、古典自由主义之父、立宪制度理论之母、政治哲学理论集大成者、割掉毒瘤者、消灭帝王者、不婚不育者。

洛克首先影响了英国。他是第一个系统阐述宪政民主政治以及提倡"自然权利"（生命、自由和财产权）的人。他为英国光荣革命提供了理论武器。他是英国经验主义哲学开创者，影响了贝克莱和大卫·休谟。

与此形成对比的是，欧陆哲学的核心是理性主义，也出现了 3 位主要哲学家：笛卡尔、斯宾诺莎和莱布尼茨。

洛克影响的第二个国家是法国。伏尔泰将洛克思想传到法国，孟德斯鸠借鉴了洛克的分权思想，创立了三权分立学说。

法国启蒙运动和法国大革命都是洛克的思想火花引起的。

法国《人权宣言》里体现了洛克的思想。

洛克是路易十四君权体制的掘墓人。

洛克影响的第三个国家是美国。托马斯·杰斐逊、詹姆斯·麦迪逊等人是洛克的学生，他们用洛克的句子写下《独立宣言》和《美国宪法》。

洛克的自由主义是美国精神的核心。

2004 年 3 月 14 日，我国人大通过《中华人民共和国宪法修正案》，其中第十三条内容为：

"公民的合法的私有财产不受侵犯。

国家依照法律规定保护公民的私有财产权和继承权。

国家为了公共利益的需要，可以依照法律规定对公民的私有财产实行征收或者征用并给予补偿。"

这也是洛克思想的体现。

俄国人崇拜彼得大帝，法国人崇拜路易十四，中国人崇拜康熙大帝，但是很少有人知道或者了解洛克。

在洛克眼里，正常的国家不需要大帝，大帝是多余的。

今天，法国、俄罗斯和中国不仅没有大帝，甚至连皇帝也没有了。

清朝宣统皇帝是谁推翻的？孙中山？不是。袁世凯？不是。

根源在洛克。

我觉得，玩政治不是本事，玩政治学才是本事。

帝王能推翻一个或几个帝王。政治学家可以消灭成百上千个帝王，能让帝王绝种。英国的霍布斯是近代政治学的创始人，接着到洛克、配第，然后是休谟、边沁、穆勒，这些人是政治规则的制定者，而帝王不过是参与者而已。

从 1600—1700 年，这 100 年是英、法、荷三国在推动人类发展与进步的100 年。荷兰率先走出封建社会，建成资本主义共和国（包括金融业）和市民社会，为全世界做出了榜样。法国的笛卡尔为近代哲学奠定了基础，用理性主义为科学找到了方法。法国数学发达也许得益于笛卡尔（笛卡尔也是伟大的数学家）。可以说，哲学和数学是物理、化学、医学等学科的两条腿，有了这两条腿才好走路。法国政府开办国有企业，重视文化产业，可以说是集中力量办大事，短期效果明显。但是，法国政府的官僚腐败也导致国有企业破产，经济大起大落。英国最伟大的地方是对政治体制的探索，走在全世界的前面，被全世界的政府效仿。在洛克的影响下，英国政府主要以制定政策为主，不参与具体管理，给各行各业充分的自由。英国经济不会大起，但也不会大落，始终稳步向前发展。

加拿大和英国、法国、美国有着密切的联系。曾经有一个笑话是这样的：

加拿大的目标是英国的职业政府、法国的璀璨文化和美国的先进技术，集三国的特长于一身。结果，加拿大学会了三国的短板：法国的官僚政府，美国的大众文化和英国的僵化技术。不过要更正的一点是，英国的技术还是很先进的。

我们今天的幸福生活，不是大帝带来的，而是洛克这类人默默创造的。

而我们对大帝的事迹读得津津有味，对洛克几乎一无所知。

我在《万历十五年欧洲那些事儿》中写过一个故事。万历年间，一位叫洛克的伦敦商人，投资了一家公司，名字就叫中国公司。公司的业务是发现一条到中国的航路，并开采相关岛屿的黄金。最后公司破产，洛克进了监狱。莎士比亚在洛克的名字前面加上 Shy（意为"令人厌恶的"）。洛克于是变成了《威尼斯商人》中人见人厌的夏洛克（Shylock）。

　　这位洛克就是约翰·洛克的一位亲戚。

康熙（1654—1722）

自古得天下之正，莫如我朝。

从来帝王之治天下，未尝不以敬天法祖为首务。

历观史册，自黄帝甲子迄今四千三百五十余年共三百一帝，如朕在位之久者甚少。

今天下大小事务，皆朕一人亲理，不可旁贷。若将要务分任于人，则断不可行。所以无论巨细，朕必躬自断制。

全国大概无不感激朕恩者！

惟西洋教士通晓科学，故启用彼等。

海外如西洋等国，千百年后，中国恐受其累。此朕逆料之言。

第七章
康熙——中国最后一个大帝

1661 年，24 岁的大清顺治皇帝突然病重，继承人未定。他觉得自己的儿子们年纪尚小，有意传位给自己的兄弟。

皇帝向自己最信任的德国传教士汤若望征询意见。

汤若望认为欧洲和中国的传统都是先传儿子再传兄弟。顺治皇帝有 3 个儿子，按理说应该传给年龄最大的福全，但他没有出过天花，很可能患疾活不到成年。第二大的儿子玄烨出过天花，应该能活到成年。

皇帝临终前接受了汤若望的意见。就这样，公元 1662 年，玄烨即位，时年 8 岁，这就是历史上赫赫有名的康熙皇帝。

倒霉的福全后来活了 50 岁。他心中暗想，我才是康熙，坐在金銮宝殿里的玄烨是假的。

如果说汤若望扭转了大清的历史，一点也不为过。

康熙年幼，鳌拜大权独揽，不把小皇帝放在眼里。

小康熙召集一些少年侍卫天天舞刀弄枪。1669 年 6 月 14 日，他突然命令这些侍卫在鳌拜进见时将其擒获。念其旧功，康熙赦免了他的死罪，将其终身囚禁。

从此，康熙开始亲政。

20 年后，彼得大帝采取了同样的方式取得大权。

康熙皇帝有很多优点，文武双全。他说自己能挽十五力弓，发十三握箭。他除了熟读儒家经典，对欧洲文化知识也十分感兴趣，学习起来废寝忘食。

明朝皇帝深居内宫，十几年不出北京城。康熙6次南巡、3次东巡、1次西巡，数百次巡查京畿和蒙古。南怀仁说康熙巡视时"谕令卫兵们不许阻止百姓靠近，力图让所有人都能看见他"。

康熙在军事方面的成就主要有：

一、平三藩，维护国内和平稳定。

二、收复台湾。1683年，福建水师提督施琅出兵攻台，郑克塽投降。1684年，清政府设台湾府，隶属福建省。

三、驱逐沙俄侵略军。中俄双方签署《尼布楚条约》，保障了北方的安定。

四、平定噶尔丹叛乱。噶尔丹受俄罗斯人煽动，进攻喀尔喀蒙古。康熙皇帝3次亲征，大败噶尔丹，将漠北喀尔喀地区纳入大清版图。

1691年，康熙皇帝率王公大臣前往多伦诺尔（今内蒙古多伦），与蒙古各部落"会盟"。自那时起一直到民国初期，蒙古一直是中国疆土。

古北口总兵蔡元看到长城年久坍塌，建议拨款修缮。

康熙说：

> "蒙古部落，三皇不治，五帝不服，今已中外无别矣。秦修筑长城，我朝施恩于喀尔喀，使之防备朔方，较长城更为坚固。"

满汉蒙都是一家，长城不再是边界，何必浪费人力财力。

康熙帝对外击退侵略者，维护国家领土完整；对内平息叛乱，保障百姓安定生活。从领土面积、经济总量、兵力武器、人口数量等指标综合评价，大清综合国力世界第一。康熙的确是一位了不起的、货真价实的大帝。

康熙皇帝和太阳王、彼得大帝一样，在政治上都是高度集权。

康熙多次表示，权力要集中如一，决策只能出自他一个人。他说：

> "今天下大小事务，皆朕一人亲理，不可旁贷。若将要务分任于人，则断不可行。所以无论巨细，朕必躬自断制。"

如果说太阳王对于自己的王位神圣性和合法性自信满满，康熙面临的挑战要大得多。"反清复明"的武装反叛此起彼伏，来自北方的二十多万满人要让上亿汉人心服口服的确是一项挑战。

康熙说："自古得天下之正，莫如我朝"。我大清的合法性超过汉朝和明朝。如果从自古两字理解，那还要超过商汤和周武王。

为了证明大清的合法性，经过勘查研究，康熙得出一条结论：

泰山源于长白山。

康熙四处防范汉人。中央高官、各部尚书实行满汉双任制，实权掌握在满人手里。地方军政大权的总督基本由旗人担任，少数汉人担任主管民政的巡抚。高级军官，如都统和驻防将军只能由旗人担任。汉人彻底与高级军官无缘。

满人可以不经科举，直接成为皇帝的侍卫，然后出将入相，得封高官显爵。

网上经常有人说，中国近代没有贵族。他们可能没有读过上一段文字。

汉人官员不发言，康熙指责他们"若不涉于彼之事，即默无一语，如泥塑木雕之人"。汉人发言多了，康熙帝轻则斥责，重则罢官。

满人之间的内部斗争同样激烈。鳌拜、多尔衮等试图控制皇帝的权贵大有人在。大清有个议政王大臣会议，与会者都是亲王贝勒。他们共同决策国家大事，有些民主气息，类似于电视剧《雍正王朝》里提到的"八王议政"。康熙设立南书房，招募汉人为自己出谋划策，制衡八旗的王公贵族。

为了加强统治，康熙建立密折制度。他说，大臣乃朕之股肱耳目，应将所闻所见即行奏闻。尔等皆有密奏之任，若不可明言，应当密奏。密奏之事，惟朕能行之，他人则不能矣。

康熙对百姓同样防范。他巡游全国各地的时候，经常派人到山沟密林处搜查，看看有没有盗匪，担心他们发动叛乱和起义。

老百姓吃饱饭就不会造反，而吃饱饭就要多产粮食。多产粮食就要增加劳动力，增加土地耕种面积。

康熙说：

"重农桑以足衣食，尚节俭以惜财用。"

1712 年，清廷实施"盛世滋生人丁，永不加赋"的政策，导致中国人口大发展。人口大发展又导致粮食不够吃，形成恶性循环。

比康熙大 31 岁的英国经济学家配第认为土地少，农民多，生产效率低下，粮食反而不够吃。让闲散的农民做工经商，形成货币和商品的交换流通，才能强国富民。

收复台湾后，康熙了解到海外贸易的好处：政府能收税，百姓能致富。

1684 年，清政府开放澳门、漳州、宁波、云台山，史称四口通商。这个开放是允许中国人从这里出发去海外经商，允许少量外国船只前来采购，不允许外国人上岸停留。即使中国人去海外经商，也有种种限制：造船要申报；水手不能过多；船东和水手都要详细登记；要有担保人。

在欧洲各国竞相扩展海外贸易时，大清却一再限制造船和贸易规模。船只的载重量不得超过 500 石；不得出口火药、炮械、硝磺、粮食、铁器、马匹、书籍等物品；出口船只所携带的口粮要按照往返的时间、船上的人数计算（每名水手每日 1 升）。

中国商船有的是商品，卖完商品有的是白银，却不准配备自卫武器，结果导致海盗横行。海上气候多变，经常狂风巨浪，很难按照预定的日期归来，海上没有食物，结果导致很多人饿死。久而久之，大清商人不敢再驾船去海外售货。由于没人出海，就没有人绘制航海图，官员对海外越来越不了解。

大清和大明都一样，禁止民众出国，怕他们在海外形成军事力量。

1717 年，清政府颁布南洋禁航令，其中规定中国人可以和日本人做生意，但不能去菲律宾和印尼和西洋人做生意。出海做生意的中国人，3 年之内必须回国。所有外国商船来华，一律严加防范。

广东官员蓝鼎元说，福建、广东人稠地狭，田园不足耕。一半百姓望海谋生。连泼皮无赖都去经商了。百姓富足且治安良好。禁海之后，百货不通，民生日蹙。富者贫，贫者困，驱工商为游手，驱游手为盗贼。

蓝鼎元认为大清的决策机制重复了大明的错误："九卿议者，既未身历海疆，无能熟悉情形。土人下士知情形者，又不能自达朝廷。"

这还不算，晚年康熙帝下令只保留广州通商，四口通商变一口。

同时期的彼得大帝有句名言：

"商业是人类命运的最高掌握者。我们拥有多于别国所需的金属矿物，真是太好了，但迄今尚未努力去勘探。上帝的恩赐不要无益地留于地下。"

1697 年，俄国销往中国的商品以莫斯科市场价格计算，达 24 万卢布，超过了当年俄国同中亚贸易的总额。1689—1698 年，俄国私人商队 7 次来华。1698—1722 年，俄官方商队 14 批访华。

俄罗斯能打败北方强国瑞典，中俄贸易起到了一定的作用。

康熙皇帝听说彼得大帝喜欢航海，就对访华的俄罗斯特使伊兹玛依洛夫说，希望沙皇健康，要当心大海的反复无常。

在科学上，康熙可以说是自古以来中国所有皇帝中最懂科学的，也是那个年代大清国所有国民当中最懂科学的。

1668 年，康熙命杨光先与传教士南怀仁同时进行日影观测，又测金星、水星，杨光先全部败给南怀仁。当时，满朝文武、大学士，一句话也说不出来。

14 岁的康熙帝深为震惊，终身不忘。

西洋人掌握了日月之行的规律，而大清最有知识的一群人对此竟然一无所知。这就是康熙努力学习科学的动力。

康熙的科学老师有南怀仁、白晋、张诚、闵明我、安多、巴多明。

康熙学习的内容有天文、地理、几何、代数、医学、音乐等。

康熙帝把钦天监交给欧洲人南怀仁、徐日昇掌管。

康熙相信地球是圆的。他说，黑龙江以北地方，日落后亦不甚暗。个半时，日即出。盖地之圆可知也。近北极，太阳与地平，周掩无多也。

康熙帝说，天之一度即地之二百里。这话的意思是他知道地球的周长。

康熙下旨设立蒙养斋算学馆，这可以理解为"初级版"大清皇家科学院。遗憾的是，蒙养斋不是常设机构，雍正继位之后，蒙养斋就终止了。

《四库全书》收录 23 部西方科学书籍，分为天文历算类、机械类、农业水利类、文化教育类和地理类。

康熙皇帝待西洋传教士如同亲人。

1682 年的一天，康熙帝外出巡视。大部队准备徒步过一条小河。突然河水暴涨。幸好有人发现一条小船。

康熙第一个乘船过河，接着是王子和王公贵族。

由于船只狭小，预计 90% 的人过不了河。帐篷、食物和供给物品于两天前已经送过河去。如果当天不能过河，则意味着晚上没有食物，要睡在草地上。

官员们焦急万分。

此时小船返回。船上有人高声呼唤："南怀仁在哪里？"

大家一看，是康熙皇帝本人。

皇帝的岳父，领侍卫内大臣佟国维回答道："在这里呢。"

康熙说："让他上船和我一道过去。"

王公贵族对南怀仁羡慕不已。

南怀仁是比利时人，时任钦天监监正。

1715 年，康熙在直隶巡抚赵弘燮的奏折上批示："西洋人到中国三百年，未见不好处。"

总之，康熙帝极度热爱科学。

然而，康熙却不让别人学科学。

他对科学不推广、不教育，不让民众甚至官员知道。

康熙告诉法国传教士说，不要在衙门里翻译科学，只在家里做。

康熙应该了解法国皇家科学院，但他也没有让传教士举办科学大讲堂。

很多科技成果康熙帝命人深藏不露，禁止出版，没有发挥作用。

比如《皇舆全览图》，比如《钦定骼体全录》。

康熙说，外国之人，除朕之外，又有何人照顾伊等？他把西洋人当成自己的私人顾问，不许臣子们使用。

康熙把数学当作写诗作画，当作提高个人素养的手段，没有想到数学可以强国富国。康熙听李光第说陈厚耀通天文、算法，马上召见，出了一道题目考他：

三角形求中线，弧背尺寸。

大清有上亿人，会求三角形中线的，就是全国少有的人才了。

康熙把自己的科学知识当成炫耀的资本，经常给臣子们出题。他到河西务亲自测量土地，对直隶巡抚赵弘燮说，尔为巡抚，丈量土地不可不知。但是，他又不告诉赵弘燮去哪里学。

康熙对科学有热情，对技术却无兴趣，不学习采矿、冶金和机械。这一点和彼得大帝相反。彼得大帝要开矿、建工厂、生产金属和大炮，所以他学习化学，用于冶金、火药、印染、皮革。

在国际交往上，康熙帝与教皇、法国国王、俄罗斯沙皇有书信来往。他接待罗马代表团、法国代表团、俄罗斯特使。康熙帝向教皇和法国国王呼吁派更多的人才到中国。

康熙命传教士德礼格曾上书教皇，恳请派来更多的专业人才。信中写道：

"西洋人受大皇帝之恩深重，无以图报，今特求教化王（即教皇）选极有学问，天文、律吕、算法、画工、内科、外科几人来中国以效犬马，稍报万一为妙。"

康熙帝将"犬马"二字改为"力"。

在明清的帝王当中，康熙帝的外交经验是最丰富的。

康熙帝知道巧克力，经常喝葡萄酒，服用西药。他宫中放着大量的西方物品，如钟表、望远镜、天文仪器。

康熙帝经常翻阅世界地图，知道美洲（阿末里噶）。但是他还是认为，中国居其中，四周皆海。

不过，大清官员对世界地图嗤之以鼻，根本不相信世界上有那么多国家。

《四库全书总目》说："绝域风土，为自古舆图所不载。所述多奇异不可究诘，似不免多所夸饰。"世界地图是欧洲人"东来之后，得见中国古书，因依仿而变幻其说，不必皆有实迹"。

虽然俄国特使多次表示彼得沙皇与康熙皇帝是平等的，虽然巴多明多次向康熙皇帝介绍法国国王路易十四，但康熙还是认为，他们是蛮邦，远逊于大清。

康熙皇帝说：

"朕为天下共主，不分遐迩。"

康熙帝虽然热爱学习，尊重传教士，但从内心里仍然认为他们是外人。

康熙对李光地等大臣说："汝等知西洋人渐作怪乎，将孔夫子亦骂了。予所以好待他者，不过是用其技艺耳。"

康熙发现欧洲人除了在天文、地理测量方面，在艺术、医药上也有可取之处。更重要的是，在平三藩、中俄雅克萨战争、收复台湾、平定王辅臣之乱中，南怀仁主导制造的火炮发挥了重要作用，影响了战争的胜负。

以上种种情形让康熙帝对"大清中心论"产生了怀疑，甚至对欧洲文明产生了畏惧心理。所以，康熙皇帝说：

"海外如西洋等国，千百年后，中国恐受其累。此朕逆料之言。"

康熙帝说得不错。大清没有亡于内乱，而是亡于西方先进的生产力。时间上比康熙帝预言的要早得多。

也许是感受到了欧洲文明威胁到文化的根基，康熙皇帝支持"西学中源"学说。1704 年，他在《三角形推算法论》中写道：

"历原出自中国，传及于极西，西人守之不失，测量不已，岁岁增修，所以得其差分之疏密，非有他术也。夫算法之理，皆出《易经》。即西洋算法亦善，原系中国算法，彼称为阿尔朱巴尔（代数）。阿尔朱巴尔者，传自

东方之谓也。"

和罗马教廷发生"礼仪之争"后，康熙帝思想逐渐保守起来。面对欧洲的崛起，康熙无力正面竞争，只能退缩防守，减少和中断文化与贸易交流。

在文化上，康熙皇帝尊儒敬孔。他亲临曲阜拜谒孔庙，明确提出以儒家学说（尤其是程朱理学）为治国之本。

康熙皇帝以德治国，重德轻法。他说：

> *"至治之世，不以法令为亟，而以教化为先。盖法令禁于一时，而教化维于可久。若徒恃法令，而教化不先，是舍本而务末也。朕今欲法古帝王尚德缓刑、化民成俗。"*

康熙帝发起多项大型文化工程，组织编辑与出版《康熙字典》《古今图书集成》《全唐诗》《佩文韵府》《子史精华》《朱子全书》《大清一统志》《历象考成》《数理精蕴》等图书、历法和地图。

康熙是中国历代帝王中的"学霸""博士"。康熙皇帝如此推崇儒家文化，和吴三桂造反有很大关系。吴三桂提出满汉不同族，汉族知识分子纷纷响应，康熙帝大为震惊。因此，他用尊儒来笼络知识分子。

不过，这不过是他的手段。为了江山稳固，康熙大力压制文化自由。

英国不少学者出版书籍，反对君主制。而康熙连读书人讨论帝王得失都不允许。他说："书生辈但知讥评往事，前代帝王虽无过失，亦必刻意指摘，论列短长全无公是公非。"前朝帝王有短寿的，文人撰书说他们沉溺于酒色。康熙帝为以前的帝王辩护，说他们是累死的，所谓让酒色掏空了身子是文人瞎写的。总之，不论哪个帝王，天下读书人都不要议论。

在明朝，大臣可以斥责皇帝，批评皇帝。我最佩服的是《西游记》里的一句话："皇帝轮流坐，明年到我家。"若在大清，吴承恩十恶不赦，得满门抄斩。

梁启超说，治明史者常厌野史之多，治清史者常感野史之少。

康熙知道汉人学问胜满人百倍，于是想尽各种办法打击汉人学士。比如，他通过传教士学习天象、历法、地理之学，批评汉学空疏无用。李光地是当时最著名的理学家。康熙既利用他，又不时敲打他。康熙只要问几个天文学小常识，李光地就哑口无言了。

当然，儒学的确落后了。以前老说上知天文，下知地理。现在连简单的天象都解释不了，连地理方位远近都算不清。《禹贡》是中国最早的地理作品，但没有南极北极、经度纬度。康熙命西洋人制作《皇舆全览图》，告诉儒生，这是最新版的《禹贡》，我能看懂，你们能看懂吗？

康熙连音乐的标准都制定了。因为音乐也是皇帝和上天沟通的重要手段。

康熙制定天文、地理、音乐的标准，在当时可以理解为天下的标准，宇宙奥秘的钥匙。可以说，康熙自认为掌握了真理，也就可以永远执掌天下。

同时，康熙建立国家标准，禁止民间进行学术探讨。他告谕大学士：

> "注书一事，关系匪轻。必深识古人之意，得其精要，乃可注书。若学力未到，妄自注辑，则意义反晦矣。"

表面上，他在就学术问题发表意见，实际上在警告民间，以官方标准答案为准，民间不得质疑。

康熙帝制造了不少文字狱，比较著名的有南山案。方孝标曾在吴三桂手下做过官，著有《滇黔纪闻》。桐城人戴名世所著《南山集》中多处采用方孝标书中的内容，被认为其中有"大逆"语。戴名世被斩首，原计划他的家人好友300多人都要被斩首。康熙最后网开一面，将300多人流放为奴。

方孝标已经死亡，开棺戮尸。

孔尚任写《桃花扇》，在京城深受追捧。《桃花扇》中最常用的一句话就是：

> "眼看他起朱楼，眼看他宴宾客，眼看他楼塌了。"

康熙帝专门派内侍向孔尚任索要剧本。《桃花扇》颂扬了史可法、左良玉等南明抗清人物，引起康熙极大的反感。转年三月，孔尚任被革去职务。孔尚任是孔子的后代，康熙召他进宫做官是为了拉拢汉人。孔尚任因《桃花扇》誉满天下，康熙没办法处罚他。如果是其他人，恐怕早就掉脑袋了。

为了平息三藩之乱、为了收复台湾、为了赶走北方的俄国人，南怀仁在15年的时间里为大清制造了大量的火炮。南怀仁把大炮制造、火药配方、火炮使用方法写成《神威图说》，进呈给康熙帝，希望为清廷所用。

康熙帝不愿意看到枪炮和火药技术流传到民间。

这部书不仅没有出版，连原稿也消失了。

大清还禁止了崇祯年间刊印的《军器图说》。此书图文并茂地记载了各种新式火器，详述其如何制造、使用方法和威力大小。《军器图说》序言里写道：

"夷虏所最畏于中国者，火器也。"

康熙帝身强力壮，能挽十五力弓，发十三握箭。每年，康熙帝还组织群臣到木兰围场打猎，对于骑射不佳的臣子严厉斥责。但是他不知道，将近 100 年前，在万历年间，英国议会经过激烈的讨论，通过了《废除长弓法》。要知道，长弓曾经是英军百年战争时最强大的武器，但随着时代的进步，不得不让给火绳枪。弓箭要想射得远，就得力大。但是，你射 1 支箭可以，射 3 支箭可以，射 10 支箭可以，射 11 支箭就累得没有力气了。而火绳枪可以持续发射。

1722 年 12 月 20 日，康熙帝驾崩于北京畅春园清溪书屋，终年 69 岁。

康熙帝的去世，是中国科学界的重大损失，他是全国最懂科学的人。

康熙帝在位 61 年又 10 个月，比路易十四少 10 年。他有 35 个儿子，20 个女儿。

风流王查理二世和王后没有子女，情妇给他生了 14 个子女。太阳王路易十四和王后有 3 男 3 女，和情妇约有 16 个子女。彼得大帝和两个女人生了 8 子 7 女（叶卡捷琳娜女皇为他生了 12 个），唯一成人的儿子被他杀掉。威廉三世没有子女。

康熙皇帝对内对外作战都取得了胜利，维护了国家统一和民族团结。他心系民众疾苦，发展农业，开创了康乾盛世的局面。

康熙皇帝是一位英明的君主、伟大的政治家。他的个人才能与路易十四、彼得大帝相比毫不逊色。他得到了后代政治家和学者的一致推崇和赞赏。

路易十四和彼得大帝都给本民族注入了新思想、新体制，这些至今一直影响着法国人、俄罗斯人。

康熙皇帝则强化了旧思想和旧体制，"抑商贸以劝农，尚儒术尊孔朱"。康熙推进历史进步有限，反而成为新潮流的阻力。

康熙在位期间，英、法、德、意、西班牙、奥地利、波兰陆续成立了很多大学；就连美洲的智利、秘鲁、古巴、委内瑞拉都成立了大学。

康熙皇帝工作起来比路易十四、威廉三世都累得多。他向大臣们诉苦说，臣下愿做官就可以做官，不愿做官也可挂冠而去，年老退休回家，抱子弄孙，还可以过一段自在生活。而做国君的却没有此等福分，勤苦一生，无从休息。有人说，帝王抓大放小，我以为不然。一事不谨慎，就会给天下治理造成影响。一时不谨慎，也许会造成长期祸患。因此，我办每件事都细心谨慎。今天留下一两件事不办，明天就多了一两件事。如果明天再图安闲，所积事务会越来越多。而国家事务，件件重要，哪里能拖延不办呢？

懒惰的我听了康熙的话，感到特别惭愧。但是，康熙呕心沥血地工作，在推动社会进步方面取得的成就非常有限。他没有彼得大帝那么多第一：第一家图书馆、第一家报社、第一家军事院校等。

康熙主要考虑的是伦理（孔孟之道）、官员（干活不贪污）、农业（老百姓吃饱饭）。

在欧洲，帝王要综合考虑工商、外交、宗教、法律、科学、文化和军事。

路易十四穷兵黩武，康熙帝不好战，但战争并不少，耗费了大量的银子。地方官员横征暴敛，一部分上缴，一部分自己用了来贿赂上司。农民挨饿受冻，逃亡者不少，有的干脆做了盗匪。

相反，康熙对官员们却非常放纵。他说："以朕观之，清乃居官一端之善。苟于地方生事，虽清亦无益也。"他不忍心处罚贪官，所以交给雍正去整治吏治。

康熙帝自己也知道。他说："各省朕虽不时蠲免钱粮，而小民生计终属艰难。"

1700 年 11 月，一位西方传教士说：

"皇宫中满目皆是丝绸、瓷器、精美家具、珍宝柜，一切都与老百姓的贫困形成鲜明对比。中国虽然地大物博，却民不果腹。中国人整日在田里挥臂劳作，常常水没及膝。晚上吃一小碗米饭，喝几口淡而无味的米汤，自得其乐。"

康熙非常自傲、虚荣。他说，全国大概无不感激朕恩者！全国人民都要感谢他。乾隆绝对遗传爷爷的这一缺点。

康熙留下一个矛盾突出、吏治腐败、国弱民穷、潜伏着社会危机的大帝国。

很多康熙的传记，简直是康熙的功劳簿，对康熙的过失、个性和缺点只字不提。康熙的优点很多，才能不一般。但是，康熙是曹操一般奸诈的人物，对所有人都猜忌，专横、残酷、两面三刀，采用很多黑暗的手段。

当然，我们评价帝王主要看政绩，少谈个人品行。康熙的成就是铁的事实，不容否定。不过，如果认为康熙是完人，是好人，那就幼稚了。在复杂的内外部环境下，一个老实忠厚的帝王肯定是维持不住的。马基雅维利的话是没错的，君王要兼有狮子的凶狠和狐狸的狡猾。

总结一下，康熙是古代帝王，彼得大帝是近代帝王，路易十四是近现代帝王，威廉三世是接近现代的帝王。

附表：彼得大帝和康熙皇帝的比较

项目	彼得大帝	康熙大帝
1	顺应历史潮流，引领国家向前。	巩固封建统治基础，限制资本主义发展，保守。
2	颁布多条法令。	强调教化，认为法律的作用有限。
3	多国考察，亲自动手。	巡视只是蜻蜓点水，不解决实际问题。
4	亲自批示："一定要成立科学院，今天就着手办这事。"俄罗斯国民开始学习数学、光学、力学、结构学、音乐和医学。	自己学习科学，禁止官员们接触。他去世后就没有人知道科学了。
5	兴建学校，强迫贵族们学习。鼓励民众进图书馆，开启民智。	鼓励学习朱子理学。发动多次文字狱案。
6	发现一个贪官杀一个。	网开一面，导致贪污横行。
7	发展热兵器，建设现代化军队，打瑞典、土耳其、波斯，持续对外侵略扩张，永不服输。	平三藩、收台湾，取得多次胜利。基本上不主动发动战争。但在优势兵力下，对俄罗斯作出让步。
8	培养军事、科技、工业等各种实用型人才。	培养只动嘴、不动手的儒生。
9	大幅提高妇女地位。	没有改进。
10	征收重税，民不聊生。	休养生息。
11	穷兵黩武，不断发动战争。	与邻国和平友好，绝不主动发动战争。

第二部分　科学时代

牛顿（1643—1727）

无知识的热心，犹如在黑暗中远征。

你该将名誉作为你最高人格的标志。

我的成就，当归功于精微的思索。

你若想获得知识，你该下苦功；你若想获得食物，你该下苦功；你若想得到快乐，你也该下苦功，因为辛苦是获得一切的定律。

聪明人之所以不会成功，是由于他们缺乏坚韧的毅力。

我不知道世人怎样看我，但我自己认为我只不过像一个在海边玩耍的孩子，有幸拾到美丽的石子。但真理的大海，我还没有发现。

我之所以有这样的成就，是因为我站在巨人的肩膀上。

第八章

牛顿就是牛

崇祯十六年。公元 1643 年 1 月 4 日。

英国伍尔斯索普小镇的一个农民家里诞生了一个只有 3 磅重的早产儿，小得可以放进一个汤锅里。

经验丰富的接生婆自信地作出判断，小男婴活不到满月。

她万万没想到这个可怜的小家伙竟然活了 84 岁，还影响了全世界。

这个早产儿就是大名鼎鼎的牛顿。今天伍尔斯索普镇还是很小，牛顿诞生时的房子还在。

伟大的科学家伽利略刚刚去世不久，牛顿就来了。

牛顿出生 3 个月前，他的父亲病逝，留下 460 镑的财产，包括 234 只羊和 46 头牛。

3 岁时，牛顿的母亲汉娜再嫁，把小牛顿留在外婆身边抚养。11 岁时，牛顿的继父去世，母亲带着后来所生的一子二女回到牛顿身边。小牛顿对母亲再嫁十分愤怒。他在笔记中写道：我要烧掉母亲和继父的房子。这本笔记目前保存在纽约摩根图书馆。写这句话时牛顿已经是剑桥大学的学生，可见这件事他十多年都不能释怀。

12 岁时，牛顿到格兰瑟姆国王学校上学。由于路途太远，他寄宿在药剂师克拉克的家中。面对着克拉克的瓶瓶罐罐，牛顿对物质和化学有了初步认识。

格兰瑟姆国王学校至今还保留着牛顿的签名。不过，有人怀疑其真实性。

牛顿对拉丁文法没有兴趣，对神学书籍没有兴趣，学习成绩一般。他最喜欢的一本书是约翰·贝特的《自然与工艺的神秘》，里面讲的是机械和器具。牛顿迷上了机械模型，动手制作了很多奇奇怪怪的小玩意。

放在今天，牛顿一定喜欢玩魔方和乐高。

牛顿做了一架磨坊模型，驱动力不是水，不是风，而是老鼠。他把老鼠绑在踏车上。踏车上竖立着一根木杆，木杆顶部用细绳吊着一粒玉米。老鼠想吃玉米，踩着轮子持续转动，却永远吃不到玉米。

牛顿同学的作品还有：

- 夜里放风筝，在绳子上悬挂小灯。村人惊疑彗星出现。
- 提醒小水钟。每天早晨，小水钟会准时滴冷水到人的脸上，催他们起床。
- 日晷，用来观测日影移动。日晷目前保存在剑桥博物馆。

牛顿喜欢动手，有一次还动手打人。

克拉克的继子阿瑟比牛顿高大，学习成绩也比牛顿好。有一次，他狠狠地踢了牛顿一脚。倔强的小牛顿奋力反抗，把阿瑟打到求饶为止。

事后，牛顿认为反抗的最佳方式是在成绩上超过阿瑟，于是发奋读书，成为全班第一。

牛顿打了阿瑟，却喜欢阿瑟的姐姐凯瑟琳。

牛顿是长子，是牛顿庄园的第一继承人。汉娜叫牛顿辍学回家，务农经商，不要在学校里浪费时间。牛顿的父亲就是文盲，把庄园经营得井井有条。

斯托克斯校长慧眼识才，劝汉娜让牛顿继续读书，毕业后上大学。

汉娜自然不会听他的。斯托克斯校长再三劝说，汉娜再三推辞。

牛顿闷闷不乐地回到家里，拒绝做农活，无故发脾气。

1659 年 10 月 28 日的一份法庭记录上写道：

一个叫艾萨克·牛顿的人放任自己的羊毁坏田间小树，罚款 3 先令 4 便士。

牛顿的猪拱了别人的玉米地，再次被罚款。

汉娜让牛顿带着仆人去集市上看别人怎么做小生意。牛顿让仆人一个人上街，自己跑到克拉克的家中读书（顺便看看凯瑟琳）。仆人逛完市场回来后，牛顿问他看到了什么，好应付母亲的询问。

牛顿的舅舅艾斯科从牛顿的回话中听出了问题，于是偷偷跟踪牛顿。在一处小树林，他发现外甥斜靠在一棵树上，聚精会神地钻研数学题。

艾斯科被牛顿的好学精神感动，劝说汉娜让牛顿复学。艾斯科毕业于剑桥大学三一学院。

斯托克斯校长听说牛顿的"荒唐事"后，再次劝说汉娜让牛顿复学，并减免 40 先令的学费。

校长有一种直觉：这小子是牛顿，不是牛郎，不是牛娃。

药剂师克拉克的亲戚，剑桥大学的研究员巴宾顿也来做汉娜的工作。

汉娜终于同意了。

斯托克斯、艾斯科、巴宾顿，这 3 个人在关键时刻挽救了国家，挽救了科学，挽救了人类。

英国国王查理一世被砍头，克伦威尔建立共和国，克伦威尔死亡，英国国王查理二世复辟。英国正经历着血与火的革命。牛顿在小镇上安静地读书学习。

1661 年，18 岁的牛顿被剑桥大学三一学院录取。

临行前，斯托克斯校长在全校师生面前全力称赞牛顿，激动得热泪盈眶。校长知道牛顿是人才、是天才，但牛顿后来的伟大成就打死他都想不到。

牛顿庄园的仆人们开心极了，反正牛顿啥也干不了，还到处惹祸！

剑桥镇人口约 8000 人，其中 3000 人是大学生。盗贼和妓女的数量也不少。毕竟能上大学的非富即贵。

剑桥大学校长的权力高于剑桥市长。剑桥市长要抓捕的罪犯往往被剑桥大学校长包庇。

牛顿每年的学费不到 15 镑，生活费 15 镑足够了。汉娜的年收入约 700 镑，她却拒绝支付全部学费。牛顿只得边上学边打工，给付清学费的大学生收拾房间，清洗便器。

不少人骄傲地说，牛顿给我倒过马桶。

剑桥大学要是能要我，我也愿意给同学倒马桶。

汉娜认为牛顿上剑桥大学是浪费时间浪费钱，她想用苦日子把牛顿吓回乡下务农。这个农妇一点儿也不了解她的长子。

牛顿发誓要出人头地。

不幸的是，牛顿遇到一个学术稀松的指导老师普林。普林为了赚钱，竟然招了 50 个学生，根本照顾不到牛顿。

牛顿也讨厌自己的室友。有一天，他闷闷不乐地在街上散步，遇上了另一个闷闷不乐的人。两人一攀谈，原因都是讨厌室友。两人决定住在一起。这个人叫威金斯。从此和牛顿做了二十多年室友。

缺少母爱，被全费生歧视，牛顿性格内向，大部分时间选择独处。他是清教徒，心中只有上帝和知识两个主题词，追求知识也是为了接近上帝。牛顿成功地抑制了性欲和娱乐消费。牛顿从母亲那里得到的钱很少，省吃俭用后还能借给同学。牛顿的小账本目前还保留着。

牛顿的课堂笔记保存良好（350 多年了），里面记着牛顿感兴趣的问题，如"水与盐的本质""磁吸力""浮力与重力"。

我大学毕业不到 30 年，一张大学笔记都没有留下。

1665 年英国流行瘟疫，死亡人数超 10 万。《剑桥周刊》说剑桥地区全年死亡人数为 413 人。剑桥大学停课放假，让学生回家，不回家的学生学校给 6 个星期的伙食补助。

牛顿离校日期不详，估计是 6 月底，因为他没有申请伙食补助。

牛顿回到乡下，汉娜最高兴。

在没有老师的指导，在没有电话，没有网络的情况下，22 岁的牛顿发明了二项式定理，发明了微积分的原理，发现了力学规律等多项成果。

牛顿上剑桥大学之前，他的数学是小学生级别的。经过几年的学习，一下子成为世界顶级数学家。

1667 年复活节后，牛顿返回剑桥大学。不久，他毕业了，成绩一般，出身一般。牛顿有两个选择：回家当庄主，或者到偏远地区当牧师。

如果想留校的话，可以申请研究员。

60 多名毕业生报名申请研究员，只有 9 个名额。一名研究员被开除了，另外两名研究员醉酒摔成重伤，第四名研究员酒后睡在马路上被冻死了。在增加 4 个名额之后，牛顿幸运地成为研究员，每月有 2 英镑 13 先令的薪水以及服装费。

牛顿先请室友喝了几顿酒，接着出钱把宿舍装修一番。凡是眼睛能看到的地方，全涂成红色。

牛顿终生喜欢红色。

牛顿遇上一位好老师，卢卡斯讲座教授巴罗。只有顶尖学者才能成为卢卡斯讲座教授，霍金就是其中之一。为了提拔牛顿，巴罗主动辞去卢卡斯讲座教授。

1669年10月27日，26岁的牛顿晋升为卢卡斯讲座教授，年薪100英镑。

牛顿教授走进教室上课。第一节课有几个人，第二节课没有人，第三节课还是没有人。教室没有人，牛顿有时候扭头就走，有时候对着空座位讲满30分钟。查遍史料，牛顿好像只教过3个学生。这3个学生有名可查，都没有学术成就。

对着空教室讲课就能拿钱，这工作真好。

担任卢卡斯讲座教授的人，要承诺接受圣命（当神父），这与牛顿的宗教信仰相违背。牛顿属于阿里乌教派，与英国主流教派有显著区别，其核心的主张是反对三位一体。为了工作和信仰兼得，牛顿向学校申请豁免承诺。

剑桥大学不会为牛顿破例，要求牛顿辞去教授之职。

爱才如命的巴罗再次出手。他建议牛顿直接向英国国王查理二世申请豁免。1675年3月，牛顿前往伦敦。4月底，查理国王很快就批准了。

这就是人们喜欢查理二世的原因。他虽然没有雄才大略，但愿意给人民更多的自由。

强烈反对三位一体的牛顿在三一学院（即三位一体学院）学习工作了三十多年。

牛顿在集市上买了一个三棱镜，开始研究起光学。一束阳光通过三棱镜后分解成七色光，就像彩虹。当时的人们觉得很神奇。70年前，意大利传教士利玛窦把三棱镜送给万历皇帝和明朝官员，收到的人无不欢喜，视为珍宝。

牛顿让七种颜色的光分别通过三棱镜，出来的光与原来的颜色一致。

阳光通过三棱镜分解成七色光，单色光通过三棱镜后颜色不变。

反过来，七色光一齐通过三棱镜后能合成一束阳光吗？

通过调整七色光的入射角度，牛顿做到了。他还发现了一个巧妙的办法：

在一个圆盘上按顺序画上七色，然后高速旋转这个圆盘。此时，眼睛看到的圆盘是白色的。这叫视觉暂留效应。

通过正反两种方式的验证，牛顿发现阳光是由不同颜色的光组成的。

英国的诗人对牛顿的发现哭笑不得。我们过去经常写诗描绘天边炫丽的彩虹，现在一看到彩虹就想到牛顿说七色光是由白光分解出来的。

阳光是无色的，为什么花是红的，叶是绿的？牛顿认为，花吸收了其他颜色，只反射红色。叶吸收了其他颜色，只反射绿色。

这是今天人尽皆知的常识，但几千年来没有人知道这个秘密。

人们从小到大都接触颜色，但是并不真正懂得颜色。比如我问一个非常简单的问题：什么是红色？

为了研究光学，牛顿冒着成为瞎子的风险。他在笔记本中平静地写道：

"我将锥子放进眼球与眼眶中间，并尽可能伸到眼球的后方。"

实验做完后，牛顿躲在小黑屋里，几天不敢出门。

当时的望远镜都是折射式的，有一个明显的缺陷，不同颜色的光线折射率不同，通过透镜后会导致色散现象，其边缘虚化变形。

牛顿设计并亲手制造了世界上第一台反射式望远镜，比折射式望远镜小了十几倍，效果更好。牛镜一送到英国皇家学会，立即引起了轰动。雷恩等几位英国皇家学会会员立即把牛镜拿到查理二世面前演示。

今天，大多数天文望远镜都是反射式的。

为了帮助牛顿获得发明权，英国皇家学会秘书奥尔登伯格写信向世界顶级光学专家惠更斯介绍牛顿的成果，避免造成知识产权纠纷。

惠更斯为牛顿的理论折服，他认为牛顿有了不起的智慧。

牛顿却说，我不觉得那个小东西有什么价值，没必要取得发明权。

英国皇家学会吸纳牛顿为会员。牛顿于是寄去了论文《关于光和颜色的理论》，经宣读后大受好评。

牛顿仅在光学方面的成果就可以获得一个诺贝尔物理学奖，可以名垂青史。

牛顿有社交恐惧症，长期待在剑桥，处于隐居状态（连学生都没有）。他认识的几个人都在不遗余力地帮助他。牛顿没想到成为皇家学会会员后，遇上了第一个天敌——胡克。

胡克也是百年才出一个的天才。

牛顿在剑桥大学倒马桶，胡克在牛津大学倒马桶。和牛顿相反，胡克脸皮厚，爱交友。大学毕业后，胡克成为波义耳的助手。波义耳是大贵族，英国皇家学会主要创始人。胡克因此成为皇家学会实验室负责人。

胡克是个百科全书式人物。他在物理、机械、地质、植物、解剖等各个领域都取得了卓越的成绩，我们在物理课本上学过胡克定律。

1665 年，胡克把一片软木放到显微镜下观察。他代表全人类第一次看到了植物细胞（已死亡）。胡克觉得细胞的形状很像一个个单人房间，于是用英语单人房间"cell"命名植物细胞为 cellua。胡克使用的显微镜保存在华盛顿国家健康与医学博物馆。胡克发明并制造了世界上第一个万向接头，也叫胡克接头。

胡克认为光是一种波，牛顿认为光是一种微粒，两人发生学术争论。牛顿对自己的光学理论很自信，对胡克的批驳很生气。他写信给奥尔登伯格说，我要退出英国皇家学会，因为我没时间到伦敦开会，而且还白交会费（每周 1 先令）。

奥尔登伯格赶紧劝牛顿说，你不用参会，不用缴费，学会保留你的资格。

奥尔登伯格去世后，胡克成为皇家学会秘书。他假惺惺向牛顿请教问题，然后从牛顿的信中挑出错误，在全会公开。这种事情还干了不止一次。

胡克吹牛、自恋，通过羞辱别人来炫耀自己的聪明。

牛顿气晕了。1675 年 2 月 5 日，他在给胡克的一封信中写道：

> "如果我比笛卡尔看得更远，那是因为我站在巨人们的肩膀上。"

许多人把这句话理解为牛顿的过谦之语。其实原话是这样的：

> "笛卡尔踏出了很好的一步，而你也推进了许多发展，特别是将薄片间的色彩引入哲学。假如我看得更远，那是因为我站在你们这些巨人的肩膀上。"

胡克是矮矬子。牛顿用巨人称呼胡克，表面上恭维他，实际上讽刺他。

牛顿的第二个天敌——莱布尼茨，也是英国皇家学会会员。

曾经有一个段子是这样的。剑桥大学经费紧张，拖欠了教职工好几个月的工资。牛顿也是受害者。为了生计，牛顿发明了微积分，将其设为全校学生必修课，并规定不及格者要缴费重考。不管重考几次，最后必须通过。很快，学校就有钱了，教职工的工资也发下来了。

这个段子有"一定"的真实性。的确，微积分太难了，考不过的人太多了。

牛顿在回乡避疫期间产生了微积分的初步想法。回到剑桥大学后，他于1669 年写下了阐述微积分理论的《分析术》。牛顿把论文交给了老师巴罗。巴罗转手把论文给了英国出版家柯林斯。柯林斯劝牛顿发表《分析术》，牛顿没有答应。

经奥尔登伯格介绍，牛顿和莱布尼茨建立了联系。1676 年 10 月，牛顿在信中告诉莱布尼茨自己发明了流数（微积分），然后用一串密码解释了微积分，密码是 6accdae13eff7i319n404qrr4s8t12vx。

不久之后，莱布尼茨来到英国。他没见到牛顿，却见到了柯林斯。柯林斯给莱布尼茨看了牛顿给他的信件。

1684 年，莱布尼茨在莱比锡大学的学术刊物上公布了微积分。

这篇文章引起了一起世界级的学术抄袭公案。

实际上，他们两人是各自独立发明的。

从时间上讲，牛顿要早一些。从表达方式上，莱布尼茨的更科学合理。

后人干脆将微积分基本定理命名为"牛顿 - 莱布尼茨公式"，把两个生前争得你死我活的死对头永远绑在一起。

这件事在某种程度上是牛顿本人的过错。他发明成果后一直藏着掖着，只透露一点点消息。当别人发表成果后，他又发泄不满。

1668 年，墨卡托发表《对数的技巧》。

牛顿说，这里面的东西我早就推导出来了。

惠更斯发表了关于离心力的研究。

牛顿说，我早就知道了。

牛顿的第三个天敌是英国皇家天文台台长弗拉姆斯蒂德。由于篇幅原因，本文不再赘述。

牛顿童年不幸，终身未婚，不喜交际，性格偏激，心理有些小变态，不健康，总体上可以理解。

我们不能指望科学家都是谦谦君子，都是没有缺点的完人。我们关心的是科学家的贡献，以及是怎么做到的。

在乡下避疫期间，一个苹果掉在牛顿头上，牛顿悟出万有引力定律，显然这不是真的。

实际上，在疫情消除 10 年后，牛顿还没有发现万有引力定律。

今天牛顿故居的确有一棵苹果树，每年吸引几万人去参观。

在万有引力定律之前，牛顿先发明了三大定律。

牛顿第一运动定律也称惯性定律。这个也可以说是伽利略发明的。笛卡尔、霍布斯都有论述。

牛顿第二定律定量地描述了力能使物体的运动产生变化。

牛顿第三定律指出，两个物体相互作用力的大小相等而方向相反。

两个物体接触，产生一对相反的力。如果两个物体不接触，它们之间有作用力吗？比如地球和太阳。

地球为什么非要绕着太阳转，地球为什么不独自流浪？

开普勒认为，地球和太阳之间有磁力。

1659 年，惠更斯从研究摆的运动中发现，物体沿圆周运动需要向心力。

1664 年，胡克发现彗星靠近太阳时轨道变弯曲了，他认为太阳吸引了它。

1673 年，惠更斯推导出向心力定律。

1674 年，胡克提出三大假设：

第一，天体都具有倾向其中心的吸引力。

第二，任何天体都应该是直线运动的（牛顿第一定律），但在其他天体的作用下，其轨迹变成圆周或椭圆。

第三，天体越靠近吸引中心，其吸引力越大。

胡克首先使用了"吸引力"这个词。

1679 年，胡克写信问牛顿，能不能根据向心力定律和引力同距离的平方成反比定律，来证明行星沿椭圆轨道运动。

牛顿没有回复。

1683 年的一天，雷恩、胡克和哈雷在伦敦吃饭。

雷恩是英国皇家学会主席，伦敦重建的总指挥，圣保罗大教堂的设计师。

哈雷是著名的天文学家，每隔 76 年他就骚扰我们一回（哈雷彗星）。

哈雷问其他两人，太阳的引力与行星离太阳距离的平方成反比，那么，行星运行的曲线是什么样的？谁能给出证明，我就给他 40 先令（今天的 3000 元人民币）。

胡克伸出右手说道，把 40 先令给我，我证明出来了。

哈雷把一支笔放进胡克的右手里说道，证明给我看。

胡克说，再等几个月吧。我现在公布答案，其他科学家会失望的。

哈雷说，你现在就让我失望了。

3 个人说完就回家了。

哈雷很想知道答案。他找牛顿当面讨教，行星运行的曲线是什么样的。

牛顿想都没想，张口答道："椭圆啊。"

哈雷想都没想，立即问道："你怎么知道？"

"我早就证明了。"

"快拿来我看！"

牛顿在材料堆里翻了半天，找不着。

哈雷很失望。他要求牛顿务必再算一遍。

牛顿答应了。这一算就是两年多，最后拿出来一本划时代的巨著：《自然哲学的数学原理》（以下简称《原理》）。

英国皇家学会出版了一本《鱼类的历史》的书，经费用完了，没钱出版牛顿的《原理》。

哈雷是皇家学会的工作人员，他预支薪水，资助牛顿的《原理》于1687年出版（康熙二十六年）。

皇家学会把卖不出去的《鱼类的历史》送给哈雷，算是工资补偿。哈雷心想，还不如送给我几条鱼。

《原理》科学地论证了万有引力定律，论证了行星的运动轨迹。以前人们天天观测天象，用几百年的数据来记录火星轨迹。现在，低头用纸和笔就能计算火星在哪里。

150多年后，1846年，法国数学家勒维耶发现用牛顿定律计算的天王星轨迹和实际观察的轨迹有误差，他判断天王星附近可能有一颗行星在吸引它。勒维耶用公式很快就算出这颗行星的位置。他将研究结果寄给德国天文学家伽勒。伽勒收到了勒维耶的信后，当天晚上用望远镜瞄准勒维耶所指之处。在那里，他果然发现了一颗隐约可见的行星，这就是海王星。

以前的科学家只是单独研究某一类物质、现象，只有《原理》用一个公式把宇宙万物连接在一起。上到日月星辰，下到芸芸众生，小到老鼠蟑螂，全宇宙的物质都相互吸引。物理学家保罗·狄拉克说，你捡起一朵花，相当于拉了一下最遥远的星体。

提一个比较悲观的观点。如果大清始终不开放，中国人什么时候能自己发现万有引力定律，也许300年，也许500年。牛顿去世200年后，《原理》才有了中文版。

《原理》的影响力超过了《天体运行论》，成为科学第一书。

胡克对牛顿说，万有引力的成果我也有贡献。你能不能在书上给我写上一笔。客观地说，胡克这个牛顿的老敌人，对牛顿的帮助还是很大的。他差一点点就发现万有引力定律，除了他研究范围太广，不精不专外，最主要的原因是，他数学不好。数学不好是当不了大科学家的。

收到胡克的请求后，牛顿仔细审查了自己的著作，凡是提到胡克的地方，全部删除。不久之后，法国皇家科学院期刊发表了一篇严厉批评《原理》的文章，作者的名字很奇怪。如果仔细阅读，就会发现是胡克先生的手笔。

《原理》不仅仅是一本物理书，一本科学书，它是欧洲文艺复兴、宗教改革、经济发展、资产阶级革命、唯物主义哲学、欧洲学术自由的总成果，是那个时代智慧的总结晶。

著名的哲学家洛克数学不好，但对《原理》的主要思想非常赞同。牛顿对政治不感兴趣，却欣赏洛克的政治哲学。牛顿认为，政府服务人民就像物理定律一样确定，不可辩驳。

科学服务于全民，科学面前人人平等。

政治服务于全民，政治面前人人平等。

科学求真打假，政治也要求真打假。

科学能够揭示宇宙的奥秘，政治也要揭示人与人的奥秘。

科学论文严谨，政治论文不能只是漂亮的口号。

美国的开国元勋们信奉洛克的"天赋人权"，也信奉牛顿的自然科学。

托马斯·杰斐逊在《独立宣言》中写道：

"我们认为这些真理不证自明：人人生而平等，造物者赋予他们若干不可剥夺的权利，其中包括生命权、自由权和追求幸福的权利。"

杰斐逊认为，牛顿的万有引力定律在全世界都不会被驳倒，是真理。人人生而平等也是真理，在全世界都不会被驳倒。

伍德罗·威尔逊说：

"美国宪法臣服于牛顿的理论。《联邦党人文集》每一页都能看到牛顿式的阐述。美国宪法修正案就像科学实验，定义和测试美国宪法。"

说牛顿理论促进了美国的诞生一点也不为过。

几千年来，只要彗星一出现，包括帝王在内，文武百官无不惊恐。

牛顿能够预测彗星何时出现，何时流失。

过去，政治宗教解释天文、地理、自然和人类社会，教皇和国王垄断一切。民众都是文盲，他们生活在黑暗当中，教皇和国王给他们一点点光明。

现在，科学解释天文、地理、自然以及人类社会，教皇和国王在科学、在科学家面前哑口无言。他们输给了科学，也失去了垄断真理的权力。

所以，主教和国王、总统视科学家为洪水猛兽，要处死科学家。

牛顿从帝王手中夺走了权力，点燃生生不息的真理火炬，让人民生活在光明当中，帝王还没办法夺走。

2016年，有人花370万美元购买了《原理》的第一版。

1688年，英国资产阶级革命取得胜利，来自荷兰的威廉成为英国国王。剑桥在英国上议院有3个议员名额，牛顿以122票（第二名）当选。

牛顿经历了君主专制、共和国、军政府、王室复辟、君主立宪全过程，本来对政治一窍不通，竟然意外地当了一年议员，到伦敦商讨国家大事。这一年里他只说了一句话：

"我觉得屋里有点儿冷，能不能把窗户关一下。"

牛顿的朋友，财政大臣蒙塔古主管皇家造币厂。在他的推荐下，1696年，牛顿离开剑桥出任造币厂督办，年薪600英镑。按照现在的币值，至少是500万人民币的年薪。

牛顿主管造币也不算跨专业。他曾经花了五六年的时间钻研炼金术，天天和金属、炉子打交道，绝对的冶炼专家。

当时英国假币泛滥，每5枚硬币中就有1枚是假的。真币也不咋样，有一半被人"剪去"了一些边缘。

牛顿上任后第一把火，就是回收残币，大量生产新币。

牛顿上任后第二把火，就是捣毁假币集团。

牛顿乔装改扮，亲自去危险场所同黑社会老大谈判。他雇佣线人，把嫌疑人关进监狱。狱卒向牛总督建议对他们严刑逼供。

牛顿微微一笑，拒绝了他们的建议。他从包中掏出3道微积分题目，告诉嫌疑人，什么时候做出来，什么时候就可以走了。

几天后，犯罪分子都招了。他们知道自己一辈子都解不出来。牛顿三道题相当于判他们终身监禁。

牛顿成功地抓捕了英国最大假币集团的头子威廉·查罗纳。查罗纳有后台，很快就得意扬扬地出狱了。牛顿不气馁，继续寻找证据，最终把查罗纳送上断头台，大卸八块。

牛顿以突出的职业成绩晋升为造币大臣，年薪也由几百英镑升至几千英镑。

1697年，牛顿收到瑞士巴塞尔大学教授约翰·伯努利的一封来信，信中附有一道世界级数学难题。约翰·伯努利是莱布尼茨的学生，因此在信中对牛顿大加嘲讽，并且挑衅地说，整个英国人都解答不了。

牛顿用了一个晚上就解答出来了，回信的时候没有署名。他这是告诉约翰，一个普通英国人都会做。

约翰阅后大为震惊。他说，仅凭足印，即知狮王来过。

1703年发生了一件大事，胡克去世了。他一直担任皇家学会秘书，牛顿没有出头之日。他死去的同年11月，牛顿当选英国皇家学会主席。

牛顿主席的第一把火，就是下令英国皇家学会撤去胡克的所有画像。今天我们都不知道胡克长什么样。

牛顿主席的第二把火，是出版了《光学》。早在30年前，牛顿的光学理论就成熟了。之所以现在出版，是因为胡克不会从棺材里跳出来批评牛顿。

胡克曾经帮助牛顿纠正过错误，也给牛顿提出过不少有用的建议。两人就像诸葛亮和周瑜。表面上是仇敌，私下里尊敬对方，相互学习。

1705年4月16日，英国女王安妮在剑桥大学给牛顿封爵。这是英国第一次封科学家为贵族。

在战场上浴血厮杀、立下军功的人可以封爵。

大清再怎么重用读书人，一般情况下是不会给他们封爵的。

牛顿征服了世界，征服了宇宙，一个小小的爵位配不上他，他的地位比国王和皇帝还高。

我们再说说牛顿的私人生活。

牛顿沉默寡言、性格倔强，不愿意外出，不愿意参加社交活动。牛顿活了84岁，一生主要待在3个地方：家乡、剑桥和伦敦，只去过牛津一次。

牛顿没出过国，没见过大海，却解释了潮汐的成因。

在个人生活方面，牛顿是个坏表率。

很多头发像鸟窝、生活不能自理的科学家引用牛顿为自己辩护。

牛顿把鸡蛋放进锅里煮，然后去读书。过了一会儿，牛顿饿了。他揭开锅盖一看，发现锅里是一只怀表（魔术）。

牛顿请朋友到家里吃饭。他刚端上烤鸡，突然想到一个主意。牛顿告诉朋友一会儿就回来，然后冲进实验室。朋友等了好久也不见牛顿回来，于是把鸡吃了。再等牛顿还是不回来，于是走了。牛顿忙完实验回到家里，一看盘子里的鸡骨头，以为自己和朋友吃过鸡了，于是转身又去实验室了。

看画像，牛顿绝对算是帅哥。

牛顿回乡的时候邂逅了自己的表妹，两人相谈甚欢。但是牛顿生性腼腆，没有及时向表妹表白。回到剑桥大学后，牛顿沉浸于科学研究，把表妹忘得一干二净了。

有一次相亲的时候，牛顿突然想起来一个科学题目，他抓住姑娘的手指头使劲往烟斗里塞。

在牛顿的一页笔记中，他在 wife 一词的后面加了一个大大的 whore（娼妓）。

母亲再婚给牛顿留下了阴影。母亲病重时，牛顿回到家乡，亲自给母亲配药，还是没能挽回母亲的生命。汉娜经营庄园很成功，去世后留给牛顿一大笔遗产。

还有人说，牛顿之所以对女人没有兴趣，是因为他是同性恋。他的真爱是年轻英俊的瑞士数学家法蒂奥·德·杜利尔。

数学家赫顿、物理学家萨根发誓说，牛顿死的时候，还是处男。

牛顿有钱，没有家庭，他的亲朋好友纷纷向他借钱，陌生人也向牛顿伸手。牛顿慷慨解囊，一般情况下不会拒绝。

按现值估计，牛顿的财产至少有几千万人民币。

不过，牛顿因为炒股一次就亏损了上千万人民币。牛顿感慨道，股市比天体运行的轨迹，比高等数学还要难得多。

牛顿在股市上都赚不到钱，何况我们普通人。

牛顿晚年由美若天仙的外甥女凯瑟琳照顾。每天都有很多人在家门口排队，希望见见这位巨人。这其中包括来自美洲殖民地的青年本杰明·富兰克林、法国著名启蒙思想家伏尔泰，也有不少人只想见凯瑟琳。

晚年的牛顿身体健康。他经常步行参加英国皇家学会的会议。有一次朋友请他乘坐马车。他说，我的腿没问题。

1727 年 3 月 13 日，84 岁的牛顿主持皇家学会会议后回到家中，突然感觉身体不适。医生发现一块结石嵌入了他的膀胱，但无能为力。

3 月 31 日凌晨 1 点，牛顿病逝。

牛顿没有遗嘱，没有子嗣。他的财产除了赠送给慈善机构和皇家学会之外，大多留给了亲戚。

英国政府以国葬的标准将牛顿安葬在威斯敏斯特大教堂。

出殡的那天，成千上万的普通市民涌向街头为他送行。给牛顿抬棺的，是一位大法官、两位公爵和三位伯爵。

王公贵族、政府大臣和文人学士们向这位科学巨人致敬，向一位小农场主兼文盲的儿子致敬。

目睹葬礼的法国思想家伏尔泰为之深深感动，他感慨道：

> "人们瞻仰的不再是君王们的陵寝，而是那些为国增光的最伟大人物的纪念碑。这便是英国人民对于才能的尊敬。"

今天，我们去帝王陵只是为了游览，去名人墓地是为了瞻仰、凭吊。

不比不知道。哥白尼生前不敢出自己的书、布鲁诺被烧死、开普勒穷死、伽利略被软禁、笛卡尔生前不敢回法国、伏尔泰本人两次被关进监狱。再看看英国对牛顿的态度，就知道英国的包容和先进了。

威斯敏斯特大教堂里葬着很多国王、将军、诗人、圣人，但牛顿的棺椁最突出，最豪华，仅次于英国国王忏悔者爱德华（圣人）。

牛顿生前就已经被塑造成神话人物。法国数学家洛必达向每一个来自英国的人打探牛顿的生活细节："他吃饭吗？喝水吗？睡觉吗？和人一样过日子吗？"

牛顿自己却说：

> "我就像是一个在海滨玩耍的小孩，常常为发现光滑的鹅卵石或美丽的贝壳而欣喜若狂，对于展现在我面前的浩瀚的真理海洋，却全然不知。"

在牛顿之前，大部分人生活在愚昧、迷信和恐惧当中。水为什么往低处流？太阳为什么升起又落下？这些今天看来小儿科的问题，在当时都难以理解。欧洲人把这些问题归结为上帝的安排。

牛顿告诉人们，世界是可以认识的，是可以驾驭的。牛顿给了全人类以信心。今天我们遇上了什么困难，我们会说，随着科学的进步，一切都会突破的。

如果我们是过去的人，我们会说，这都是神在惩罚我们。

有很多人攻击牛顿炼金，攻击牛顿晚年痴迷宗教。

其实在牛顿看来，他所有的努力付出，终生所做的每一件事，都是遵循神的旨意。在牛顿的眼里，科学和宗教是一回事。

牛顿出生在圣诞节，他出生的时候没有父亲（耶稣由处女所生）。牛顿认为自己有特殊的使命。当时的人们认为，牛顿经常一个人拿着笔写写画画，也许是他在和神单独交流。他是神的使者。

一个奥运冠军退休后做生意，一个企业家卖掉企业周游世界，一个人有权选择自己的生活，别人无权指责。牛顿为了钱去造币厂工作，没有什么可以指责的。牛顿放弃科学研究炼金术，也没有什么可指责的。

在美国学者麦克·哈特所著的《影响人类历史进程的 100 名人排行榜》中，牛顿名列第 2 位，仅次于穆罕默德，但超过耶稣、乔治·华盛顿。

科学有多重要，牛顿就有多重要。

牛顿不仅是物理学家，还是顶级数学家和天文学家。

牛顿的影响力超过哥白尼和爱因斯坦，是绝对的科学第一人。

科学家是大众的偶像，牛顿是科学家的偶像。莱布尼茨、拉普拉斯、拉格朗日说牛顿是有史以来最伟大的天才。爱因斯坦、法拉第、麦克斯韦在他们的书房里放着牛顿的肖像。

牛顿之前就有不少世界顶级科学家，如哥白尼、开普勒、伽利略、帕斯卡等。举个不恰当的例子，哥白尼是生产钢筋的，开普勒是生产水泥的，伽利略是生产沙土的，帕斯卡是生产施工设备的，牛顿用施工设备把建筑材料组合在一起，为科学大厦打下坚实的地基。

没有牛顿，人类的科学大厦建不起来，至少不会那么快建起来。

伏尔泰说：

"谁是最伟大的人物？恺撒、亚历山大、成吉思汗、还是克伦威尔？毫无疑问应该是牛顿。我们应该推崇用真理统帅我们头脑的人，而不是依靠暴力来奴役人民的人。3000 年了，没有任何人，只有牛顿揭示了宇宙的奥秘。"

牛顿之前，人类文明差不多有 5000 年，一直在进步，但效果不明显。牛顿过世到今天不到 300 年，人类的生活方式已经发生了翻天覆地的变化，这些变化大都基于牛顿的理论。世界任何一个帝王，包括康熙皇帝、路易十四和彼得大帝，他们对世界的影响和牛顿相比都是非常渺小的。他们想建设经济大国、军事强国。他们做不到，牛顿能做到。

牛顿的科学理论转化为技术，促进了工业革命，让国民财富实现百倍增长，一年的生产力顶过去几十年。

牛顿的科学理论转化为技术，演变成大炮、飞机、坦克、导弹、卫星等。

欧洲之所以走在大清前面，科学是主要因素之一，牛顿是主要贡献者。

诗人亚历山大·蒲柏写道：

"自然与自然的规律隐藏在黑暗中。

上帝说，诞生吧，牛顿！

于是一片光明。"

对了，牛顿还有一项伟大的发明我差点忘了，那就是猫门（大门上供家猫进出的小门）。

牛顿制作的反射望远镜

《英国皇家学会历史》前页插图。
中：英国国王查理二世。左：威廉·布朗克，
英国皇家学会第一任主席。右：弗朗西斯·培
根（他左手指着一些科学仪器）

PHILOSOPHICAL
TRANSACTIONS:
GIVING SOME
ACCOMPT
OF THE PRESENT
Undertakings, Studies, and Labours
OF THE
INGENIOUS
IN MANY
CONSIDERABLE PARTS
OF THE
WORLD.

Vol I.
For *Anno* 1665, and 1666.

In the *SAVOY*,
Printed by T. N. for *John Martyn* at the Bell, a little with-
out *Temple-Bar*, and *James Allestry* in *Duck-Lane*,
Printers to the *Royal Society*.

世界上最早的科学期刊
《哲学通报》

英国国王查理二世授予英国皇家学会的权杖

第九章

英国皇家学会那些事儿

公元 1662 年。康熙元年。

这一年，英国国王查理二世收到一份申请，一群英国人要成立一个以促进自然知识为目标的组织。

其实这个组织已经存在两年了，现在需要官方承认。

该组织收取会员费，自负盈亏，不需要国王出钱。有的会员还是亿万富翁。

查理国王一听，欣然批准。

第二年，查理国王正式签署皇家特许状，授予该组织名称为"伦敦皇家自然知识促进学会"（The Royal Society of London for the Improvement of Natural Knowledge），简称英国皇家学会（The Royal Society）。

该组织认为自己的成立时间早于国王批准的时间，具体是 1660 年 11 月 28 日。

这个组织在成立之前，酝酿已久。

最初的设想来自于英国著名哲学家、人文学者弗朗西斯·培根。1623 年，明朝天启年间，培根写了一本书，叫《新大西岛》。在书中，培根描述了一个理想的国家：

"新大西岛国王兴建'所罗门宫'，探讨事物的本源及其运行的秘密，使一切理想的实现成为可能。'所罗门宫'聚集大批科研人才，分别从事天文、气象、地质、矿藏、动物、植物、物理、化学、机械、情报等学科的研究工作。全岛上下，人人热爱科学，运用科学知识，通过科学发明发展生产，增加财富，为民谋利，建设一个理想的社会。"

培根生前就有成立科学组织的想法，可惜没能如愿。

培根去世的当年，法国梅森神父在巴黎，在自己的住所召集科学家定期聚会。对于不能与会的外国学者，则写信给他们通报会议成果。梅森建立了一个学者俱乐部，一个沙龙，但不是正式组织，不被官方认可。梅森沙龙高朋满座，大科学家云集，其中有笛卡尔、费马、帕斯卡、伽利略、霍布斯等。

比培根、梅森还早的时候，在万历年间，意大利有个山猫学会，伽利略就是其中的成员之一。山猫会员之一，邓玉函来到大明，带来了一架望远镜。

1648年，英国内战的炮火正酣，牛津大学沃德姆学院的威尔金斯与一些科学家成立了一个非正式的组织，其成员包括波义耳、奥尔登伯格、沃德，史称牛津哲学俱乐部。波义耳给这个组织起了一个外号——"隐形学院"，成员们就像同一个学院的教授，平时隐藏在各地，偶尔才聚会，不为外人所知。

1659年，牛津哲学俱乐部在伦敦的格雷沙姆学院找到一个固定场所，聚会时间也逐渐固定下来。每次聚会以宣读论文为主，然后进行讨论。

会员们也做一些实验。比如观察一只活的变色龙，或者检查一支独角兽的角（可能是犀牛角）。

人们认为独角兽的角有神奇的魔力。科学家们切下一小块"角"，磨成粉，在桌面上洒成一个圈，把蜘蛛放进去。蜘蛛每次都能爬出圈。

为什么会出现山猫学会、梅森沙龙和牛津哲学俱乐部这类组织？

第一，西欧各国有很多大学，培养了大量的人才。17世纪中叶，欧洲的大学不下100所，有很多教授和研究员。第二，科学家既需要从别人那里获得知识来源，也需要把自己的科学成果分享出去。第三，发达的翻译出版业可以将某国的学术成果迅速售卖到全欧洲。第四，单个大学满足不了交流需求，学者们期盼一个跨学校，甚至是跨国界的学术交流组织，像隐形学院就连接了牛津和剑桥。第五，知识更新速度加快，学者们希望交流更方便、更频繁。

1660年11月28日，克里斯托弗·雷恩在格雷沙姆学院宣读完论文后，提出一个建议：

同志们！我们该成立组织了。

雷恩多才多艺，是一个跨界人才。首先，他是英国历史上最著名的建筑师之一，伦敦的圣保罗大教堂就是他的杰作。他还是天文学家和数学家。雷恩动手能力极强，他制作过望远镜、显微镜、气压计和透明蜂箱（借以观察蜜蜂）。他发明了用木杆连接两支笔，可以同时写两遍的小器械（再也不怕老师留作业了）。雷恩的外号是"奇迹青年"。

这次会议共有 12 位创始人，其中比较出名的有：

第一位，罗伯特·波义耳，位居英国富豪榜前列。别的富豪家里有豪华影音室，他有豪华私人实验室，还有 3 个。

波义耳提出的波义耳定律被认为是人类历史上第一个被发现的"定律"。

第二位，威廉·配第，大经济学家，前文已有详细介绍。

第三位，隐形学院的联络人威尔金斯。他在科学上没有什么成就，值得称道的是提出了十进制度量衡系统。像大清既有十进制，也有十六进制（1 斤等于 16 两），还有五进制（1 斛 = 5 斗）。欧洲的度量衡也是混乱的。十进制可以说是人类最重要的发明之一。

第四位，布隆克尔子爵。贵族，数学家，第一个给出佩尔方程解决方案的欧洲人。

1662 年，查理国王授予皇家学会金色权杖，类似于尚方宝剑，可以威慑任何向皇家学会挑战的高级官员。

现在皇家学会举行董事会议，都会请出这柄权杖，立于会场。

英国皇家学会具体信息如下。

成立日期：1660 年 11 月 28 日。

学会箴言："Nullius in Verba."这句话出自罗马诗人贺拉斯，大致是"不可轻信人言"。

地点：诺福克公爵把阿伦德尔市议院提供给他们使用，同时赠送一座图书馆。皇家学会建立了一座博物馆。展品有：从妇女子宫中取出来的半英寸牙齿，威廉·思罗格莫顿爵士尿液中的一块骨头。

主席：首任主席是布隆克尔子爵（1662—1677），第二任主席是约瑟夫·威廉姆斯爵士（1677—1680），第三任主席就是雷恩（1680—1682），之后的主席都是贵族。第十二任主席就是大名鼎鼎的牛顿。牛顿的任期从 1703 年开始，到 1727 年结束，是所有主席中任期最长的。

会员：皇家学会的会员在 1660 年创立时约为 100 人，到 70 年代增加到 200 人。当时社会上没有科学家这个称呼，也没有物理、化学、生物这些门类。会员什么都研究。到乾隆年间，化学和生物才开始形成独立学科。

会员没有国籍限制。

学会秘书：约翰·威尔金斯和亨利·奥尔登伯格。

奥尔登伯格是德国人。他来到英国后成为霍布斯、牛顿和波义耳的朋友，于是留在英国。作为秘书，他相当于"微信群群主"，把科学家拉进群。

奥尔登伯格写信给斯宾诺莎说：

> "我们肯定地认为，事物的形式和性质可以用机械的原理来做最好的解释。同时，大自然的一切功能，都是由运动、形状、纹理及这些东西组合造成的。皇家学会的人已经着手要为整个宇宙做苦工了。某些人用一些无法说明的形态和神秘的性质解释世界是无知的。"

刊物：皇家学会于 1665 年出版《哲学通报》，其内容包括论文、通信和会议记录。这是世界上最早的科学期刊，也是运营时间最长的科学期刊。《哲学通报》邀请、接受外国人投稿，最早发表了马尔皮吉和列文虎克的发现。

刚创刊的《哲学通报》完全是科幻杂志。大部分文章都是荒唐可笑的点子，没有实验没有论证就可以得出结论，甚至连结论都没有。比如，《观察从两只动物解剖出来的心脏》《太阳黑点的最新观测》《一个在母体生存 46 年的胚胎》等。一些文章讨论"狼人""双头小犊""头上长角""雌雄同体"。约翰·洛克作为一名冷静的哲学家，证明海里有美人鱼。

这也没错。首先，科学是一种猎奇。罕见的事物和现象里一定包含着不为人知的科学原理。一头牛有两个脑袋，这里面肯定有原因。其次，科学更需要想象力。一个点子如果证明是错的，也是一种科学发现。如果一开始就制订苛刻的标准，那么，99% 的文章都发表不了。

1672 年 2 月号的《哲学通报》上终于出现了一篇跨时代的雄文，牛顿的《光与色的理论》。

培根除了倡导发现科学，还提出了发现科学的工具——做实验。

1662 年 5 月 7 日，国王的表亲，莱茵的鲁伯特王子到访。英国皇家学会精心安排了一场空气泵表演（实验）。

做科学实验有点像魔术表演。你准备了一大堆道具，然后导致一个意想不到的结果。

皇家学会成立初期，在波义耳的引导下，对空气泵着了魔。

胡克是波义耳的助手兼好友。他担任皇家学会实验主管，后来成为皇家学会秘书。与亲善的波义耳不同，胡克嘴巴硬，得理不饶人。不过，他的手也硬，可以制造出各种设备，比如一个可以抽光空气的玻璃容器，用来观察在稀薄的空气下，老鼠有什么反应。

老鼠肯定在骂娘。

胡克想到了一个有趣的点子，把一个人的手臂放进真空管中，看看会发生什么。

科学家们沉默了，他们都盯着胡克不说话。

胡克就是那只提出给猫挂铃铛的老鼠。他只好硬着头皮上阵。

在抽取空气的过程中，胡克肌肉膨胀，手臂内的血液几乎要挤破血管。

胡克疼痛难忍。实验结束后，他的手臂上面布满斑点。

胡克甚至做了一个可以抽光空气的房间。在众目睽睽之下，他毅然走进房间，让人开始抽气。胡克开始头晕眼花，不一会儿耳朵也听不见了（声音靠空气传播）。

幸亏这时候空气泵坏了，要不然胡克就为科学献身了。

还有一个著名的实验。

1667 年 11 月的一个午后，皇家学会的会议室挤进去 40 人，他们亲眼见证了把羊血输送到人体内。实验对象是阿瑟·科卡。实验结束后他将得到一个金币。

科学实验没有限制。铁变金、水变油都可以做。

很多人只是从事简单的活体解剖实验，青蛙、蛇、兔子。科学家们穿着沾满鲜血的围裙，一手拿刀，一手在动物的尸体上又切又割，就像是一群杀鸡宰牛的屠夫。

还有人在乳酪中培养蛆。培养蛆听起来很可笑，但是，光研究果蝇就有 3 个人获诺贝尔奖了。

培根的伟大之处在于，他说不要嘲笑任何荒唐的想法，做完实验再下结论。

比如，荷兰一个布匹商人写信给英国皇家学会秘书奥尔登伯格，说他通过镜片发现了很多"非常小的动物"。有多小呢？一滴水里就有 270 万个。

那个年代的人认为，这个布匹商人在写童话故事呢。

英国皇家学会经过实验后得出结论，这个布商是对的，他的发现太伟大了，于是立即授予他英国皇家学会会员身份。虽然这个商人没上过大学，还不会英语。这个布匹商人就是荷兰科学家列文虎克，他发现人类几千年都不知道的世界，被称为微生物之父。

所以，凡事要看结果。

一旦完成有趣的实验，皇家学会就去申请给国王表演。他们给国王秤空气的重量，他们策划用机器飞行，他们送给国王一架牛顿新做的望远镜。

1663 年 5 月 11 日，外科医生在国王面前解剖了一男一女两具尸体。一位在场的人说，国王显得很高兴。

这比戏剧有意思。

后来，康熙在西洋传教士的指导下，解剖了一头正在冬眠的黑熊。

有了英国皇家学会和科学期刊，分散在欧洲各地、互不联系的科学家集中到了大工场，生产效率提高了 10 倍以上。在欧洲各国君主钩心斗角的时候，在教皇向主们布道的时候，在将军浴血拼杀的时候，科学家们躲进书房和实验室，盯着望远镜、空气泵、炼金炉和显微镜，然后在纸上写着方程式。他们是一支特殊的作战部队。他们的敌人是无知和愚昧。他们的战利品属于全人类。

在英国皇家学会的支持下，伊夫林改良了英国的农业，威廉·配第创立了统计学，波义耳几乎开创了化学。约翰·雷对植物学、伍德沃德对地质学、牛顿对天文学的研究都是革命性的。

应该说，培根太伟大了。梁启超先生说，欧洲之所以超过大清，主要是因为两个人，一个是笛卡尔，另一个就是培根。

不过，英国有很多人向英国皇家学会抗议、攻击和辱骂科学家。

宗教人士抱怨说，科学家损害人们对教会的尊敬，质疑上帝创造世界的事实。为此，英国皇家学会不得不采取各种措施避开宗教因素。英国伟大的哲学家霍布斯被英国宗教界认为是该死的"无神论者"。所以，英国皇家学会没有邀请他入会。气得霍布斯天天找皇家学会会员吵架。天文学家哈雷为了加入皇家学会，不得不隐瞒自己的宗教信仰。

斯威夫特在《格列佛游记》中激烈地讽刺挖苦皇家学会，说皇家学会研究从黄瓜里榨出阳光，研究先造房顶再造墙体，最后打地基的建筑方法，研究把人的粪便变成食物。

在欧洲，科学发展的最大障碍有两个，第一是好奇心。

　　神职人员认为好奇心是一种罪恶。著名哲学家奥古斯丁愤怒地抨击好奇心。他认为，好奇等于好色。想知道一件与自己不相关的事情相当于想知道陌生妇人内裤的颜色。这是一种堕落。偷看尸体解剖和观看怪胎是受了魔鬼的诱惑。万事万物的秘密由上帝创造。上帝不告诉你自有他的理由，对此你应该坦然接受，而不是问十万个为什么。只有上帝才拥有洞察力和知识。人一旦掌握知识就会骄傲，一骄傲就会陷入危险当中。

　　一位神父批评科学家说："上帝告诉他们，他们也不相信，非要自己看一看。"

　　自从大航海、文艺复兴以来，好奇心成为政府与民众的共识。探险家要去未知的海域，艺术家要创作过去禁止的作品。

　　第二是分享问题。

　　中世纪的科学家把知识视为祖传的藏宝图，不愿示之于众。

　　大约在皇家学会诞生 100 年前，一个名叫吉罗拉莫·卡尔达诺的数学家希望另一名数学家能与他分享一组公式：

　　"我以上帝的圣灵福音与个人荣誉向你发誓，我绝不会发表你的发现。我也向你保证，我会用代码的方式写下它们，因此，在我死后，没有人能够理解它们。"

　　波义耳反对这种做法。他说，科学家不是囤积黄金的守财奴。守财奴将财富送人就等于失去它。但科学成果不是黄金，是火把，照亮别人也不减损自己。他从《圣经》中找到了理由："我们的救世主向我们保证，施比受更为有福。"

　　封建社会，匠人视祖传技艺为吃饭本钱，只传家人，而且还只传男不传女，最终让独门绝活失传。

　　1660 年，法国国王路易十四和西班牙公主玛丽·泰蕾莎结婚。

　　1660 年，英国国王查理二世复辟成功。

　　1660 年，顺治皇帝谕令严禁各地结社订盟。各地学臣发现立即参奏。如有徇隐者，一体治罪。同年，清军在古法坛村斩杀俄国侵略者 60 多人。

　　那一年发生的所有历史事件，都远远比不上英国皇家学会的成立重要。

　　人类几千年来，可以说是愚昧和迷信的奴隶，头脑被囚禁了，对于正确的事物排斥，对于荒唐的事情坚信不疑。当时的欧洲还相信女巫害人，相信占星师，相信有些药包治百病，相信带着护身符可以不死，相信铅可以变成金。大清同样如此，相信长生不老，相信人的魂魄可以被勾走，相信月食是天狗吃月亮，相信人的屎尿、女人的经血可以破敌。

自英国皇家学会诞生以后，无知的、迷信的人越来越少了。

我在《正德十六年欧洲那些事儿》《万历十五年欧洲那些事儿》《崇祯十七年欧洲那些事儿》中写了不少科学家。加上本书，如果把这些科学家和发明家组成一副扑克牌，我觉得大王是牛顿、小王应该是笛卡尔。其他按国家分类为（这里没有列全）：

红桃（法国）：帕斯卡、费马、韦达、梅森、德扎尔格、伽桑狄、丹尼斯·帕潘（发明高压锅）等。

方片（英国）：培根（A）、哈维（K）、波义耳、吉尔伯特、胡克、雷恩、哈雷、斯皮尔、泰勒、约翰·哈林顿（抽水马桶发明者）、威廉·奥特雷德等。

黑桃（意大利）：伽利略（A）、托利拆里、布鲁诺、达·芬奇、塔尔塔利亚。

梅花（国际联队）：莱布尼茨（德国）、开普勒（德国）、第谷（丹麦）、哥白尼（波兰）、惠更斯（荷兰）、列文虎克（荷兰）、斯涅尔（荷兰）、汉斯·李波尔（荷兰、望远镜发明者）、维萨里（比利时）、西蒙·斯蒂芬（比利时）、塞尔维特（西班牙）等。

不过，在那个时代，即使牛顿对一些人类生活中常见的问题也回答不了。比如，水是什么？火是什么？空气中的氧气是怎么回事？数学已经发展到大学水平，化学还没有诞生。

康熙帝驾崩后是雍正帝和乾隆帝，两位皇帝在位时期从1722年到1799年，这77年，欧洲的科学家就更多了，欧拉（与牛顿齐名的数学家）、林奈（植物学奠基人）、拉瓦锡（化学之父）、拉普拉斯、舍勒、库仑、拉格朗日、卡文迪许等。

欧洲200多所大学，加上英国皇家学会、法国皇家科学院、柏林科学院、俄罗斯圣彼得堡科学院，加上千名科学家，加上200年的时间，把大清远远地甩在后面。

英国皇家学会成立200年后，英法联军攻入北京。遭受大败的清政府清醒过来，开设造船厂和兵工厂，但还是不知道科学为何物。一直到大清灭亡，都没有成立大清科学院。1879年，日本仿照法兰西科学院成立东京学士会院，走在了大清的前头。

　　我们在书本上看到过很多科学家的名字，会运用他们发明的定律，但是我们对他们的生平，对他们所处的社会环境了解得太少了。我们需要知道一个伟大的科学家是怎么产生的，他们长得是俊是丑，是胖是瘦，他们是如何发现科学成果的。我们也需要知道什么样的社会环境才能造就科学家群体，当时的人们是如何看待他们的。我国有庞大的科学家群体，但获得诺贝尔奖的人太少了，这值得我们反思，这也是我一直写科学家的原因。而且，伟大的科学家也有一个不平凡的人生，值得我们去了解、学习。

莱布尼茨（1646—1716）

世界上没有两片完全相同的树叶。

中国人比我们更加具有道德修养。如果说我们在手工技艺方面与之不分上下，在思辨科学方面略胜一筹的话，那么在实践哲学方面，即在生活与人类实际的伦理以及治国学说方面，我们就相形见绌了。

把我们在数学上的发现介绍给中国人，也把一些中国的知识带到欧洲来。中国和欧洲应该取长补短，用一盏灯点燃另一盏灯。

我的工作室挂着"中国事务办公室"的牌子。

爱为何物？爱就是为另一个人的幸福感到高兴。

我们的宇宙，在某种意义上是上帝所创造的最好的一个。

自己扬起了漫天尘土，却要怪别人看不见。

不发生作用的东西是不存在的。

莱布尼兹是一个千古绝伦的大智者。（罗素）

第十章

莱布尼茨——最喜欢中国的科学家

1646 年 7 月 1 日，戈特弗里德·威廉·莱布尼茨出生于德国的莱比锡。他的父亲是莱比锡大学的伦理学教授。

当时还没有德国这个概念，准确地说叫神圣罗马帝国（为易懂易记，本文简称德国）。1618—1648 年，欧洲爆发了"三十年战争"。法国、荷兰获胜，西班牙和德国战败。当时的德国诸侯割据，没有统一。

莱布尼茨 6 岁时，他的父亲不幸去世，留下一个私人图书馆。做父母的，别老想着给孩子留多少套房子，留多少存款。给孩子留一个图书室，放上 2000 本书（包括本书），也就几万块钱。

莱布尼茨 14 岁进入莱比锡大学攻读法律。莱同学是个学霸。他私下对朋友们说，无论是公开或私下，在所有的讨论和练习中，我都要排名第一。

我写过培根、蒙田、费马、哥白尼、笛卡尔等很多名人，都是学法律的。很多科学家都是学法律出身，为什么？我认为：

第一，法律讲逻辑，有因必有果。

第二，法律讲事实，不能臆造。

第三，法律讲严谨，文字不浮夸。

法律可以使一个人变得务实、理性，这是一个科学家应具备的品质。

莱布尼茨 20 岁完成学业，提交了一篇名为《组合术》的论文，申请博士学位。《组合术》还引用了中国的一些资料。

莱比锡大学学术委员会专家组经过认真讨论后宣布：

论文不予通过。

原因：作者年龄太小。

黑格尔后来说，是学术委员会的专家们看不懂。

第二年，莱布尼茨把论文投到纽伦堡的阿尔特多夫大学，后者痛快地授予他博士学位，并邀请他到学校任教。

莱布尼茨大头、黑发、眼睛近视、中等身材。他饭量大但酒量小，经常叫外卖（单身汉）。

这一年，莱布尼茨遇上了一个人，改变了他的一生。

这个人是布尼伯格男爵。他把莱布尼茨介绍到美茵茨大主教腓力的高等法院工作，在此期间莱布尼茨编著了一部民法。

当时的法国是欧陆第一大国，法国国王路易十四如日中天。为了减轻法国对德国的威胁，莱布尼茨想出一条妙计：鼓励法国人进攻埃及，打击穆斯林。

400 多年前，法国国王路易九世曾率领军队同埃及人作战。

1672 年，莱布尼茨亲自前往巴黎执行这一妙计，以失败告终。路易十四的兴趣在荷兰。莱布尼茨终生没有见过路易国王。

莱布尼茨被法国皇家科学院的豪华团队震惊。他说，我不考虑法学，也不考虑文学，这些都是我在德国关心的事情。在法国我只关心科学和数学。

当时笛卡尔、帕斯卡和费马均已过世。莱布尼茨到处寻访他们的亲友，阅读他们留下的手稿。

莱布尼茨幸运地遇上了主持法国皇家科学院的荷兰科学家惠更斯。惠更斯的科学发现不少于牛顿，在当时的影响力远远大于牛顿。他是天文学家，制造了当时最精密的望远镜，他发现了土星的第六颗卫星，他解释了土星耳朵问题。他观测到猎户座星云、火星极冠等天文现象。

在物理学上，他是光波动说的创立者，发现了钟摆理论。世界钟表业都从中受益。不过，惠更斯本人没有从中赚到钱。

在数学上，他几乎可以算是概率论的创始人。其实，惠更斯完全够资格独立写一章，由于篇幅原因我只能忍痛舍弃。

惠更斯为人谨慎，从不轻易发表意见。他发现莱布尼茨和自己不一样。

这个年轻人什么都关心，总是提一些看起来宏大但不现实的想法。惠更斯没有表现出不耐烦，没有直接否定莱布尼茨的天真想法，而是顺着他的想法去引导。

莱布尼茨终生感激这位好老师。

莱布尼茨结识了法国哲学家马勒伯朗士。他开始思考心物哲学、善与恶、正义与自由。

年轻的莱布尼茨好学、胆子大，敢给国际知名学者写信，比如英国哲学家霍布斯。

1673 年，莱布尼茨访问英国皇家学会，带去了一篇论文和自己的发明——手摇式计算机。整个访问过程由学会秘书奥尔登伯格安排。帕斯卡是最早发明计算机的人，只能加减。莱布尼茨的计算机还能乘除。莱布尼茨造了好几台计算机。彼得大帝把其中一台送给康熙皇帝。这台机器现在找不到了。

胡克对莱布尼茨的机器进行了苛刻批评。只要是别人的发明，他都要横挑鼻子竖挑眼。

2 月 12 日是幸运日，莱布尼茨见到了一位"可荣居最伟大人物行列的人"——化学家波义耳。

英国皇家学会授予莱布尼茨会员资格。

布尼伯格男爵和腓力都过世了。失去了经济赞助人，莱布尼茨却不想回德国。他喜欢巴黎，这里是世界数学的中心。

科学史作家斯托加茨说，莱布尼茨用了 3 年时间，从数学白痴变成欧洲顶级的数学家，与牛顿不相上下。他做出了一个最耀眼的数学贡献——微积分。

1675 年 11 月 11 日（果然是重要的日子），莱布尼茨发表了一篇关于微积分的论文。

没想到这篇文章给他的人生带来了巨大的、长期的痛苦。

莱布尼茨没见过牛顿，两人有信件来往。

牛顿在 1687 年出版的《自然哲学的数学原理》一书中写道：

"10 年前在我和最杰出的几何学家莱布尼茨的通信中，我表明我已经知道确定极大值和极小值的方法，但我在信中隐瞒了这种方法。这位最卓越的科学家在回信中写道，他也发现了一种同样的方法。他介绍了他的方法，与我的方法几乎没有什么不同，除了他的措词和符号之外。"

在当时的欧洲，科学家很少为"是谁发明的""谁先发明的"进行争论。像费马等人，发明了定理就写在私人笔记里，从不拿出来发表。后人在整理他们遗留的资料时，才知道他们早就发现了许多科学原理。

牛顿的支持者攻击莱布尼茨是骗子、小偷、剽窃者，莱布尼茨辩解道：

"德国人墨卡托才是第一个想到这些方法（微积分）的人，牛顿先生也做出了一些贡献。我呢，则采用另一种方法。一个人不会一下子获得所有的成果，应该是不同的人做出各自的贡献。"

但是，牛顿及其支持者依然不依不饶。莱布尼茨为此专门写了一篇文章，叫《微积分的历史和起源》，为自己正名。不过，莱布尼茨把这篇文章收起来，并没有发表。

两位大科学家是各自独立研究出微积分的，谁也没有抄袭谁。

从时间上看，牛顿早于莱布尼茨。

从严密性来看，莱布尼茨超过牛顿。莱布尼茨发明了微积分领域的符号（dx、dy、$\int$），今天还在使用。

普鲁士国王腓特烈询问莱布尼茨对牛顿的看法，莱布尼茨说：

"从世界开始到现在的全部数学成果中，牛顿贡献了一半。"

莱布尼茨比牛顿有肚量。

莱布尼茨的研究成果太多了，微积分只是其中很少的一部分。

微积分的英文 calculus 来自于拉丁语词根，意为小石头。具有讽刺意味的是，牛顿有膀胱结石，莱布尼茨有肾结石。

无论如何，微积分对人类社会的发展太重要了。没有微积分，我们将没有手机、电脑，基本就告别电了，晚上只能点蜡烛。没有微积分支撑的医学和医疗设备，我们的寿命也将减少一半。不仅活得差，还活得短。

费曼曾对小说家沃克说："你最好学学微积分，它是上帝的语言。"

有人说，微积分的重要性可以和人类学会用火相比。有了火，人类脱离了兽类。有了微积分，人类进入现代社会。

作为数学家，一定要解一个最重要的题目——圆周率。

莱布尼茨在访问英国期间给出一个完美的公式：

$$\frac{1}{1}-\frac{1}{3}+\frac{1}{5}-\frac{1}{7}+\cdots=\frac{\pi}{4}$$

我们绝大多数人知道圆周率约等于 3.14，但我们不会用公式表达。

投资计算机项目失败，天天在家坐吃山空，莱布尼茨想在巴黎找一份工作，却四处碰壁。莱布尼茨已经是英国皇家学会会员。20 多年后，他才获得法国皇家科学院院士身份。1699 年，法国皇家科学院补选 8 位外籍院士。其中，莱布尼茨排名第一，牛顿排在第七。

德国汉诺威公爵约翰向莱布尼茨伸出援手，请他担任图书馆馆长。

归国途中，莱布尼茨顺道拜访了定居在海牙的斯宾诺莎，与后者花费数天时间讨论哲学。莱布尼茨被斯宾诺莎石破天惊的学问吓倒，以后很少向人提起这段往事。

莱布尼茨拜访了一位"没有学历"的世界顶级大科学家——列文虎克。

1676 年 11 月底，莱布尼茨来到汉诺威，时年 30 岁。

在法国留学四年，两次访问英国皇家学会，多次访问荷兰，莱布尼茨积极主动寻找欧洲前沿的思想家和科学家，能见面的见面，不能见面的写信，死去的就从他们的家人手里借阅手稿。莱布尼茨就像一块大海绵，疯狂地吸收人类最先进的思想成果，也熟练掌握了法语。

正是莱布尼茨这种厚脸皮勤学好问的性格惹恼了牛顿。牛顿认为莱布尼茨是在不断套取他的秘密成果。其实莱布尼茨的出发点真的是好奇，想知道答案。

成功就是读书、学外语、游学、拜见名人。

约翰公爵的图书馆没有几本书，莱布尼茨的头衔是图书馆馆长，工作是图书管理员（手下没人）。莱布尼茨多次提出购买新书，扩建图书馆。公爵说自己要扩建宫殿，没钱投资图书馆。

莱布尼茨发明了一种图书分类方法。今天我们使用的图书分类就是建立在莱布尼茨方法论基础上的。

1679 年，汉诺威公爵去世。他的弟弟奥古斯特成为新公爵。公爵夫人苏菲很爱读书，经常向莱布尼茨请教问题。

莱布尼茨为了说明个体差异的绝对性，说出了一句著名的话：

"世界上没有两片完全相同的树叶。"

莱布尼茨认为图书馆馆长是高级官员，是公爵顾问。他向新公爵提出行政管理、法律、教育、货币、金融、熔铁、炼钢、切割大理石等各种建议，加起来超过 100 条。

新公爵只采纳了一条：

编写一部精简而全面的家族史书。

新公爵认为光宗耀祖的事情可以干。他对莱布尼茨提出要求，这本历史书要从最早的时代写起，越早越好，这才证明我们家族的历史悠久、血统纯正。

莱布尼茨为了写好家族史，到德国各地的档案馆查找资料，拜访名门贵族，以了解他们的姻亲联系。

牛顿出身农家，能上剑桥大学完全是贵人相助。剑桥大学是英国顶级平台，牛顿在这里平静地从事科学研究，并借助英国皇家学会这个平台，成为欧洲知名科学家，终身衣食无忧。

莱布尼茨出身高知家庭，他的天赋与牛顿不相上下。可惜的是，又小又落后的汉诺威根本没办法和英国相比。不幸的是，他的雇主还是一个传统封建主。

莱布尼茨这个万能博士没有用武之地。

1679 年，莱布尼茨发明了一个与微积分同等重要的数学成果——二进制。二进制不仅影响了人类的历史，而且还和中国有关。

德国图林根州至今还保存着莱布尼茨的手稿，标题是《1 与 0，一切数字的神奇渊源》。莱布尼茨写道：

"上帝用 7 天的时间创造了一切。用十进制是 7，用二进制是 111。111 即三位一体。可见用 111 比用 7 更神奇。"

莱布尼茨对中国产生了浓厚的兴趣，甚至可以用痴迷来形容。他说：

"哪怕是一份对中国人日常事务毫无文采但准确无误的描述，也一定会让我备受启发，比古希腊罗马宗教仪式和用具有用得多。"

莱布尼茨收集了大量有关中国的资料。他说：

"我的办公室简直可以叫中国事务办公室了。"

1697 年，莱布尼茨把自己收集到的中国资料汇总出版，书名叫作《中国近事》。《中国近事》收录了康熙皇帝批准天主教传教、康熙皇帝学习科学、中俄战争与《尼布楚条约》等内容，其信息来源于在华传教士介绍中国的文章。《中国近事》在中国也有出版。

同年，法国传教士白晋奉康熙之命回到欧洲。他读到《中国近事》之后，为欧洲学者研究中国感到欣慰，于是提笔给莱布尼茨写了一封信，并把自己撰写的《康熙皇帝传》送给莱布尼茨。

莱布尼茨回信给白晋说，希望把《康熙皇帝传》收进下一版的《中国近事》，希望今后多交流有关中国的话题。

白晋欣然答应。他回到中国后，很快收到莱布尼茨的信件。莱布尼茨在信中介绍了自己的二进制研究，希望白晋把自己的成果推荐给康熙皇帝。

白晋在康熙皇帝的指导下一直在研究《易经》，他发现《易经》阴阳学说和二进制的核心思想是一致的。1701 年 11 月 4 日，白晋从北京给莱布尼茨写了一封信，并附上了伏羲六十四卦方位图。

莱布尼茨发明二进制后，遭到欧洲学者普遍质疑，自信心备受打击。他收到白晋的信后，得知中国也有二进制，深受鼓舞。1703 年 4 月，他把自己的论文《关于二进制算术的说明》(附古代中国伏羲图)提交给法国皇家科学院。

从此，中国《易经》进入欧洲学者的眼帘。

其实早在莱布尼茨之前，很多欧洲学者都尝试使用二进制。

培根发明了一种密码，其原理类似二进制。培根的方法是把每一个字母用数字 01 或字母 AB 表达。比如 D 是 00100，O 是 01011，G 是 00101，001000101100101 就是 DOG（狗）。

但是，真正系统发明二进制的，属莱布尼茨无疑。

鉴于网文的虚假宣传，在此需要澄清部分历史事实：

第一，莱布尼茨先发明二进制，后看到《易经》，不是莱布尼茨看到《易经》之后才发明二进制。

第二，《易经》用阴阳两种符号，有二进制思想，但不是二进制本身。我们完全没有必要编造虚假的史实来装扮脸面。莱布尼次赞扬《易经》就已经足够了。

第三，二进制和计算机还差着十万八千里。莱布尼茨发明二进制 150 年后，英国数学家乔治·布尔提出逻辑代数系统，使数字电子电路设计成为可能。又过了将近 100 年，电子计算机才出现。

不光是《周易》，莱布尼茨对中国的一切都感兴趣。他甚至想亲自访问中国，拜见康熙皇帝，认识中国学者。为此他还学习了部分中文。

莱布尼茨多次赞美遥远的中华文明。部分内容如下：

"欧洲的情况是如此糟糕，道德是如此堕落，完全有必要派一些中国传教士到我们这儿来。

我们这些后来者，刚刚脱离野蛮状态，就想谴责古老的中国学说，真是狂妄至极！

如果一位智者来评判哪个民族最杰出，那他应该把金苹果给中国人。"

大科学家莱布尼茨都这么说，是不是大清的发达程度远远超过欧洲？

显然不是。

在华传教士一味美化康熙皇帝，给莱布尼茨传递了很多错误的信息。

莱布尼茨对中国的认识表面化、理想化，一厢情愿化。

他听说大清官员和知识分子个个信奉仁义礼智信，就以为大清的官员都是道德高尚的君子，实际上大部分是贪污犯。

莱布尼茨强调尊重对方文化，呼吁中西交流的大方向是对的。他说，天意要求两个文明最高和距离最远的民族携手，把所有民族都带入一种更合乎理性的生活。

牛顿比较专一，他的研究集中在自然科学领域，其次是神学。

莱布尼茨的专业是法律，又在宫廷工作，因此对政治、宗教、哲学、文化和社会更感兴趣。

1689 年，新公爵去世，他的儿子乔治成为新公爵。公爵都换了两茬了，莱布尼茨的家族史工作依然遥遥无期。

汉诺威落后、信息不畅、知名学者较少，莱布尼茨对自己的工作不满意。他打着查找家族史资料的幌子，一会儿去柏林建科学院，一会儿去维也纳见皇帝，而且一待就是两年。

莱布尼茨经常不向领导请假就脱岗，乔治公爵十分不满。我父亲临死前都没有看上一页家族史。我今年 38 岁，你能在我死之前把家族史拿来让我看一眼吗？

结果，乔治临死前也没有看上一眼。

莱布尼茨将大量时间精力用于研究神学和哲学去了。他想找到一种适用于所有科学的学问。关于这种科学，莱布尼茨写道：

"为了获得智慧，人们需要一门一般科学，它探讨事物的原因、宇宙的和谐、真理的原则及其秩序。"

1704 年，莱布尼茨完成《人类理智新论》，对洛克的《人类理智论》逐章逐节提出批评。

洛克认为，人生下来是一块白板，头脑中没有任何知识。

莱布尼茨认为，人生下来是一块有条纹的大理石。上帝已经把知识注入他的头脑中。

洛克认为，人类的一切知识来源于经验。

莱布尼茨认为，算术、几何等普遍真理不是来源于经验，而是来源于天赋的内在原则。

莱布尼茨本想搞一场大辩论，不想洛克突然过世。

莱布尼茨认为自己可以任意批评洛克，洛克却无法还嘴，这不公平。于是他收起书稿，放弃出版。

1710 年，莱布尼茨完成《神正论》。在书中，他告诉世界人民，不要抱怨我们的苦难了，因为我们地球人已经是最幸福的了，外星人更惨。

上帝每一项决策都是最好的。所谓最好，就要有比较。上帝创造了很多空间和时间，他把人类放在最好的空间和时间里。

牛顿认为，空间先于物质，而时间先于事件和过程，所以先有时空，后有物质。没有物质，也有时空。时空是绝对的，时间空间是不可分的，时空无始无终。这叫绝对时空理论。

牛顿的说法听起来很科学，莱布尼茨的说法很荒唐。

200 年后，爱因斯坦证明，时间和空间不是绝对的，是可以变化的。

牛顿揭示宇宙的奥秘，了不起。莱布尼茨提出平行宇宙，简直是伟大。

1714 年，莱布尼茨完成《单子论》，从此成为世界顶级哲学家，成为理性主义三大哲学家之一（另两位是笛卡尔和斯宾诺莎）。

莱布尼茨认为宇宙由一种名为"单子"（意为"单独存在的"）的物质构成。另外，每一个单子都是一个小宇宙。

单子，听起来很奇怪。我换一个词，量子。怎么样，马上前沿高大上了吧。没错，单子就是初级版的量子。

在微积分上，莱布尼茨和牛顿打个平手。在时空领域，莱布尼茨的理论比牛顿超前 200 年。莱布尼茨的理论，在牛顿死后 200 年才用得上。

在《单子论》这本书里，莱布尼茨提出了著名的充足理由律：

任何一件事如果是真实的，或实在的，任何一个陈述如果是真的，就必须有一个为什么是这样而不是那样的充足理由，只是这个理由我们可能不知道。

中午 12 点，天肯定是亮的。这一点没有任何人怀疑。

有一天中午 12 点，太阳被遮住了，变成了黑夜。

古人认为这是天狗吃太阳，这是迷信。

充足理由律告诉我们，物体的存在是客观的，事情的发生是合理的。不管是什么离奇古怪的事情，都是有理由的。不是无外因的、无逻辑的。

中午 12 点天黑肯定是有理由的，不能瞎猜，更不必害怕。

通过科学，我们知道其原因是日食。

著名英国哲学家休谟说过：

"在这个有如戏院的世界上，每个事件缘由完全隐瞒起来不让我们知道，我们既没有足够的智慧预见未来，也没有能力防止伤害我们的事件发生。我们被悬挂在永恒的疑惧之中。"

莱布尼茨说，有因必有果，有果必有因。如果我们不相信充足理由律，就找不到真理，就成为迷信的囚徒。

1703 年，牛顿成为英国皇家学会主席。

莱布尼茨说服勃兰登堡选帝侯腓特烈设立柏林科学院。1700 年，他成为这家科学院的首任院长。

两人打成平手。

1708 年，俄罗斯驻维也纳大使委托莱布尼茨撰写一份俄罗斯科学发展规划。莱布尼茨顺利完成任务。当时的欧洲学者普遍认为俄罗斯荒蛮且遥远，莱布尼茨却看好俄罗斯。他说俄罗斯连接欧洲、亚洲和美洲，是人类文化沟通的主通道。俄罗斯必将在世界舞台上扮演重要的角色。

1711 年，莱布尼茨拜见了俄国彼得大帝。莱布尼茨向沙皇建议：

建立俄罗斯科学院；调查俄国和美洲之间是否存在地峡；开展斯拉夫文化研究；制作一幅俄罗斯浮雕地图；俄罗斯面积大，可以做一个磁力偏移的测试。

1712 年，莱布尼茨写信给沙皇说：

"尽管我长期就职于公务和司法系统，伟大的君主们也常常咨询我这方面的意见，但我却将科学技术视为更高价值的事业。科学技术是人类真正的财宝，科学技术将文明人和野蛮人区别开来。科学组织的作用是发现新知识，将已经发现的知识教育民众。我为不同国家的君主服务，但我并不是不忠于祖国的人，因为我把上天视为我的祖国，我的工作是为了全人类的利益。为此，我甚至同遥远的中国进行大量的书信往来。"

莱布尼茨劝沙皇不要打瑞典了，基督教国家应该团结起来对付土耳其。如果彼得沙皇非要打欧洲国家，那就打法国。因为路易十四是富有侵略性的帝国主义头子。

在莱布尼茨的建议下，彼得大帝设立了彼得堡科学院。俄罗斯能够变成强国，莱布尼茨功不可没。

莱布尼茨写信给白晋说：

中国是否有欧洲那样的大学、科学院或类似的机构？如果没有，应设法劝康熙皇帝建立起来。

莱布尼茨的宏大设想是设立欧洲联邦。当时欧洲分裂的最大问题不是政治而是宗教。因此，莱布尼茨设想把欧洲的宗教融合起来，让全欧洲人都能接受。

莱布尼茨更宏大的设想是全世界联合起来，为此他发明了世界语。

莱布尼茨的设想是一个世界，一种语言，一种哲学和空间。

莱布尼茨对任何人、任何事都好奇。用句现代的话，他吃饱撑的，整天没事瞎琢磨。

莱布尼茨说：

"无所事事使人愚笨。一个人应当总是找事情做，去思考、去规划。同时心怀社会大众和人类个体。如果在这个过程中我们的愿望得以实现，我们就满心欢喜。如果没有实现，也不必悲伤。"

前面讲了，莱布尼茨是数学家、哲学家、法学家、计算机专家，他还是外交家、自然科学家、物理学家、历史学家、冶金学家。他的研究成果遍及力学、化学、地理学、解剖学、动物学、植物学、气体学、航海学、地质学、逻辑学、语言学、历史学、宗教等。

欧洲的一位王后称莱布尼茨为移动的百科全书。莱布尼茨的一小部分贡献如下：

1. 第一个使用"坐标"一词。

2. 第一个给函数下定义。

3. 形式逻辑。莱布尼茨列出 24 个命题，包括今天我们熟知的一些逻辑学结果。例如，A 在 B 中，B 在 C 中，则 A 在 C 中；A=B 且 B ≠ C，那么

$A \neq C$ 等。这些命题看起来非常简单，却是证明最复杂定理的基础。

4. 拓扑学。

5. 符号思维。

6. 提出心理学方面的身心平行论和"下意识"。

7. 提出蒸汽机的基本原理。

8. 提出无液气压原理。

9. 提出地球成因、地球演化，启发了拉马克等人发展出地质学理论。

10. 对磷元素的性质和提取作了论述。

11. 认为地球上存在介乎动物、植物之间的生物，水螅虫的发现证明了他的观点。

12. 1684 年，莱布尼茨发表《固体受力的新分析证明》，文中提出的假说在材料力学中被称为马略特 - 莱布尼茨理论。

13. 城市公共卫生系统、火警服务系统（今天的 110）、路灯系统。

莱布尼茨认为自己的诗歌作品也是一流的，但没人认可。

莱布尼茨是当之无愧的万能博士。在人类历史上，有时候会出现一些莫名其妙的人，我写过达·芬奇、帕斯卡，加上莱布尼茨，他们 3 个应该来自更高文明的外星球。

牛顿有钱，没有家庭，没有社交，比较慷慨。

莱布尼茨有钱不多，热衷社交，比较吝啬。别人结婚的时候，莱布尼茨不出"份子钱"，他的"礼物"就是一句格言。莱布尼茨格言的技术含量还是很高的。不过，也有一些下流的隐喻。

牛顿生前被英国女王正式封爵。

莱布尼茨自称男爵。

莱布尼茨活跃于各国宫廷，一度为 5 个王室服务：汉诺威 - 不伦瑞克、纽伦堡、柏林、维也纳和彼得堡。他乘坐着破旧的四轮马车在欧洲崎岖的山路上奔波。

他的真正雇主只有一个——乔治公爵。

乔治公爵对他的要求只有一个——完成家族史。

莱布尼茨什么都写，就是没时间认真写家族史。

乔治气愤地说，莱布尼茨什么都做，就是不做我付他薪水的事情。

因为痛风和关节炎，莱布尼茨穿长睡衣、大袜子，戴又黑又长的假发，像一头毛毛熊。他爱干净、没臭味，说话有幽默感、招人喜欢。

1714 年，英国安妮女王去世，汉诺威公爵乔治意外成为英国国王。尽管莱布尼茨对此也有贡献（提供法律服务），但乔治国王却禁止莱布尼茨前往伦敦参加加冕仪式。

英国人拥护牛顿，讨厌莱布尼茨。乔治国王不想让莱布尼茨站在自己身边，惹英国人讨厌。牛顿和莱布尼茨之争，已经影响了英德两国的关系。

莱布尼茨之所以没有如期完成家族史，就是因为他写得太宏大了。他把一个德国地方诸侯的家族史写成了欧洲史、人类史，甚至连人类诞生之前的矿山和化石的历史都写了。莱布尼茨临死的时候终于出了第一本书，才写到公元 1005 年。乔治公爵认识的亲属，莱布尼茨一个也没有写到。

莱布尼茨病逝 100 多年后，他的《布伦瑞克史》才出版。不过，质量还是很高的。

1716 年 11 月 14 日，莱布尼茨在汉诺威过世，享年 70 岁。

去世前几个月，莱布尼茨完成了一份关于中国人宗教思想的手稿——《论中国人的自然神学》。

虽然就在距离很近的地方，乔治国王没有参加莱布尼茨的葬礼，也没有派代表参加。乔治国王除了女人和打牌，对其他事务都没有兴趣，连他的母亲都说他脑袋壳太硬了，普通的知识都装不进去。不过这位国王的运气很好，除了莱布尼茨，还有跨时代的音乐家亨德尔为他服务。

莱布尼茨年轻时经常向太太小姐写信，炫耀才华。但他没有结婚，也没有子女。

莱布尼茨是英国皇家学会和柏林科学院的终身会员，但两个组织都没有举行悼念活动。

没人关心他葬在哪里。

莱布尼茨的朋友科尔愤怒地说：

> "他给国家带来了巨大的荣耀，而我们埋葬他时就像埋葬一位海盗。"

26 岁时，在给资助人的遗孀的信中，莱布尼茨写道：

> "声望随同肉身一同埋葬的人是悲剧。死后声誉不灭的人却是幸运的。他们可以随时死去，因为他们已经获得了一个人能够希求的一切。"

普通人活长活短无所谓，死后一无所有。

名人活长活短也无所谓，死后名声永存。

生前，牛顿活得像被万众簇拥的明星。

莱布尼茨活得像推销员，到处推销自己的思想。

莱布尼茨死后，牛顿得意地说，我击碎了莱布尼茨的心。

不过，今天全世界学习微积分的人，都使用莱布尼茨发明的符号。

牛顿没有好学生。他死后微积分在英国停滞了、落后了。

莱布尼茨的徒弟伯努利兄弟，徒孙洛必达、欧拉一个比一个厉害。高等数学这门课，是莱布尼茨创立的。

莱布尼茨是举世罕见的通才和天才，是牛顿时代最为博学的人。人们称他是 17 世纪的亚里士多德。

莱布尼茨的学术成就和牛顿旗鼓相当，在某些方面甚至远远超过牛顿。超过的原因在于莱布尼茨关心世界各国、关心实业、关心民众，并建立了系统的哲学体系。而牛顿被神学框架束缚了。即使如此，莱布尼茨的名气却比牛顿小 100 倍。

18、19 世纪是牛顿的世纪。到了 20 世纪上半叶，万有引力、经典物理、绝对时空过时了，相对论、量子力学、相对时空论兴起了。

相对论是谁提出来的，爱因斯坦。

量子是谁提出来的？普朗克。

他们是哪国人？德国人。

文艺复兴时代，英国、法国、意大利、荷兰出现了很多世界级大师。德国相对较少。在莱布尼茨之前只出现过 4 个伟大的德国人：现代印刷术发明人古登堡、版画家丢勒、宗教领袖马丁·路德和天文学家开普勒。

没有哲学家。

莱布尼茨死后，德国哲学大师如雨后春笋般涌现出来，康德、费希特、黑格尔、谢林、叔本华、马克思。他们都受莱布尼茨的影响。

莱布尼茨是德国哲学和科学的开山祖师。

今天，德国人视莱布尼茨为民族英雄。德国政府举全国之力搜集莱布尼茨手稿。联合国教科文组织把这些手稿认定为世界记忆项目。

到了 20 世纪下半叶，电子计算机出现了。人们这才想起来，莱布尼茨不仅发明了计算机，还发明了二进制和符号逻辑。没有莱布尼茨就没有计算机。

从 1700—1900 年，这 200 年属于牛顿。

1900 年以后的 100 年属于莱布尼茨。

雅各布·伯努利（1654—1705）

约翰·伯努利（1667—1748）

丹尼尔·伯努利（1700—1782）

约翰二世·伯努利（1710—1790）

第十一章
一道数学题引起的豪门恩怨

1630 年，著名的伽利略老师出了一道数学题，内容如下：

一个球从三角形的 A 点可以沿直线滑落到 B 点，也可以从 A 点通过弧线 E 滑落到 B 点。我发现，弧线比直线的速度更快。但是弧线有很多条，哪一条才是最快的呢？

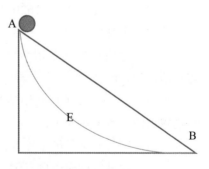

这个题目就是著名的"最速降线"问题。

2022 年了，我还是解不了 1630 年的题目。

伽利略老师给出了答案。

后来的数学家证明伽利略的答案是错的，但他们也不知道正确答案。

这道题目一拖就是 66 年，从崇祯三年拖到康熙三十五年。

1696 年的一天，瑞士数学家约翰·伯努利突然产生了一个灵感，然后花了两周的时间解决了这道 66 年前的难题。

按照正常的逻辑，约翰应该立即向全世界公布答案。这样，他的名字将载入数学史，他的答案将进入数学课本。他将一夜之间成为世界名人，成为上亿青少年羡慕（痛恨）的对象。

相反，哪怕是拖延一天，都有可能被别人抢了先，被别人夺走一切的名誉和财富。

约翰却决定将答案藏起来。他要报复，他要羞辱另外一个数学家，好让全世界都知道他比那个数学家聪明 100 倍。

"那个"数学家就是他的亲哥哥雅各布·伯努利。

约翰痛恨哥哥。这一年他写信给法国的洛必达侯爵说：

> "我哥哥恨我，迫害我，试图摧毁我。他看上去对我温和友好，心里却暗藏毒药。"

伯努利两兄弟是如何结怨的？让我先从他们的家族说起。

伯努利家族出过很多伟大的人物，包括数学家、物理学家、科学家、银行家、大商人，加在一起超过 100 人。

伯努利家族最早居住在比利时的安特卫普，为了躲避西班牙人的宗教迫害，老雅各布·伯努利于 1620 年移居到瑞士巴塞尔，经营香料生意。1622 年他获得公民身份。老雅各布的儿子尼古拉·伯努利出生在巴塞尔。

富二代尼古拉把父亲留给自己的生意做得更大，还当上了政府官员，是绝对的成功人士。

尼古拉有 4 个儿子，其中他对雅各布和约翰寄予厚望。尼古拉给他们兄弟俩规划的人生道路如下：

第一，学习商学，继承家业；

第二，如果对商学不感兴趣，学医学或神学也行。

第三，千万不要学没用的学科，比如数学。

遵照父亲的要求，雅各布于 1676 年（22 岁）获得神学硕士学位。毕业后，他游历荷兰、英国、德国、法国等地，结识了惠更斯等一大批科学家，并和莱布尼茨探讨微积分问题。

1683 年，雅各布回到瑞士，担任巴塞尔大学教授。这一年，伯努利在研究复利问题时发现了常数 e。常数 e 就像圆周率 π 和虚数单位 i 一样重要。这是一个伟大的发现。

1687 年，雅各布成为数学终身教授。

老尼古拉气得半死。这件事情只能怪他自己。谁叫他这么有钱，支持儿子出国游学。要是穷人，雅各布早就在家工作了。

1699 年，雅各布当选法国皇家科学院外籍院士。1701 年，雅各布成为柏林科学协会会员。在数学领域，他的贡献包括（不限于）：

伯努利数、伯努利公式、伯努利多项式、伯努利映射、伯努利试验、伯努利过程、伯努利方案、伯努利操作者、伯努利采样、伯努利分布、伯努利随机变量、伯努利定理、伯努利不等式、伯努利双纽线。

科学家一辈子有一两项发现就已经很了不起了。对于雅各布，我只能作一个不恰当的比喻，他至少可以获得 5 个菲尔茨奖。

雅各布的确是天才。

比如，$1^{10}+2^{10}+3^{10}+4^{10}+5^{10}+\cdots+1000^{10}$ 看起来是一个非常巨大的数字，如果用普通的办法一个一个加，半年的时间都算不完。

雅各布发明了一个公式，8 分钟就找到答案，后人称为伯努利数。

雅各布去大学教数学了，悔恨万分的老尼古拉用棍子逼着约翰学习经商。约翰对经商不感兴趣，就骗父亲说他愿意学医。

1690 年，约翰获得了医学硕士学位，4 年后他又获得医学博士学位，其论文内容是关于肌肉收缩的。他用数学来研究肌肉收缩问题。

的确，他已经爱上数学了。

约翰在巴塞尔大学学习的时候，兄长雅各布自然成为他的数学老师。

雅各布是学校的名教授。很多女孩子给他写信，却寄给同姓的约翰（都是伯努利）。约翰拆信后自然妒火中烧。约翰小哥哥 13 岁，是个毛头小伙，没有人看得上他。这反而刺激了他的自尊心。

约翰很努力，也很有天赋。他认为自己的学术造诣和哥哥不相上下。

可是外人却认为约翰是雅各布的学生，比老师差远了。

约翰很烦恼。

约翰申请在巴塞尔大学当数学教授。学校回复说，一个伯努利就够了。

28 岁的约翰不得不无奈地离开故乡，跑到荷兰格罗宁根大学教数学。他在写给伐里农的信中说：

"我之所以去伤害哥哥，是因为他对我苛待，甚至想把我踩在脚下。现在我完全不依赖他，也不欠他的。"

1701 年，在一封写给父亲信中，约翰说：

"我从来没有收到过您的信，这说明您更喜欢哥哥，对我没有感情。我真的不值得像哥哥那样被关心么？"

外人崇拜哥哥，父亲偏爱哥哥。

约翰心里失去了平衡，又酸又辣。

约翰就像《白雪公主》里的皇后，天天对着镜子说："魔镜魔镜，我和哥哥谁的数学水平高？"

我一定要找个机会显露惊人的才华，把哥哥的嚣张气焰彻底打压下去。我要让全世界知道，我不是雅各布教授的弟弟，而雅各布却是约翰教授的哥哥。

机会终于来了。

一道举世瞩目的数学题摆在兄弟两人面前。

这就是著名的悬链线问题。

悬链线是什么？我们拴一根绳子晾衣服。即使不挂一件衣服，绳子也会在重力的作用下下垂，形成一条曲线，这就是悬链线。

200年前，达·芬奇就思考过这个问题。他在画女人肖像时，一直琢磨那条项链该怎么画才真实。为什么达·芬奇是500年才出一个的天才？因为他觉得自己要画的不是项链，而是数学公式。

悬链线是什么线？如何用数学公式表达？

1638年，伽利略给出答案——抛物线。

1644年，17岁的少年惠更斯说，伽利略的结论是错的，但我也不知道答案。

在科学史上，能证明一个定理或结论是错的，也是科学家。

雅各布对悬链线产生了兴趣，熬了几夜，他放弃了，于是通过期刊向欧洲数学界征集答案。

很多人都回信了，证明这条线是双曲余弦函数。这其中有莱布尼茨、惠更斯，他们都是欧洲科学界的顶级人物。

还有一个人给出了答案，这就是雅各布的弟弟约翰。

雅各布自认为年纪大、资格老，是约翰的老师。老师让学生"将了一军"，哥哥败在弟弟手下，雅各布感到羞愧、尴尬。

约翰赢了，他兴奋了一整天，向全世界宣扬自己的"光辉事迹"。27年后，约翰在给蒙莫尔的一封信中还津津有味地谈及此事：

雅各布和约翰讨论数学题

"哥哥的努力没有结果，而我却幸运得多。我花了一晚上来钻研它。第二天早上，我满怀喜悦地跑到哥哥那儿，他还在痛苦地思索如何解开这个结。他茫然无绪，像伽利略那样认为悬链线是一种抛物线。'停下！停下！'我对他说，'不要再证明悬链线是抛物线了，不要折磨自己了，因为你完全错了。'我向他展示了我的解决方案。我这么说不是因为吹嘘，而是不想隐瞒真相。"

雅各布也有制约弟弟的手段。

创办于莱比锡的《教师学报》是发表学术成果的窗口。雅各布掌握着联系方式，不告诉约翰，甚至连一些学术的最新进展也不告诉约翰。约翰不得不先把文章发给哥哥，再由哥哥投稿。终于有一天，约翰发现自己的文章被哥哥篡改了，并且还加上了哥哥的名字。

在讨论船帆形状时，兄弟俩又产生了冲突。

这次，雅各布算出了答案，但他只告诉约翰一个方程式。

约翰不知情。他在1692年4月的一篇文章中调侃哥哥半途而废，调侃哥哥被海神普罗透斯迷惑了眼睛。

实际上，雅各布早在3月份就秘密投稿了。

答案一揭晓，被蒙在鼓里的约翰顿时成为众人调侃的对象。

约翰展开报复行动，宣称多个数学成果是自己先发现的。

愤怒到极点的雅各布写信给莱布尼茨，把他和约翰的成果一一澄清。他说自己是参透莱布尼茨微积分奥秘的第一人，约翰剽窃了他的果实。

雅各布还有致约翰于死地的绝招。他只说一句话就够了，那就是：

我是你老师，我是你老师！

兄弟俩时时想着赶在对方之前发表成果，时时要看对方的笑话。

我觉得这对人类是件好事。

他们两人在展开一场科学竞赛。不论谁赢谁输，人类都是受益者。

现在，约翰已经解决了世界级难题——最速降线问题。

他不想炫耀自己有多伟大，不想攫取金钱名誉。

他就想让全世界知道，我比我哥哥强，强得多！

为此他咨询了他的数学老师，大名鼎鼎的莱布尼茨。

莱布尼茨老师说，你先不要公布答案。我建议你把题目刊登在《教师学报》上，向全欧洲的数学家征集答案，截止日期为今年年底。明年年初，你把收到的答案和你自己的答案刊登在《教师学报》上，由读者来评价孰优孰劣。

既然公开征集答案，主办方就要给答对者高额奖金。这师徒俩倒好，一毛不拔。他们说：

"这个奖品是综合荣誉，赞美和喝彩，说明你有阿波罗般明亮的眼睛。"

征集文章发出去后，约翰天天等着来信。他担心别人找到答案，担心别人有更好的方法。他既盼着有来信，又害怕有来信，吃不好、睡不香。

这不是吃饱了撑的吗？

圣诞节到了，一年结束了，一封信也没有收到。

说实话，没有奖金谁费那劲啊。

也别说，年底真有一封信来了。

谁写的？

约翰忐忑不安地撕开信封，打开信纸一看，来信的不是别人，正是他的老师莱布尼茨。

老师给出答案，不丢人。

在信中，莱布尼茨对约翰说，看来全世界的数学家都不理我们师徒啊。

干脆我们主动出击，给那些数学家写信，向他们挑战。你看谁不顺眼，就给谁写信，让他们知道自己无能。圣诞节已经过了，等到复活节再公布我们两人的答案。

约翰点头同意。他第一个想到的人就是雅各布。

这可是一个千载难逢的机会。我要让全世界都看到我哥哥是多么无能，多么不如我。

约翰高兴地把信寄出去了。他又想到一个人。

我的老师莱布尼茨也有一个敌人，顺便，我也替师傅出出气。

老师的敌人，就是大科学家牛顿。

当时莱布尼茨和牛顿正在为谁是"微积分第一发明人"争得不可开交，双方都认为对方剽窃了自己的知识产权，对方是"小偷"。

约翰当然站在莱布尼茨一边。他说牛顿的方法笨拙，很多问题解决不了。

牛顿时任皇家造币厂督办，负责侦探、抓捕造假币者。他脱离科研岗位已经很长时间了。1697 年 1 月的一个晚上，牛顿疲惫地回到家里，饥肠辘辘，坐下来准备大吃一顿，在餐桌上意外地发现了约翰的来信。

在信中，约翰写道：

"很少有人能解出我们独特的问题，即使那些自称有着特殊方法的人。这些人自以为他们的伟大定理无人知晓，其实早已有人将它们发表过了。"

这句话暗讽牛顿自以为发明了微积分，实际上晚于莱布尼茨。

约翰不仅置疑牛顿本人的学术水平，还在信中讥讽说，整个英国，没有一个人能解答这道题目。

牛顿拍案而起，不吃饭了，做题！

牛顿读过《教师学报》，知道那道题目，没有兴趣解答。

当牛顿仔细阅读完题目，不禁倒吸一口凉气：

这不是一道普通的数学题，这是世界难题。

大晚上的，牛顿也没办法找人商量。他不停地思考，到了午夜还是没有解出来。又过了几个小时，凌晨 4 点，牛顿终于写下答案，画上句号。

他心满意足地上床睡觉去了。

约翰花了两周才解决的问题，牛顿一个晚上就搞定了。

牛顿给约翰回信的时候连名字都没有签。那意思是说，这是一个普通英国人给出的答案。

约翰打开牛顿的信，对其简捷的解法大为震撼。约翰反复阅读，没有找到牛顿的签名。于是他说：

"仅凭足印，即知狮王来过。"

我是莱布尼茨老师的斗牛犬，但在狮子面前还得称臣。

再说雅各布。他收到约翰的信后，提笔给莱布尼茨写道：

"刚刚读到信的第一句，我就深深地感觉到，我弟弟在字里行间泼上了毒液。他想让全世界的数学家解决他的问题，其实他针对的是我。"

雅各布不敢大意。说实话，解不出这道题没有什么损失，但输给弟弟脸就找不回来了。雅各布推掉了所有的事情，用了整整一周的时间，终于找到答案。这个速度虽然比不上牛顿，但比约翰又快了一倍。

约翰的学生洛必达侯爵寄来了他的答案。侯爵的祖上是法国高级贵族。侯爵本人也曾参军作战，后因视力不好退伍回乡，专心研究数学，并拜约翰为师。

至此，约翰收到了包括他自己、老师莱布尼茨、哥哥雅各布、恩师的死对头牛顿、学生洛必达，以及其他数学爱好者的答案。

约翰虽然讨厌雅各布和牛顿，但保持了一个学者的基本操守，将"敌人"的答案公布在杂志上。

5份答案都是对的，答案是摆线。

牛顿、莱布尼茨、洛必达用的是微积分法，大同小异。

约翰用的是费马原理加折射定律，他巧妙地把数学问题转化为光学问题，独辟蹊径。

雅各布的方法非常复杂，不易理解。

约翰认为，我的答案简捷漂亮，哥哥的答案烦琐笨拙。

约翰宣布，别人的答案我不管了。总之，我比我哥哥先解出问题，而且用的方法更简单！

雅各布的方法虽然很复杂，却在不知不觉中开启了一门新学问——变分法。

约翰这个巧妙的方法只能解决最速降线一个问题，而雅各布的方法可以解决一类问题。

解决完最速降线问题之后，兄弟两人又在等周问题上展开厮杀。

等周问题就是在所有周长相等的形状中，哪种形状面积最大。

雅各布反过来向弟弟挑战，还掏出 50 杜兰特作为奖金。

这次，雅各布赢了。

约翰偷偷地收回自己的错误答案，然后宣称他对这道题目没有兴趣。

雅各布本想嘲笑弟弟一番，不想 1705 年患病去世，终年 51 岁。临死前他说：

> "如果我死了，我弟弟肯定会回到巴塞尔。他不想接受其他任何职位，只想接替我的位子。"

虽然有不少人劝解，雅各布的遗孀还是拒绝约翰整理哥哥的遗稿。

生前，雅各布迷上了对数螺线。大自然中有很多对数螺线图案。比如鹦鹉螺的切面、向日葵的花盘、蜘蛛的网。

雅各布发现对数螺线经过各种变换后仍然是对数螺线。于是他从中总结出自己的箴言：

> 万变之后，我仍是我。

雅各布还有一句箴言：

> 我违父意，酷爱星辰。

雅各布在遗嘱中要求亲人将对数螺线刻在自己的墓碑上，以及上面那句话。工匠们不懂，给他刻了一个阿基米德螺旋线，而不是对数螺线。

雅各布预料得不错。约翰立即回到瑞士，成为巴塞尔大学的数学教授。恩斯特·马赫说这两兄弟：

雅各布的墓碑，下面是阿基米德螺旋线。

> "一个有艺术家的直觉与激情，一个有批判家的思维和逻辑。如果结合在同一个人身上，就会造就伟大的科学家。可惜这两面放在了两个人的身上，自然冲突不断。"

雅各布和约翰有一个兄弟叫尼古拉，喜欢艺术，后来成为一名画家。尼古拉有个儿子也叫尼古拉，喜欢数学，在巴塞尔大学跟着大伯雅各布学数学，后来成为意大利帕多瓦大学伽利略坐席教授以及英国皇家学会会员，也是一位知名的数学家。

哥哥去世了，牛顿去世了，莱布尼茨去世了。约翰在笔记本中写道：

"我的对手们都死在我前面，而且都比我年轻，这真是一种幸运。我没有对不住他们的地方，是上帝报复他们对我所做过的错事。"

你们都哑巴了，我可以痛快地骂你们10年。

还有一个人死在约翰面前，这个人就是英国数学家布鲁克·泰勒。在《高等数学》这本教科书里，有一个泰勒极数就是说他的。

泰勒写了一本数学书，在书中向牛顿致敬。

约翰读完这本书后跳脚大骂。你这本书中有很多内容都是抄袭我的，为什么不向我致敬。他匿名发表文章，严厉批评泰勒。

泰勒一看文章就知道是谁的，于是匿名回骂，顺便嘲笑了约翰多年前的一个错误。

1719年，两人从匿名争吵转向实名对骂。泰勒死于1731年。

约翰那句"我的对手们都死在我前面"，其中也包括泰勒。

当年解出"最速降线"的人，只剩下他和洛必达。

约翰不嫉妒洛必达，他知道自己学生的水平。

约翰有数学天赋但没有钱，洛必达数学不行但有的是钱。洛必达说，我每年给你300法郎，你把你的研究成果寄给我学习，但不许给别人。写几封信就有大把钞票，约翰欣然同意。

牛顿于1727年去世后，在数学这个王国，约翰当了几年国王。他抱着"天下第一"的牌子，做梦都担心被别人偷走。

老一代都故去了，新一代在茁壮成长。约翰最担心的是自己的儿子们。

约翰有3个儿子，其中长子丹尼尔最有天赋。

缺德的约翰逼儿子经商。

丹尼尔强烈反对。反对无效。丹尼尔学了一段商业后提出改学医学。约翰同意了。丹尼尔于1721年获得了巴塞尔大学医学博士学位。

约翰重复了他父亲当年的错误，资助丹尼尔去欧洲旅行。

1724 年，丹尼尔在威尼斯旅途中发表《数学练习》，奠定了自己在数学界的地位。丹尼尔在巴塞尔大学教授解剖学、植物学，和父亲的专业不冲突。

1734 年，法国皇家科学院举办了一场数学大赛。

67 岁的约翰毫无悬念地拿到大奖，因为竞争对手都死了。

晚上，约翰点上蜡烛，打开葡萄酒，准备和家人共同庆祝一番。

丹尼尔推门进来了，给父亲带回一件礼物。他也获得此次数学大赛的大奖。

气得约翰把酒杯狠狠地摔在地上。他大声吼道：

"滚出去，你这个不孝之子！"

儿子竟然与老子平起平坐，真是奇耻大辱！

丹尼尔滚出去后，又获得 9 次法国皇家科学院大奖。

约翰再也没有获奖。

丹尼尔是个孝子。为了照顾父亲的面子，他放弃了心爱的数学，开始研究陌生的物理。1738 年，丹尼尔出版了轰动世界的名著——《流体力学》。流体力学一直是包括伽利略在内众多科学家感兴趣的领域，只不过当时的数学理论不够先进，众科学家无能为力。丹尼尔用高等数学研究流体力学，取得了突破性的成果。今天您开汽车、坐飞机，都在应用丹尼尔的理论。

丹尼尔的研究成果还包括：弹性弦的横向振动（1741—1743 年），声音在空气中的传播（1762 年）、天文学（1734 年）、地球引力（1728 年）、潮汐（1740 年）、磁学（1743、1746 年），振动理论（1747 年）、船体航行的稳定性（1753、1757 年）和生理学（1721、1728 年）等。

1760 年，丹尼尔用数学模型研究瘟疫传播路径。

丹尼尔是柏林科学院院士、法国皇家科学院院士，英国皇家学会会员。他在欧洲的知名度高到什么程度？曾经有一个故事是这样的：

有一次，丹尼尔同一个陌生人闲谈。他自我介绍说："我是丹尼尔·伯努利。"

陌生人鄙夷地看了他一眼，然后说道："是吗？那我就是伊萨克·牛顿。"

在人们的心目中，丹尼尔可以与牛顿齐名。

丹尼尔成为当红明星，约翰这个当父亲的一点也不高兴。

他经常偷看儿子的手稿，千方百计想发现儿子的错误。

《流体力学》一出版，约翰的红眼病当场发作，气得像头咆哮的公牛。

我儿子已经飞上天了，追不上了。怎么办？

约翰眼珠一转，计上心来。

不久之后，一本与《流体力学》内容几乎百分之百相同的《水力学》出版了，作者约翰，出版时间是 6 年前。

也就是说，这本书 6 年前就上市了，只不过今天书店才卖。

约翰骄傲地宣布，我儿子的《流体力学》是抄我的。

约翰抱怨父亲对自己关爱不够，他自己就是一个极端自私的父亲。

丹尼尔读完父亲的《水力学》，气得像头四处乱撞的小牛犊。他写信给好友欧拉说：

"我的《流体力学》从头到尾都不用感谢我父亲。他抢劫了我 10 多年辛苦的成果。"

丹尼尔在写书的过程中一直与其他科学家交流。当他们听说约翰指控丹尼尔抄袭后，纷纷拿出丹尼尔当年的信件，为丹尼尔作证。

约翰啥也拿不出来。

约翰发现自己的《水力学》无人问津，儿子的《流体力学》成为大学师生追捧的经典教材。

约翰偷窃别人的果实，洋洋得意，没想到这种事情也轮到了他的头上。

牛顿、莱布尼茨、雅各布和约翰，对微积分都有贡献，但这些贡献是零散的，不成体系的。

约翰的学生洛必达把市面上所有的微积分知识汇总整理，分门别类，于 1696 年出版了一本书，书名叫《阐明曲线的无穷小于分析》。该书一上市，就成了经典教科书，占领了欧洲各个大学。

这本书中，就有不少约翰的成果。

为了 300 法郎，约翰每年把大量的研究成果寄给洛必达。这些成果都写进了《阐明曲线的无穷小于分析》这本书里。在前言里，洛必达向莱布尼茨和约翰致敬，声称从两位老师身上受惠甚多。

这本书的第九章提出了一个极限法则，后人称之为洛必达法则。

今天，洛必达法则进入《高等数学》教材，洛必达本人也名垂青史。

说实话，伯努利方程、泰勒极数、洛必达法则我全学过，至今还知道这些名词。不过，除了这几个名词之外，其他的我忘得一干二净。

约翰发现这本书中的很多内容都来自自己的信件，包括洛必达法则。

约翰急了，想证明书中的定理是他发现的。可是按照协议，他没有向别人透露过信件的内容，他自己也没有留底。再说了，你拿了洛必达那么多钱，这事说出去多丢人。

约翰有口难言，不停地向身边人抱怨。

洛必达死后，约翰公开了他们之间的协议，声称洛必达书中的内容是自己发现的，特别是洛必达法则。

洛必达独立解出了"最速降线"问题，他的数学才能有目共睹。人家世代贵族，怎么会剽窃你的成果？许多数学家认为，洛必达法则就是洛必达本人发现的。

还有人说，你约翰拿了人家的钱，相当于把成果卖给洛必达，你还想名利双收啊。

1748 年，在对儿子的嫉妒和对洛必达的仇恨中，约翰"含冤"去世，享年 81 岁。

约翰的另一个儿子小约翰，也是数学家。父亲去世后，他继任为巴塞尔大学数学教授。小约翰三次获得法国皇家科学院大奖。小约翰有两个儿子，一个是数学家兼物理学家，一个是数学家兼天文学家。

1921 年，保罗·沙夫海特林在巴塞尔大学发现了约翰在 1691—1692 年间关于微积分的手稿。手稿的内容和洛必达书中的内容有很多相同之处。特别是手稿中有洛必达法则，算是为约翰挽回了荣誉。

不过，没人打算把洛必达法则改回约翰法则。

本文对约翰多有调侃，可当故事阅读，娱乐而已。

不过，文中的主要事实的确是真的。

客观地说，约翰绝对属于一流科学家。他解决了悬链线问题（1691 年），提出洛必达法则（1694 年），解决最速降线（1696 年）和测地线问题（1697 年），给出求积分的变量替换法（1699 年），研究弦振动问题（1727 年），出版《积分学数学讲义》（1742 年）等。

世界上没有十全十美的人。哥哥生活在父亲的偏爱和成功的巨大光环下，当弟弟的肯定感到压抑。约翰没有自暴自弃，没有在工作和生活中报复哥哥。他一心想从学术上打败对手，这是良性竞争，值得鼓励。

哥哥先做一个东西比弟弟好，弟弟接着做一个东西比哥哥好。哥哥第二次做一个东西比弟弟更好，弟弟第二次做一个东西比哥哥还好。

表面上，兄弟俩是相互竞争的仇人。

实际上，兄弟俩是相互督促、相互帮助、相互成就对方的恩人。要是有一个人揪着我书中的错误不放，哪怕是骂，都有助于我把书写得更好。

科学家之间相互攻击、谩骂并不稀奇。

笛卡尔称批评他几何学的人是苍蝇，帕蒂特是狗，霍布斯极端可鄙，罗贝瓦尔禽兽不如，贝格兰的论文擦屁股最合适。

牛顿和莱布尼茨、牛顿和胡克的争斗一点儿不比伯努利兄弟逊色。对了，牛顿和天文学家弗兰斯蒂德的斗争也是白热化的。

大科学家，有点脾气不奇怪。

唯一让人不能接受的是，约翰如此嫉妒自己的儿子。这就是变态。

约翰还有一个不容忽视的重大贡献。

他在巴塞尔大学教书的时候，一个哲学专业的大学生常常跑来向他请教数学问题。这名大学生取得硕士学位后，转入神学系，不再向约翰学习数学。

约翰很喜欢这个年轻学生，觉得他有数学天赋，就问他为什么要选择去做一名牧师。

这名叫欧拉的年轻人回答说，这是他父亲的意愿。

约翰于是找到欧拉的父亲，劝他允许欧拉继续学数学。

约翰一辈子不服这个，不服那个。他也许不会想到，欧拉的数学成就在所有的伯努利之上，是 100 年才出一位的数学家。

这么说吧，在数学领域，欧拉与牛顿居同一阵营。

约翰收集"最速降线"答案时，欧拉还没有出生。欧拉长大后，仔细阅读了 5 位顶尖高手的答题方法。他发现雅各布的方法和别人都不一样，似乎隐藏着什么秘密。经过研究，欧拉提出了"变分法"。

培养儿子丹尼尔和欧拉，也算是约翰为数学做出的巨大贡献。

明朝末年，欧洲的数学开始发力。韦达发明代数，斯皮尔发明对数，笛卡尔发明解析几何，帕斯卡研究圆锥曲线，费马发展数论和概率论，牛顿和莱布尼茨发明微积分掀起高潮，伯努利家族推波助澜，并成功地将接力棒交到天才欧拉手中。

人类数学史波澜壮阔，一浪高过一浪。

从哥白尼到开普勒，天文学需要数学。从伽利略到帕斯卡，物理学需要数学。光学、化学、商业和战争都需要数学。整个社会进步对数学提出了巨大的需求。欧洲数学家已经形成组织，形成规模，数学理论开始进入深水区。

大清国除了康熙皇帝跟着欧洲传教士学点初等数学之外，文武官员、大学士基本上与数学是绝缘的，今天的小学生都可以问倒他们。今天的大学生，毕业 10 年之后，参加高三数学考试，大部分都不及格。

巴多明神父（1665—1741）

第十二章

巴多明——"中国为什么没有产生科学"

巴多明 1665 年生于法国士鲁斯，在里昂的教会学校完成学业后，于 1685 年进入阿维尼翁修会。他勤奋好学，除神学知识外，还广泛涉猎历史、地理、几何、文学、物理、医药等多种学科。

1698 年，白晋招募传教士前往中国，巴多明报名参加，1699 年来到北京。

康熙皇帝一见到他，立即被他的博学多才吸引。"帝喜之与言，辄作长谈。"

沙如玉神父写道：

"康熙皇帝从一见到他起，便觉察到这位新来的传教士有杰出的才能与美德。从此以后，皇帝便喜欢、尊重并另眼相看他了。"

巴多明还有一个优点，体貌魁伟，长得好看。

康熙帝慧眼识才，决心好好培养巴多明，选派优秀的老师教他满汉语言。巴多明有语言天赋，说汉语和汉人一样，说满语和满人一样。康熙帝和他交流一点障碍都没有。

康熙帝非常高兴，和他交流一点障碍都没有。张诚、白晋教康熙帝几何、植物、解剖、医科等自然科学知识。巴多明则侧重社会科学，讲解世界各国的政治制度、治国理念。身为法国人，巴多明说的最多的自然就是路易十四。从此，康熙帝对这个远方的太阳王多了一份敬意，并对法国人另眼相看。当然，康熙帝还不知道法国有多少牛人，如笛卡尔、帕斯卡、费马、莫里哀等，更不会理解他们的著作。

在北京，康熙帝经常召见巴多明。去外地，康熙帝命巴多明随行。如见不到巴多明，康熙就让他写折子、做教材，把科学知识呈上来。

说句过分的话，这有点像刘备刚见到诸葛亮。

除了法语外，巴多明还精通拉丁文、葡萄牙文。俄国使团来华，巴多明充当翻译，又学会了一些俄语。巴多明在北京创办了一所拉丁语学校。

皇长子胤禔鄙视欧洲语言，自认为满语最好。他说外国书籍的装帧精美，但拉丁字母个头小、样式少，像断开的锁链，又像苍蝇在灰尘桌面上留下的印痕。而满语的字母，美丽准确、精微丰富，连汉语的象形文字也比不上。我们满语听起来是悦耳的，但你们西洋话和福建省的行语差不多，都是吱吱吱的。

有一次，皇长子用满语说一件事情，然后让巴多明用拉丁语写下来，然后寄给苏霖神父，并让苏霖神父用汉语回答。

巴多明和苏霖很容易就完成了满——拉丁——汉3种文字的转换，意思完全没变。

皇长子不肯认输，继续批驳西洋字母。

巴多明决定杀杀皇长子的气焰。他说，拉丁文能解释满文，但满文却不能充分表达拉丁文。因为满文两个辅音不能彼此相连，一定要在它们之间插入一个元音。另外，满语书写除了以n结尾的单词之外，通常总是开着的，不好区分。还有，满语表达方式比较冗长，所以很难用来写诗。但汉语就很容易。巴多明一口气指出满语很多缺陷。

最后，皇长子无奈地笑着说道，你因为在中国，所以指出满语的问题。如果我去欧洲，也能指出欧洲语言的许多问题。

巴多明说，欧洲各国建立了专门的科学院，不断改革和完善语言，以适合科学和文学的需求。

皇长子觉得抓住了巴多明的把柄。他立即兴奋地说，欧洲语言方面的错误一定很多，否则为什么建立专门的机构去改革和完善呢？

巴多明说，这些机构的主要作用是保护语言，改革语言只是其中一项工作。正如大清保护黄河一样。

皇长子问，你们的语言是否借用了他国语言？

巴多明说，欧洲各国互通贸易，使用了很多共同词汇。

皇长子大笑说道，我们满语仅从蒙古人那里取来一点点，从汉族人那里取来的也不多，因此算是纯洁的。而你们西洋人的语言却是混杂的、肮脏的。总之，满语第一，汉语第二，西洋语第三。

巴多明继续反驳，指出汉语的不足。

"好吧，好吧，我说不过你。"皇长子说："现在你们西洋语超过汉语排第二了。我汉语不行。说不定汉人专家能够通过辩论赢了你！"

1723 年，巴多明与法国著名学者如丰特内尔、梅朗、弗雷亥建立了通信联系。这些信件现在保存于法国国家图书馆或法国科学院图书馆。在这些信件当中，巴多明阐述了他对中国科学的看法。

我觉得他的看法比较客观、准确。因为他有一个所有人都不具备的优势：他既懂科学，又了解康熙皇帝和大清官员的真实想法。

巴多明首先肯定了康熙帝对科学的支持。他说，康熙帝向科学家、数学家提供资金，支持他们制造科学仪器，进行科学考察。皇帝还帮助科学家解决后顾之忧，使他们有稳定的收入，并不受无知骗子的告发和迫害。当然，这些都是在南怀仁的建议下进行的。

巴多明承认，中国人研究天文学的时间点要早于其他所有民族。但是，中国的天文学已经非常落后了：

"中国人没有进一步发展天文知识，他们的知识已经不先进了，无法希望他们可能飞得很高。中国人特别强调靠天吃饭，注重历法，但对宇宙论的最基本常识却一无所知。天文学处于摇篮中。"

这是什么原因呢？因为钦天监里懂一些科学、数学的人一辈子只能从事这项没有油水、不受尊敬的工作。预测得准是本分，没有奖励。预测错了，很可能被砍头。在这种恐怖的环境中，他们死守历法，对新的天文现象一概假装看不见。

巴多明发现中国人喜欢星相学。

你只要对中国人说，他将会做大官，那么你当场会得到很多报酬。

在争夺大位的过程中，三爷、八爷、九爷和十四爷纷纷寻找会相术之人，并对他们的话深信不疑，结果没有一个准的。四爷成为雍正帝，他更加迷信。

巴多明认为，中国科学落后并不要紧，但真正的不幸是中国人没有忧患意识，没有认识到当时的困境。

巴多明归纳了中国科学落后的原因。

第一，中国人缺乏逻辑思辨。巴多明于 1730 年 8 月 11 日写信给法国学者梅朗说：

> "中国人在思辨科学方面具有古老的传统，可现在很少有人进行这方面的深入研究，这使我难以理解。"

巴多明举了一个例子：

> 中国医生谈医学机理时，我听不出其中有多少正确的东西和合乎逻辑的道理。但是，当我看到他们用手抚脉，用看舌看色等方法探病和开方用药时，往往产生奇效。

巴多明指出一个为当今主流社会所认可的观点：

中国古代虽然没有科学，但有技术。

不过，没有科学的技术是停滞的技术，倒退的技术。

比如，欧洲人认为人的记忆在大脑，但中医却认为人用心思考。什么牢记于心、放在心上、心知肚明。南怀仁在《穷理学书》中写道，"一切知识记忆不在于心，而在头脑之内。"不仅遭到御医们的强烈反对，官员和读书人也视为笑话。

中国人研究天文的时间早，积累的数据多，很多天文现象都是中国人最早发现的。但是，由于没有逻辑思辨，中国的天文学成果是一盘散沙，不能建成天文学大厦。

逻辑就是一张地图，引导人们一步一步前进，最终发现科技宝藏。明末学者徐光启在翻译《几何原本》的时候发现了逻辑的强大。他说几何学有"两个四"：

> "四不可得：欲脱之不可得，欲驳之不可得，欲减之不可得，欲前后更置之不可得。
>
> 四不必：不必疑、不必揣、不必试、不必改。"

千百年来，欧洲的中小学生都学习逻辑课程。我前文提到，欧洲很多科学家在大学里学法律专业。他们的文章重事实、讲证据、用逻辑、有结论。

而大清读书人的文章重主观、轻客观、这些文章听起来有道理，实际上根本经不起推敲。明末学者李之藻翻译了亚里士多德的逻辑著作《名理探》，但读过的人很少。

由于没有逻辑推导，中国人对自然的认识是从经验到实践，实践出技术，但没有科学。

第二，大清百姓讲求实用、看重物质、轻视抽象、忽略心灵。

巴多明写了一篇关于蜘蛛网实验的文章，交给康熙皇帝。

康熙皇帝阅后十分高兴，让他的 3 个儿子一起读，并提交读后感。

其中一个皇子写道，我读了很多书，从未读过就一个微不足道的问题去做如此准确而勤勉研究的文章。

康熙帝也说，欧洲人在这方面比我们能干，他们想知道自然界中的一切。

巴多明写道：

> "中国人局限于以纯粹实用的心理去理解科学。他们认为思辨科学不能够增加国家安全和个人荣誉，因此不值得劳心费力。研究天文不能使人致富，更不能使人得到尊重。钻研经典，研究历史，中国人通过这条道路，可以中秀才、举人、进士，可以做官，光宗耀祖。"

杞人担心天会掉下来，大家说他是大傻子。其实，杞人并不傻，也不可笑，他提出了一个很严肃的科学课题，但没有人理解。

有人举了一个形象的例子。

远古的希腊人仰望太空，探索宇宙奥秘，发展出数学、哲学和抽象思维。

远古的印度人坐在树下，反省自身，认识自己。

远古的中国人走出家门，学习与人相处。

欧洲知识分子把科学视为工具，其目标是追求真理。

大清知识分子把功名视为工具，其目标是升官发财。

法国耶稣会士沙守信说：

> "这个国家的人只怕皇帝，只爱金钱，对永恒的东西麻木不仁、漠不关心。他们最爱炫耀自己是世界上最有礼貌、最有文明的民族。"

第三，在大清，评价知识分子的主要指标是官职大小，其他才能不被广泛认可。编撰戏剧、创作音乐融入不了主流。像蒲松龄这样的大文学家，一直生活在底层，遭人嘲讽，连蒲松龄本人都觉得丢人。知识分子经商是自甘堕落。知识分子要是出国探险，那是丢祖宗的脸。1730 年 8 月 17 日，巴多明写道：

"在科学上有成就的人得不到相应的社会奖赏。在钦天监任职的科学家大都具有才华且努力工作，可他们每月的薪水只能维持最低限度的生活。

皇宫里有许多望远镜和钟表都出自欧洲最能干的工匠之手。康熙皇帝比任何人都清楚望远镜和钟表对于精确地观察天象是必不可少的，但他不允许他的天文学家们去使用这些器具。

在中国历史上曾发生过因轻视天文学家而使政府和民众遭受惩罚的事，但并没有使政府意识到将科学用于天文观测、气象能改变中国的穷困。"

大清有很多的知府、知县，大部分贪污腐化、家财万贯。大清有很少的天文人才，却活得很贫困。

大清有很多先进的科学仪器，康熙皇帝用来装饰自己的房间，却不让钦天监的人去观测天象。

康熙认为观测天象是掌握国运，而不是预防灾害。

我们都学过韩愈的《师说》，都知道那句，"师者，所以传道授业解惑也。"但是，我们可能没有注意到文章中还有一句，"巫医乐师百工之人，君子不齿。"

医生、音乐人、工匠，读书人不屑于看他们一眼。

如果牛顿出生在大清北方的一个小农村，他能干什么？首先没有大学可上，没有数学老师，只能读四书五经。牛顿不想务农的话，只能通过科举当官，出人头地。按照传宗接代的思想，牛顿不结婚必将遭到村里上上下下宗亲的嘲笑。牛顿孤僻的性格，在官场上肯定也混不下去。

万工皆下品，唯有当官高。

第四，内部没有刺激大清发展科学的动力。

巴多明认为，如果中国邻国中有一个科学强国，他们的科学家能够批评大清在天文学方面的落后，大清政府便可以从昏睡状态中清醒过来，大清皇帝便会推动科学的发展。

巴多明大胆提出了一个激进的方案，如果有一个国家来征服大清，大清就会谦卑地接受先进的科学。

这一点说得有一定的道理。英国历史学家尼尔·弗格森认为，欧洲各国为什么领先世界，征服世界，一个重要的原因就是它们相互之间激烈的竞争。

英国和法国，法国和德国，数百年来战争不断，相互之间割地赔款。欧洲大陆有狮子、有熊、有豹子、有黑鹰，不是捕食对方，就是被对方捕食。

大明大清是条巨龙，周边都是食草小动物。所以巨龙不思进取、呼呼大睡，慢慢退化成食草动物。

巴多明说大清对于科学发展既没有远见，也没有紧迫感。

路易十四总想着称霸欧洲，彼得大帝总觉得俄国落后。康熙皇帝总认为，大清是世界上最先进的国家，没有什么要做的事情。晚年的时候，他说，"为君之道，要在安静。今天下太平无事，以不生事为贵。古人云多事不如少事，职此意也。"

我再补充四点。

一是欧洲的海外探险和开放带来很多新思想和新事物，比如土豆、西红柿、大象、巧克力，比如中国的图书和工艺品。这些新鲜事物引起了欧洲人的追捧和思考。而大清最聪明的读书人，对外国的事物几乎一无所知。生活在康熙年间的大学者顾炎武都相信葡萄牙人喜欢吃小孩。还认真写道：

"巨镬煎滚沸汤，以铁笼盛小儿置之镬上，蒸之出汗尽，乃取出用铁刷刷去苦皮，其儿犹活，乃杀而剖其腹，去肠胃，蒸食之。"

连顾炎武都是这般见识，可知大清读书人对世界的认知。

二是科学和政治、宗教是死对头。换而言之，科学和愚昧是死对头。

在欧洲，科学遭到天主教会的疯狂打压。哥白尼临死前才敢出版《天体运行论》，布鲁诺被烧死在罗马，伽利略被教皇软禁在家。欧洲科学之所以活下来，要感谢马丁·路德，他在《天体运行论》出版之前向教皇开战，把教皇骂得狗血喷头。因此，科学在天主教和新教的斗争中得以生存下来。当然，更应该感谢那些为真理而牺牲的科学家。

在大清，政治是反科学的。

康熙年间，一个读书人和一个传教士有过一番对话，大家可以体会一下。

读书人问传教士，地上死一个君王、一个将军，天上就会掉下来一颗星星吗？

传教士回答说，人类已经有几千年的历史，哪怕一年死一个重要人物，天上的星星到今天都掉光了。

年轻时，康熙皇帝嘲笑官员们不懂天文。年长后，康熙恐惧官员们掌握天文。他要掌握天文的解释权，绝不允许任何人借用天文来威胁他的政权。

再举个例子。为康熙服务的御医可以说是大清最好的医生。尤论他们的选拔，还是接触的病例，以及医生之间的交流都远高于民间医生。但是，这些医生没有一个写出一本医学书。康熙皇帝也不允许皇亲国戚的身体情况及医治情况外传。在这种情况下，不要说医学普及，就是这些御医的名字，也不为社会所知道。

巴多明本人就是个鲜明的例子。一开始，康熙命他把西方人体解剖图书翻译成满文。巴多明发现，康熙皇帝对此事极为热心，不仅给他配备了强大的团队，而且每几天就亲自校正他的译稿。这本书历时 5 年才完成。到了最后，康熙对他说，这本书抄写 3 份，放在皇宫里。民间看了这本书里的人体画，有伤风化。

人清皇权强大，但皇权是反科学的。

三是中国传统的祖先崇拜扼杀创新精神。皇帝永远是对的，父亲永远是对的，老师永远是对的。年轻人不听老人言，吃亏在眼前。皇帝不遵祖制，是滔天大罪。直到今天，我们的教育还过分强调标准答案，否定学生们的奇思妙想。

一位传教士写道：

> "中国人有点故步自封，他们对祖先的崇敬使他们以为不可能在祖先发明以外再有任何发现。这种崇敬泯灭了他们超越的愿望，也窒息了追求。"

四是欧洲出现了两个伟大的科学引路人——培根和笛卡尔。培根提出"知识就是力量"，造就了英国皇家学会；笛卡尔提出"我思故我在"，创造了科学方法论。

巴多明为中国科学发展提出了一些切实有效的建议。

首先是政府的大力支持。他说：

> "促使科学在中国繁荣昌盛的办法，就是不只是要有一位皇帝，而是要有数位连续执政的皇帝，支持那些取得新发现的人。"

晚年的康熙虽然和罗马教廷发生了严重的冲突，但对欧洲科学的兴趣依然不减。雍正皇帝即位后立即驱逐欧洲传教士。乾隆皇帝对科学根本不感兴趣。康熙的儿子、孙子对科学的热情不到他的 1%。

其次，尊重科技人才。巴多明说：

"大清政府应设立天文学博士和几何学博士。如果他们能在科学研究上做出重大成绩，可让其担任中央和地方的行政长官。"

整个大清王朝都是建立在官本位上的。没有官位，就没人尊重你。大清皇帝都不把科学家当人，文武百官更加瞧不起他们。

巴多明认为钦天监的工作人员是科学家，是国家的宝贵财富。懂天文和数学的人才，应该让他们到中央或地方做大官，让别人尊重他们。

我觉得大清的读书人中举之后，应该到钦天监工作两年，再下放在全国各地工作。

最后，发展解剖学。巴多明说：

"大清医生应该解剖尸体，研究人体的各部位，这对中国医学的发展大有裨益。"

说实话，欧洲来的传教士帮助康熙皇帝学了不少科学知识。如果没有这些人，康熙将百分之百被传统儒学包围，不知道地球是圆的，不知道地球绕着太阳转。这件事能怨康熙吗？康熙也不服气。他会反问，没有西洋人，谁教给我科学？

巴多明在北京死后 100 年，大清政府再也没有人考虑科学的问题。直到英法联军攻入北京。

法国著名启蒙思想家伏尔泰阅读了巴多明的书信和资料，写了《论中国风俗》。他说，巴多明是知识的伟人，他对中国科学有独到而深刻的见解。伏尔泰认为，中国科学 2000 年停滞不前，中国文学和哲学落后欧洲 200 年，但中国道德和政治全世界排第一。

古代中国为什么没有发展出科学，这已是一个国际课题了。本文不再赘述。

旧中国没有产生科学，这是一个不可改变的事实。我们也不必为此耿耿于怀、捶胸顿足。改革开放之后，我国现在已经成为世界科技大国，我国的科研机构、科技人才、科研成果、发明专利居世界前列。涌现了一批享誉世界的科学家。

令人遗憾的是，我们还不是科技强国。

我觉得有三大问题存在。

首先是全社会上下都要学习科学、尊重科学。

中国科协发布调查报告称，2020年我国公民具备科学素质的比例达到10.56%。

触目惊心！

我国近80%的国民没有受过高等教育。一部分人即使受过高等教育，也缺乏正确的科学观。还有不少人认为阅读科学著作没用，不如学习如何升职发财。

我们都说三观很重要。没有科学素养就没有全面的世界观，也没有健康的人生观，更没有准确的价值观。知道宇宙万物的奥秘，是为了我们人生的圆满，而不是短期的利益。

和巴多明同时代，在北京的法国传教士傅圣泽说：

"大清百姓想象不到在从事各种活动时除了利益之外还会有其他什么目的，他们无利益之外的理解力。"

300多年前的这句话，现在听起来还震耳欲聋。

世界上有科学、有文学、有艺术，权力和金钱只是我们人生的一小部分。

其次，改变科学教育。

在中学阶段，我们的科学教育难度超过了欧美。在大学阶段，我们却没有培养出更多的科学家。

为什么？

因为我们在教育过程中给学生灌输了大量的科学知识，但没有培养学生的判断力，没有培养学生提问题的能力，没有培养学生质疑的能力。所以，我们的学生学得快、照着做、考得好。但一旦面临新问题，就失去了参考书，失去了标准答案，甚至失去了勇气。

最后，去除科学功利化。

我们在尊重科学家、奖励科学家的同时，又走向另一个极端。为了当官去当科学家，为了发财去当科学家。所以出现了学术造假、学术抄袭，甚至学术腐败。不仅害了自己，也污染了学术环境。这就违背了科学的初衷。

第三部分　交流时代

马国贤（1682—1746）　　　　　德理格（1671—1746）

第十三章
紫禁城里的洋艺术家

文艺复兴时期，欧洲绘画技术跃上一个新台阶，其人物肖像已经达到了照片般的效果。巴洛克风格通过神奇的明暗对比，使人物面部产生了立体感。看到西洋油画的明朝人，无不啧啧称奇。

当万历皇帝看到圣母肖像时，不禁脱口而出："这不就是活菩萨吗！"

康熙前期，供职于钦天监的利文思就是一位丹青高手。他收了一个华人徒弟焦秉贞。《国朝院画录》中写道：

"海西法善于绘影，剖析分寸，以量度阴阳、向背、斜正、长短；就其影之所著而设色，分浓淡明暗焉。故远视则人畜、花木、屋宇皆植立而形圆。焦秉贞深明测算，取西法而变通之。圣祖之奖其丹青，正以奖其数理也。"

要想画得好，先得学数学。要想照得好，先得学光学。

1689年，焦秉贞作《池上篇》，康熙帝大加赞赏。

白晋奉路易十四之命来到北京，给康熙皇帝展示了路易十四的肖像画。康熙皇帝命白晋返回欧洲，招募更多传教士人才。白晋想找一位擅长绘画的传教士，始终没有找到，于是带着一位意大利画家吉拉吉尼来到北京。

吉拉吉尼为大清皇室成员画了一些肖像。

1703 年，康熙对翰林院侍讲高士奇说：

> "西洋人写像，得顾虎头神妙。有二贵嫔像，写得逼真。尔年老久在供奉，看亦无妨。第一幅是汉人，第二幅是满人。"

顾虎头即顾恺之。

吉拉吉尼画肖像出了名，求画的人蜂拥上门。

一位深受康熙器重的喇嘛恳求皇上允许吉拉吉尼为自己画像。康熙帝拒绝了。人家是天主教徒，不愿意为其他宗教的教主画像。

1703 年，"东方最美"教堂，北京的北堂竣工。这座教堂的墙壁、穹顶上画满了美丽的图案，既有人物肖像，也有自然风光。这些杰作都出自吉拉吉尼之手。吉拉吉尼在墙上用透视法画了一排柱子，看起来越来越小，越来越远，像真的一样。传教士们诙谐地说，前来参观的中国人一直用手去摸墙，他们不能相信那些柱子是画出来的。当他们抬头仰望穹顶时，那些画出来的圣人似乎真的飘浮在空中。

参观的人无不惊叹。

《红楼梦》里，宝玉屋里就有一幅西洋画。书中写道：

> "刘姥姥见到一个女孩儿，满面含笑。她上前拉那女孩儿的手，结果'咕咚'一声，撞到板壁上，把头碰的生疼。仔细看了看，原来是一幅画儿。刘姥姥还纳闷：'原来画儿有这样活凸出来的。'"

除了自己创作外，吉拉吉尼还招收中国学生。这些中国学生有一定的绘画基础，他们用西洋油画颜料画中国山水。

1704 年，吉拉吉尼右肩疼痛难忍。御医凌易风、尹德建议用针灸治疗。吉拉吉尼不敢接受。当时康熙出巡塞外。皇三子胤祉专门写信向康熙帝请示。康熙皇帝批道：

> "西洋人既不欲针灸，则听其便，勿得强迫。"

吉拉吉尼在北京深得康熙帝宠爱，衣食无忧。但是他不是传教士。传教士把自己献给上帝，四海为家，终身不婚。

吉拉吉尼思念家乡，思念亲人，于 1704 年回到他的祖国意大利去了。

康熙帝十分遗憾，送给吉拉吉尼 100 盎司的白银作为饯行礼。

短短的四五年，吉拉吉尼给中国留下很多宝贵遗产。除了他的作品，还有他的学生。他让康熙皇帝对西洋油画产生了兴趣。不光是康熙，后来的雍正、乾隆都喜欢西洋画。吉拉吉尼回国后把自己的经历写成书，向欧洲人介绍中国文化。

在京的传教士看到康熙帝喜欢西洋画，于是在欧洲四处寻觅会画画的传教士，不想让吉拉吉尼这种"半途而废"的事情再发生。

最后，他们找到了马国贤。

马国贤 1682 年出生于意大利那不勒斯，1707 年他和 5 位传教士从欧洲出发，1710 年到达澳门。康熙皇帝告诉两广总督赵弘灿，让洋教士先学汉语，再进北京。

当康熙帝听说这批传教士中有个会画画的，立即告诉赵弘灿，让该传教士画三四张画，送到北京看看。

看到马国贤的画后，康熙皇帝很满意，命令马国贤以画家身份火速进京。清政府给马国贤颁发了永居红票（今天我们叫绿卡）。

1711 年 2 月，马国贤进入紫禁城，见到了 7 位中国油画师，都是吉拉吉尼的学生。

这些学生对洋画家的到来表示欢迎，并递给他毛笔、颜料和油画布，请他当场作画。

马国贤在画房里勤奋工作，为康熙帝绘制了许多精美的作品。

康熙帝把油画作为笼络臣子们的手段。康熙六十年四月至十二月，康熙帝赏关保油画鹰一张、勒什亨油画一张、佛伦油画一张、马尔赛公油画一张、孙查齐油画一张、大学士马齐油画一张，阿哥们西洋油画 4 张。

马国贤发现康熙皇帝更喜欢山水画而不是人物画，于是尝试画山水画，效果良好。

康熙帝对马国贤很欣赏，带着他到畅春园游玩，到热河行宫避暑，甚至巡幸、狩猎的时候也带着他。

马国贤不仅画油画，还尝试制作铜版画。

在此之前人们用木板作画，效果不好。木板既怕湿潮生霉，又怕干热裂缝，难以保存。

马国贤并不精通铜版画，但想尝试一下。

康熙帝听说后，鼓励他做一些探索。

马国贤成功地镌刻了一幅风景画。

康熙帝很满意，给他布置了一个大活，制作《避暑山庄三十六景图》。

避暑山庄始建于 1703 年，康熙帝曾题咏 36 景，命宫廷画师绘成图画，做成绢、木两种版本。

康熙对马国贤的期望值很高。

马国贤反反复复游览避暑山庄。他得意地说，任何欧洲人都没有享受过这样的特权。说实话，当时不要说老百姓，绝大多数大清官员都没有进园的机会。

马国贤迷上了中国园林。他说：

> "我们欧洲人铲平山丘，排干河水，砍倒树木，把曲径拉直，花大钱建造喷泉，栽种成排的鲜花。中国人正相反，他们用艺术的方法，努力模仿自然。中国的园林有假山里的迷宫，很多条幽径和小路横断交叉。湖面点缀着小岛，岛上建有小型的怡然亭，要靠渡船和桥梁才能上去。整体上感觉惬意，既优美又精彩。"

马国贤出色地完成了《避暑山庄三十六景图》铜版画。当画册呈上御览时，其精美程度远胜于国人的木版画。

康熙帝大喜，称这些作品是"宝贝"，下令大量复制，赐给皇子皇孙和蒙古亲王。

收到铜版画的王亲贵族无不视为珍品。

这套铜版画现存只有 7 套。除故宫博物院外，只有世界最有名的图书馆才有馆藏，如法国国立图书馆、大英图书馆、梵蒂冈图书馆等。

康熙问马国贤，你能不能招收两个中国人学铜版画。

马国贤立即表示："能取悦于陛下的事情就是我最愿意做的事情。"他把自己掌握的技术毫无保留地教给中国学生。从此，铜版画技术在中国扎下了根。

马国贤为清廷服务了 11 年，深得康熙的青睐与器重。有一次，意大利传教士佛奥塔给康熙看病，马国贤陪同。他发现康熙的床宽得能容五六个人。床上有两层羊皮褥子，没有床单。除非至亲，帝王绝不允许别人看到自己卧病不起。康熙于是说："你们是外国人，反而看见我躺在床上。"佛奥塔和马国贤连忙说："陛下把我们视同子女。"康熙回道："我把你当家里人，

《避暑山庄三十六景图》铜版画之一：水芳岩秀

是十分亲近的。"

对于违反天主教的活动和礼仪，康熙帝不为难、不强迫马国贤参加。

1722 年 12 月 20 日夜晚，康熙去世。很多人对康熙是否把大位传给雍正存疑，认为雍正发动武装政变，篡改原始遗诏。

当天晚上，马国贤就在离畅春园不远的地方。他记录了康熙死亡的一刻：

"1722 年 12 月 20 日，我在佟国舅的房子里吃完晚饭，和安吉洛神父聊天。突然，我们听到了一种不寻常的低沉的嘈杂声。鉴于对这个国家的了解，我马上把门锁上，对同伴说：要么是皇帝死了，要么就是北京爆发了叛乱。我爬到墙头向外瞭望，吃惊地看到数不清的骑兵，相互之间谁也不说话，驾着马疯狂地往四面八方去。几次看过他们的行动后，我终于听到一些步行的人说：康熙皇帝死了。我随后被告知，陛下指定四子雍正为继承人。雍正即刻继位，人人都服从他。"

雍正要求马国贤作为先帝的近臣，陪康熙的灵柩走上一段路程，途中还要参加祭祀。按理说这是一种难得的资格和无上的荣誉。但罗马教皇认为这种丧事仪式含有宗教成分，禁止传教士们参加。马国贤只好远远地跟在后面，不参加祭祀活动，也看不见祭祀活动。

马国贤揣测雍正帝比康熙帝严厉，今后可能会推出许多限制传教士的法令。一般而言，新帝都会遣散先帝身边的人，疏远先帝生前热衷的事物。

马国贤决定返回欧洲。可是他已经发誓不离开中国，为此才拿到永居红票。他更不能说出自己想离开大清的真正原因。

马国贤思前想后，终于找到一个让雍正无法拒绝的借口：

父亲去世，我要回国奔丧。

你雍正讲孝道，以孝治天下。我马国贤从孝道，你总不能拦着我吧。

据《内务府活计档》记载，雍正帝批准了马国贤的回国申请并下旨：

"赏给西洋人马国贤暗龙白磁碗一百件、五彩龙凤磁碗四十件、五彩龙凤磁杯六十件，上用缎四匹。"

100多件康熙官窑瓷器！保留到今天，绝对是一笔不可想象的巨额财富。

十三爷胤祥问马国贤是否选好了回国的日子。马国贤说哪一天都行。十三爷身边的人都很惊讶。十三爷笑着说，西洋人不讲究黄道吉日。

马国贤回国前，向雍正帝推荐了一位西洋画师，一位可以取代自己，甚至比自己技艺更加精湛的画师，意大利人郎世宁。

马国贤带着雍正帝赏赐的珍贵礼物，高高兴兴地踏上返乡之路。他还带着5个中国基督徒，准备让他们在欧洲接受教育，再返回大清传教。

雍正帝继位第二年就开始驱逐西方传教士。马国贤的预测是准确的。

途经英国的时候，马国贤拜见了英国国王乔治一世。

1724年9月12日。星期六。伦敦《每日邮报》报道：

"一些中国贵族抵达我国，立即被英王召见，受到前所未有的礼遇。他们很光荣地吻了国王的手。"

哪有什么中国贵族？就是5个普通的中国百姓。

乔治一世对神秘的康熙皇帝充满了好奇，和马国贤一谈就是三个多小时。

马国贤很可能把一套《避暑山庄三十六景图》送给乔治国王。

欧洲园林都是直线、几何、对称，人们都看烦了、看厌了。

1712 年，英国文学家爱迪生认为，英国人把树木修剪成球形、圆锥形，这违背了植物自然的本性。

1713 年，英国诗人蒲伯批评英国园林一板一眼。他说：

> "天才和最有艺术才能的人最喜欢自然。相反，只有一般见识的人才喜欢纤细和荒诞的手法。"

中国园林顺其自然、变直为曲、非对称性，让欧洲人大开眼界，并深深地影响了英国的园林设计。欧洲各国纷纷仿建中式园林。法国有尚蒂伊花园，德国有夏宫，丹麦有中国楼阁和中式桥，芬兰有八角楼，意大利有中式宝塔。

马国贤把欧洲绘画艺术带到中国，也把中国审美观介绍到欧洲。

不仅是中国园林，中国瓷器、中国丝绸、中国漆器、中国家具都是中国艺术。

欧洲王公贵族在自己家里专门辟出一个房间，贴上中国壁纸、摆上中国家具。对瓷器着迷的欧洲贵族用瓷器做地面、做墙面，镶在天花板上、镶进桌椅里。

回到意大利后，马国贤没有忘记中国。他立志在那不勒斯成立一所书院招收中国学生，把他们培养成传教士，再送回中国工作。

创业艰辛，马国贤为此奔波了 8 年。直到 1732 年 4 月 7 日，教皇克莱芒十二世终于批准马国贤成立"圣家书院"，又名"中国书院"。

1729 年，法国著名思想家孟德斯鸠游历欧洲，专门拜访了马国贤。他在日记中写道：

> "我在那不勒斯拜访马国贤院长，这位杰出的优良传教士拥有一个高远的目标：训练中国学生成为神父，以后送他们回自己国家传教。"

中国书院现在还存在，改名为那不勒斯大学东方学院。

马国贤经常陪伴在康熙帝身边，亲眼见证了不少普通人接触不到，从未听闻的事情。他写了一本书，叫《清廷十三年》。欧洲很多大学视这本书为了解中国的必读书。

《清廷十三年》书中写道：

> "有一天，康熙帝坐在宝座上，其前方的地毯上聚集着一群妃嫔。突然，皇帝将假造的蛇、癞蛤蟆及其他令人憎恶的小动物抛向妃嫔。她们跛着小脚疾跑，以求躲避。皇帝看了大笑不已。还有一次，皇帝让妃嫔们到小山上摘果子。可怜的跛子们（小脚）争先恐后，不少摔倒在地。皇帝哈哈大笑。"

白晋等人把康熙奉若神明，把他描述成一位十全十美的完人。马国贤在书中描述了康熙好大喜功、生活糜烂、阻碍中国科技进步、并非博学的真面目，使欧洲对大清的认识更客观、更真实。

马国贤在《清廷十三年》中还提到一件事情。有一次，他和一名来访的官员聊天。这个官员的儿子从遥远的外地回来。他一进屋就在父亲面前跪下。父子俩一坐一跪聊了15分钟。马国贤不干了。他站起来对官员说，你应该让你儿子坐下来说话，否则我就站着。官员说，你站着我就站着。儿子说，我跪着是本分，请马国贤不要管。马国贤站着继续劝导。最后，父亲终于同意儿子坐着，但只能坐在房间的一角。

意大利著名学者维柯从马国贤那里获得大量关于中国的真实信息。

除了西洋油画，康熙帝还喜欢西洋音乐，并亲自弹奏钢琴。

白晋在写给路易十四的信中说，康熙皇帝很喜欢欧洲音乐的乐理、乐器及其演奏法。在日理万机之暇，他只要认真练习几次，就能像演奏中国乐器一样演奏西洋乐器。

康熙的宠臣高士奇在《蓬山密记》中写道：

"有内造西洋铁丝琴，弦一百廿根，上亲抚普庵咒一曲。"

最早欣赏西洋音乐的皇帝不是康熙，而是明朝的万历皇帝。他让利玛窦教小太监弹琴，小太监给他演奏。

据清廷史料记载，康熙会熟练演奏音叉（一种敲击乐器）和古琴等乐器，对音乐的理解水平非常高。

马国贤却认为，康熙对音乐不甚了解。他在书中记载了这样一件事情：

有一次，康熙帝经过一架古琴，随手触摸了一下琴键，古琴自然会发出一个音节。周围大臣和太监听了便齐声夸皇帝弹得好，于是史书上就浓墨重彩地记下了"康熙精通音律"这一笔。

不过，康熙帝频繁接触西洋音乐和乐器倒是真的。他早就问南怀仁是否会弹奏西洋音乐。南怀仁自己不会，就推荐了葡萄牙人徐日昇。徐日昇到北京后，在宣武门天主堂重新安装了管风琴，并撰写了第一部介绍西洋音乐的中文著作——《律吕纂要》。该书首次提到了音阶、节拍、和声、五线谱等乐理知识。

1699年，大清宫廷举办了一场西洋音乐会。传教士们用直笛、大键琴、中提琴、小提琴与喇叭等为康熙帝表演。这支临时拼凑起来的乐队由于没有经过足够时间的排练，制造了一片刺耳的噪声。演出刚刚几分钟，康熙帝就受不了了。他大声疾呼："罢了！罢了！"

几天后，同样还是这支乐队，经过多次排练后再次演出。

康熙帝非常高兴，听了4个小时之久。

在音乐领域，意大利人德理格像他的同胞马国贤一样，为康熙帝服务。

德理格1671年生于意大利的费尔莫。他于1711年到达北京。

康熙帝任命德理格为诸皇子的音乐教师。他传旨道：

"不是为他们光学弹琴，为的是要学律吕根原。若是要会弹琴的人，朕什么样会弹的人没有呢？如今这几个孩子，连岛勒明法朔拉六七个字的音都不清楚，教的是什么？你们可明明白白说与德理格，着他用心好生教，必然教他们懂得音律要紧的根源。再亦着六十一管教道他们。"

正如白晋所说，康熙帝要求德理格传授音乐理论，不是弹琴技巧。

德理格受到极高的尊重和待遇。他可以骑马进出阿哥们的府第。在德理格下马前，皇子们需上前请安，口称老师。

在整个大清，可以骑马进入王府的人，只有两个，一个是德理格，另一个是康熙帝本人。

当着康熙帝和众大臣的面，德理格演奏奚琴，三阿哥吹笛，四阿哥（雍正）弹筝，三人表演奏鸣曲，旋律优美协调。

康熙帝赞不绝口，对德理格的教学成果表示满意。

康熙帝提出了新要求，用西方乐器演奏中国音乐。

德理格亲自谱写了几首中国曲调的音乐，命名为《残雪孤花》《旅燕曲》《月涟漪》。在《康熙字典》刊刻之日，德理格和他的同事用羽管键琴和提琴演奏了这些曲目。

当听到西洋乐器奏出的民族旋律时，在场的大臣们都惊呆了。

当他们得知连民族乐曲也是西洋人编写的，大臣们更加惊呆了。

康熙帝六十大寿时，德理格自制了一架带有时钟的小风琴。只要碰一下机簧，它就会自动弹奏《朝天子》等中国音乐。

康熙帝看后非常满意。

康熙五十二年十一月五日，传教士毕天祥写道：

"德理格所受皇帝殊宠，为已往任何西人所未有，即东方人，尤其汉人亦无人蒙此优礼。阳历五月，德氏患病。皇帝第三子，亦可称为第一子，因其他二子均已下狱，曾为德氏派去医生二人。皇帝闻悉后，欲再派一名，此第三医师乃公认为医师中最卓越者；帝命其小心医治，因德氏乃一重要人物，是为任何西人所未得之异数。皇帝曾多次夸奖德氏智慧及其善良品性。皇帝三子、十五子、十六子与德氏往来亲密，常同桌而食，又到其私宅拜访，这一切大家认为已超越一般礼俗，必出于皇帝特旨。"

康熙皇帝对西方音乐颇为惊奇。他了解到中国音乐缺少半音，就让三阿哥在德理格的指导下，主持改进中国音乐。

康熙帝下令编写音乐著作《律吕正义》，他要求德理格把欧洲音乐加进去。德理格于是写了《律吕正义·续编》。书中称赞五线谱是音乐入门的"简径"。

乾隆五年（1740年），德理格年过七旬，提出要回欧洲。

乾隆帝批准了，德理格又犹豫了。乾隆召其入宫，安抚他。

1746年，德理格去世，享年77岁，葬于北京意大利公墓。

1937年，北京西堂图书馆里发现一本奏鸣曲乐谱抄件，经专家考证为德理格所作。这本抄件现存北京国家图书馆。

2005年，在纪念故宫博物院成立80周年纪录片中，中国音乐人沈凡秀等在故宫现场演奏了德理格的奏鸣曲片段。

第十四章
康熙皇帝与西医西药

　　为了巩固统治，康熙早就册立皇二子胤礽为太子，对他寄予厚望。

　　但这个太子实在不争气，品行恶劣。

　　1708 年，愤怒失望的康熙宣布废黜太子。

　　其他皇子们蠢蠢欲动，展开了持续的明争暗斗。

　　康熙自己说："自禁胤礽之后，朕日日不能释然于怀。无日不流涕。事出多端，朕深怀愧愤，惟日增郁结，以致心神耗损，形容憔悴，势难必愈。"

　　康熙年纪大了（54 岁），脾气上来了，拒绝就医服药。

　　皇三子胤祉、皇四子胤禛苦苦相劝，也没有用。

　　眼睁睁看着康熙帝病情恶化，御医们心急如焚，于是向法国传教士罗德先求助。罗德先医术精湛，史载"精外科，尤善配药，并谙脉理。尝以不治之症验之，无不立愈。尤可异者，我辈中医常多取人钱，而此西医竟不索诊费"。

　　罗德先给康熙治过上唇的疮。他对康熙帝说，为了敷药方便，您最好剪掉几根胡子。康熙帝立即拿来镜子，反复观看，哪一根胡子都不舍得。最后他让一个最手巧的太监动手。剪完之后，康熙马上照镜子，显得很悲伤，然后把太监骂了一顿，说明明剪 3 根就够，为什么剪掉 4 根。

这次，罗德先配制了胭脂红酒让康熙服用，止住了最令他心神不安的心悸症。接着，他让康熙服用产自加那利群岛（西班牙）的葡萄酒。

经过调养，康熙基本恢复。他特意感谢传教士说：

"西洋人自南怀仁、安文思、徐日昇、利类思等，在廷效力，俱勉力公事，未尝有错。中国人多有不信，朕向深知，真诚可信。即历年以来，朕细访伊等之行实，凡非礼之事断不去做，岂有过犯可指。前者朕体违和，伊等跪奏，西洋上品葡萄酒乃大补之物，高年饮此，如婴童服人乳之力，谆谆泣陈，求朕进此，必然有益。朕鉴其诚，即准所奏，每日进葡萄酒几次，甚觉有益，饮膳亦加，每日竟进数次。朕体已经大安，伊等爱君之心，不可不晓谕意。"

这道上谕表明了康熙对传教士的信任和评价。

从此，康熙帝爱上了葡萄酒。他命令侍卫向各省督抚在京的家属传旨：

"有葡萄酒的，即速著妥当家人雇包程骡子星夜送来，不可误了时刻。"

其实，中国古人早就饮用过葡萄酒。《唐会要》卷 100《杂录》记载："葡萄酒，西域有之，前世或有贡献。及破高昌，收马乳葡萄实于苑中种之，并得其酒法，自损益造酒。酒成，凡有八色，芳香酷烈，味兼醍醐。既颁赐群臣，京中始识其味。"

诗人王翰写道：

"葡萄美酒夜光杯，欲饮琵琶马上催。
醉卧沙场君莫笑，古来征战几人回。"

不过，葡萄酒在中国古代并没有流行起来。

江西巡抚郎廷极的儿子在北京。他收到旨意后，立即写信告诉父亲。郎廷极收到信后不敢怠慢，火速通知了驻在江西的传教士。

南昌府天主堂穆泰来进洋酒 2 瓶；住在饶州的殷弘绪献上葡萄酒 66 瓶；建昌府天主堂马若瑟进洋酒 4 瓶；临江府天主堂傅圣泽进洋酒 8 瓶；抚州府天主堂沙守信进洋酒 6 瓶；九江府天主堂冯秉正进洋酒 6 瓶；赣州府天主堂毕安进洋酒 2 瓶。郎巡抚命人全速送到北京。

其他各省也行动起来。江宁（南京）天主堂西洋人林安进葡萄酒 11 瓶，鼻烟 1 瓶。福州传教士利国安进葡萄酒 2 箱。广东通过澳门这个窗口，搜集了更多的葡萄酒。

康熙帝十分满意。洋人还是很听话嘛，还是很尊重我嘛。

康熙身边除了汉人御医，还有满人医生、喇嘛教医生、蒙古大夫、针灸医生、道士、助产婆以及西洋医生。除了罗德先，西洋医生还有鲍仲义、布尔盖泽、樊继训、卢传道、何多敏、罗怀中、安泰、加里亚迪、魏弥喜、裕吴实，加在一起可以开一个小型医院了。康熙出巡的时候，身边总是带着西医和西药。

康熙皇帝是中西医结合第一人。

1685 年，掌管大清历法的南怀仁神父致信耶稣会总会长，信中写道："皇帝希望得到一名著名的欧洲医生，这也是我给您写信的原因。"

康熙帝任命闵明我为钦差，前往欧洲。他的任务之一就是寻找并带回来一位欧洲医生。闵明我带回来两个人，一个是医生卢传道，一个是药剂师鲍仲义。由于中欧往返时间太长，康熙帝十分不满，多次责问西洋医生何时能到北京。卢传道到澳门后，认识了一个叫高竹的中国人。高竹在泰国和欧洲人相处多年，学会了西医，于是两人结伴来到北京。康熙帝立即召见他们，亲自面试，一直到深夜。第二天，康熙帝再次面试。康熙问他能否治所有人？卢传道明白了皇帝的意思。他说，世俗医生可以治所有人，他是神父，不能治女病人。

康熙无视卢传道的回答，给他塞了很多女病人，都是被太医放弃治疗的。其中有一个还是"产妇病"。卢传道表示自己不会治。康熙很生气，强行把他的住所搬到离女病人很近的地方。西方传教士的领导徐日昇也劝他。最后，卢传道硬着头皮上场，把女病人治好了。从此他获得神医的称号。

康熙命卢传道给一位皇叔之子看病。但皇叔只信中医，拒绝卢传道。康熙帝再三派卢传道出诊，皇叔再三拒绝，导致病人不治而亡。

康熙很欣赏法国大夫樊继训。他说樊这样的外科人才委实难得，且人品亦优。樊继训病逝后，康熙说："深为可悯，朕甚悼之。"他担心外科人才跟不上，于是立即传旨给在京西方传教士："用外科甚属紧要，无论其修道人或澳门地方人，若能得外科者，则当速找预备，勿致稍怠，关系紧要。"此后十数年间，康熙又多次谕令广东督抚将寻找西洋医生。

康熙还致信给俄罗斯加加林亲王，寻求外科医生。1715 年，俄国政府派莫斯科医院英籍外科医生噶尔芬来到北京。噶尔芬水土不服，一年多就要走。康熙帝竟然非常伤感。他对噶尔芬说，我没有把你当外国人，真想把你留下来。

有一次，康熙取笑西洋医生乌尔达：

"你治死了多少人？想是尔治死的人，比我杀的人还多了。"

说完，康熙自己"大笑甚欢"。

1693 年 5 月，康熙染上了疟疾，病情极为严重，御医束手无策。所有皇子都到齐了，个个心惊肉跳。

白晋和洪若翰把一种"法国国王分发给全国穷人"的药粉献给康熙。

御医们不敢让皇上服用未经验证的新药。可康熙的病情越来越严重。

最后没有办法，只能做实验，先让 3 个病人试药。

服药后，3 个病人一下子都好了。

康熙马上要服药，又被太子拦住了。

索额图等 4 个健康的大臣自告奋勇为皇帝试药，9 个小时后安然无恙。

这时，康熙毫不犹豫地喝下了洋药——金鸡纳霜，治疗效果明显，几天后顺利痊愈。

被金鸡纳霜治好疟疾的康熙皇帝对西药产生了兴趣，支持白晋在紫禁城开办实验室。白晋写道："实验室里排着各种不同样式的炉灶、化学制药工具和器皿。皇帝不惜开支，指令所用的工具和器皿都要银制的。3 个月里，在我们主持下，叫人制造了许多丸、散、丹、膏。"

而没有给康熙治好病的三位中医被判死刑，由于康熙开恩，改成流放。

康熙帝不仅自己服用西药，还屡次向诸大臣推荐。

1703 年，康熙帝西巡至山西省时得知川陕总督华显生病，于是派西洋大夫给华显治病。

1710 年，内阁大学士张玉书"眼面稍肿，手脚皆微肿，脸色似有火"。太医院大方脉大夫刘声芳给服西药德里鸦噶。

九皇子发脓肿，大半个脸都是红黑的疮包。御医吓得不敢说话。

高竹建议用烧红的铁器将脓肿刺破。

康熙帝犹豫不决，不敢拍板。眼看九皇子命将归西，最后勉强接受了这个惊人建议。

高竹亲自动手术。

火红的烙铁刚端上来，九皇子就吓得昏死过去了。他苏醒过来破口大骂高竹。没想到几天后，九皇子痊愈了。这次，康熙又处罚了中医大夫。

作为最早掌握西医技能的高竹，为康熙治腰痛，为太后治乳疮。康熙封他为钦天监博士。

清朝末年学者陈垣说："高竹为吾国人习西洋医术者之祖也。"

对于内科，康熙偏向中医。但是在外科方面，比如挫伤、创伤、骨折、缝合伤口、脓肿和疮、肿瘤，康熙认为西洋大夫更佳。

意大利医生罗怀中就是动刀治好了八阿哥的足疾。

西洋大夫治好了雍正帝的两大敌人——八阿哥和九阿哥。

1690 年，康熙帝得了一场大病，中断了数学学习。白晋于是写了一些关于医学的文章交给皇帝。他把法国皇家科学院院士韦内尔的人体解剖著作写成讲稿，并献上一幅人体解剖图。康熙帝很感兴趣，命令法国人巴多明撰写一本关于人体解剖的书，而且要用满文。

其实早在明朝末年，罗雅谷、龙新民就翻译了《人身图说》，邓玉函述译了《泰西人身说概》。

在传教士指导下，康熙帝还亲手解剖了一头冬眠的熊。可怜的熊再也醒不过来了。

法国人皮埃尔·迪奥尼斯是太阳王的外科医生。1690 年，他出版了《血液循环理论后的人体解剖学新发现》。巴多明准备翻译这本书。

康熙帝对这本书的写作很重视。巴多明每写 10 页，康熙就拿来看，亲自修改词语、润色文笔，但不改内容。他对巴多明说：

"朕很清楚你需要处理一些不太合适的内容。作为教士，你可以省略这些内容或以含混的措词表达，但这样一来它们也就无用了。为此，朕给你配备了两名熟练医生，由他们处理那些你认为与你职业不相宜的内容。朕希望不省略任何内容。且不说我们并不缺乏适当的表达方式，更重要的是大众应从这本书里受益，因此，它应当有助于拯救或至少是延长人的生命。"

康熙帝从上书房派了 3 位精干的官员、两名文笔极佳的司书、两名善于插图的画师、几名拉线工及纸板制造者帮助巴多明。

一本普通的科普读物列入政府工程。这阵势巴多明都没有见过。

康熙帝对他说，中医若不增加解剖学知识，用以指导医生处方及外科医生进行手术，那么，中医的知识是不完善的。解剖一些罪犯的尸体是应该的。这些可憎的家伙生前作恶多端，使用他们的尸体也算是对公众有些好处。

1713 年，这本耗资巨大的图书终告完成。

60 岁的康熙帝亲自命名为《钦定骼体全录》。

然而，巴多明却得到一个极其沮丧的消息，这本书不能上市。康熙帝告诉巴多明封藏此书的原因：

"这不是一本公诸年轻人的书。里面的插图只能被和你一起工作的人看到。它不能被不学无术的人任意处置。"

康熙帝说教士忌讳书中"不太合适的内容"，实际上是他本人忌讳书中"不太合适的内容"。

这本书只抄写了 3 份，存于北京文渊阁、畅春园和承德避暑山庄。

拯救和延长民众的生命，最终变成了拯救和延长皇室的寿命。

中国医学、医生和病人都没有从这本书中获益。

乾隆年间，日本人杉田玄白翻译出版了《解体新书》。在书中，日本人为人体器官发明了很多新名词。中国人反而向日本人学习医学，并采用了这些名词，比如动脉、神经、软骨。

真是成也康熙，败也康熙。

今天，法国自然历史博物馆的图书馆还存有一份，那是巴多明由北京寄给法国皇家科学院的抄本。

如果康熙帝或者大清官员到欧洲，看到西方的油画和雕塑，会吓得目瞪口呆。他们一定会强化原有的结论，欧洲人真的是野蛮人。

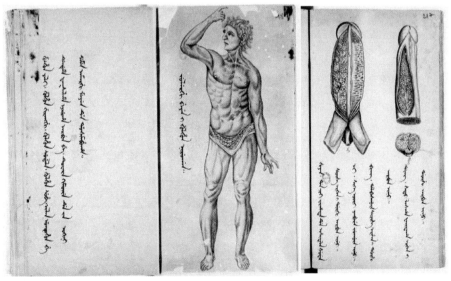

《钦定骼体全录》书页

1706 年，武英殿总监造赫世亨接到一道圣旨。圣旨是这么说的：

"着赫世亨至多罗处。倘若多罗多带有 Deriyaga，可以求取，若少则勿取，可捎信到广东后寻得，寄来亦可。若有绰克拉亦求取。"

多罗是罗马教皇派到中国的特使。

Deriyaga 这个名字是从满文音译过来的，具体是什么东西没有人知道，只知道是一种西药。

绰克拉，也是从满文的奏折里音译过来的，翻译成中文，就是巧克力。

赫世亨不敢怠慢，立即拜访了多罗。多罗送给他 150 块绰克拉。

赫世亨不知道绰克拉是什么东西，于是向意大利药剂师兼植物学家鲍仲义请教。鲍仲义向赫世亨讲述了绰克拉的配方：

"出产自美洲和吕宋（菲律宾）。共用八种原料配制而成，其中肉桂、秦艽、沙糖三种原料，中国亦有，而可可、香草、茴香、ajuete、megajuoce 此物种原料，此地不产。"

这些词是什么，没人懂。

康熙皇帝认为巧克力是一种西药，赫世亨也是这个想法。

鲍仲义用中国人容易理解的方式讲述了巧克力的特性——"性温而味甘苦"。

赫世亨问他如何服用。

鲍仲义说，将绰克拉放入铜制罐子或银制罐子煮开之糖水中，以黄杨木捻子搅匀之后，可以饮用。

赫世亨弄清楚后，才向康熙帝禀报。

康熙帝看了赫世亨的奏折，朱批道："鲍仲义言味甘苦而性温，但未言益于何种身体、治何种病，甚为欠妥。着再问。"

赫世亨再次找鲍仲义咨询。3 天后，他上奏说：

"巧克力非药物，犹如美地方之茶叶，一日或一次或两次饮用。凡为老人，或肠胃功能弱者，又腹内有寒气者、腹泻者、消化不良者，均可饮用。尤其在增加胃热以消化食物方面，颇有益处。"

康熙帝明白了，巧克力不是什么西洋药物，只不过是像茶一样的饮品。还是喝茶好了。

康熙帝在赫世亨的奏折上朱批：知道了。

皇帝不要了，赫世亨自己也不用，那150块巧克力可能被他扔了。

现代医学证明，吃巧克力的确有益于人体健康。

当然，如果西洋人生病，康熙也派中医给他们看病。康熙是大清唯一一个接触了解欧洲解剖学、生理学、病理学及药物学的中国人。当然，他也颇懂中医和养生。

欧洲传教士也把一些中草药介绍给欧洲。1723年5月1日，在一封写给法国皇家科学院的报告中，巴多明详细介绍了三七、大黄、当归等中国特有草药的形态、制作方法和医学功效。

第十五章
中西礼仪之争

康熙四十四年。公元 1705 年。

罗马教皇特使破天荒第一次到了北京，拜见了康熙皇帝，却造成了一场影响历史的重大冲突。这是怎么回事呢？容我慢慢讲来。

自 1582 年意大利传教士利玛窦进入中国以来，到了康熙四十四年，已经 100 多年了，历经万历、天启、崇祯、顺治、康熙 5 位皇帝。

大明法律禁止外国人在中国定居，而利玛窦却成功地在北京扎根。万历皇帝虽然没有召见利玛窦，却喜欢他的礼物，欣赏他的为人，派中间人和他频繁联系，并特批他葬在中国。

这主要归功于利玛窦采取了本土化的传教策略：穿中国衣，起中国名，学中国话，写中国字。利玛窦将《圣经》和中国儒家经典相结合，以一种渐进的、温和的方式传播宗教。中国四书五经中"上帝"一词多次出现，被利玛窦借用。

利玛窦以儒生形象、个人魅力和高尚品德赢得了明朝大多数官员的认可。对中国人生活习俗中和天主教教规不一致的地方，利玛窦采取宽容的态度，不去批评中国人的祭天祭祖，不要求改变。他唯一不接受的，就是一夫多妻制。

　　利玛窦还有一个成功的策略，就是走上层路线。他刚到中国广东的时候，差一点儿被地方官驱逐出境。最后他来到北京，受到万历皇帝的保护。和他交往的明朝官员中，有很多正部级干部，他们欣赏容纳利玛窦。相反，在民间、在地方，很多小官和秀才们视天主教为洪水猛兽，恨不得将其灭绝。高层认为灵魂不灭是个可以探讨的新鲜话题，基层知识分子认为耶稣绝不能和孔子相提并论。

　　利玛窦能在中国留下来的另一法宝，就是披着科学的外衣传播宗教。

　　人们把利玛窦的传教方式称之为"利玛窦规矩"。

　　利玛窦成功地撬开了中国的大门，这才有后来200多年里400多位欧洲传教士进入中国，创造了一段中西交流合作的历史。

　　明朝末年，日本天主教徒最多的时候达到30万，后来被全面禁止。

　　在菲律宾，由于发展水平落后，当地人几乎全部变成天主教徒，直到今天还是天主教国家。

　　大明灭亡，大清建国。欧洲人是外人，在某种程度上，满人也是外人。因此，多尔衮和顺治皇帝在心理上并不"排外"。另外，他们急需欧洲人手中的两样"法宝"——大炮和历法。大炮可以帮助他们征服天下，历法可以帮助他们治理天下。大清刚刚立国，顺治皇帝就把事关国运兴衰的重要机构——钦天监交给欧洲传教士管理，一管就是100多年。

　　顺治皇帝和德国传教士汤若望建立了亦师亦友的关系。在汤若望的建议下，顺治皇帝立康熙为继位者。

　　康熙年幼，鳌拜掌权。鳌拜废除西洋人制定的《时宪历》，恢复明朝的《大统历》，将西洋传教士囚禁。康熙除掉鳌拜后，发现《大统历》错误百出，但《时宪历》是否准确，也不好说。

　　康熙不是天文学家，不能分辨真伪。但他知道，实践是检验真理的唯一标准。哪个历法好，就用哪个。

　　1668年，康熙命钦天监监正杨光先、耶稣会士南怀仁分别预测日影，连续3天。南怀仁以3：0取胜。

　　1669年，在测验立春、雨水、太阴、火星、木星时，南怀仁全部取胜。

　　康熙帝于是罢免杨光先，起用南怀仁，恢复西洋历法。

　　在监测天象的时候，康熙帝询问满朝文武大臣有何见解。众人哑口无言。什么大学士、什么状元，对天文学几乎一无所知。这件事在康熙的心里留下了一个巨大的阴影。他隐约感到外国竟然也有比中华先进的东西，甚至在天文方面还要长期依赖外国。

顺治皇帝最信赖汤若望，但他还是没有加入天主教，反而对佛教表现出浓厚的兴趣。康熙皇帝反复阅读利玛窦的《天主实义》。有一次，他专门问南怀仁，耶稣是否因罪恶而死？耶稣作为上帝之子是否不能原谅我们不死？最后，康熙表明了自己对宗教的看法：

> "我对另一个世界的所有这些事情都不怎么感兴趣，我才不会费心竭力去裁决未知思想的诉讼。你们关心人类从没有到过的世界，而对现在生活的世界却视若无睹。"

作为刚入主中原的满人，康熙必须接受大明的传统宗教和价值观。一个倡导天主教的清政府，肯定会被天下读书人视为异端、外族，甚至引发暴乱。毕竟，宗教要为政治服务。

康熙接受了大明的传统价值观之后，视中华为天下中心，把外国人当蛮夷，从心里歧视并防范欧洲人。他一方面利用传教士的科学技术为政权服务；一方面限制传教士在全国各地传播宗教，吸收会员。

1687年，清政府颁旨严禁邪教，一些地方官员将天主教列入邪教。南怀仁请求宽免。南怀仁可以算是清朝的大功臣。除了掌管钦天监，他还主持制造了大量火炮，为平定三藩、统一台湾和抗击沙俄侵略做出了巨大的贡献。

康熙帝谕曰："将天主教同于白莲教谋叛字样，此言太过，著删去。"

1688年，康熙帝接见了法国国王路易十四派来的5名传教士。他知道法国人来华的目的就是传播天主教，但并没有把他们驱逐出境，甚至允许他们在外地居住。这实际上就是默许他们传教。在大清的欧洲人数量极少，行动都是透明的，又不鼓动造反，单纯传教根本不会威胁政权。

1689年，康熙南巡，在路途中凡是听说附近有西洋传教士的，一一召见，详细询问他们的年龄、国籍、来华时间，是否到过北京，是否知道中国格物穷理之说。最后加上一句话，好好安心住在这里。

同年，中俄尼布楚谈判。满朝文武找不到一个能与俄国人对话的人，只能让欧洲人徐日昇、张诚前往。大清首席代表索额图没有国际谈判经验。中俄最后和平签约，张诚做了很大的贡献。

中俄谈到领土划分时，康熙帝发现整个国家没有一幅准确的地图，而大部分官员还不接受大地是球体，大地有经纬度这些概念。西洋传教士完成了康熙帝的夙愿，制作了一幅精确的全国地图。

　　康熙帝带着警惕的眼光打量着每一名传教士，也派人暗中监视。在德和能之间，中国人偏重德。只要他是个好人，就放心接触、来往。

　　西洋传教士是僧侣。他们不结婚、不生子、不贪财、不结党、不吹牛、不穿华丽衣服，在生活上节俭，在信仰上虔诚，终身远离故乡、远离亲人。

　　这些人简直就是道德模范！

　　康熙都说，没听说他们有不好的事情。

　　徐日昇帮助索额图在中俄谈判中立了大功。索额图向康熙帝奏道："要想酬谢他们，只有允许他们在整个帝国公开传教。"

　　康熙帝让内阁与礼部商议。在会议上，索额图说，在我所认识的传教士中没有一个是不值得赞扬的。关于他们所传播与信奉的宗教，我跟他们经常讨论，而我发现这个宗教实为圣善之宗。在索额图的影响下，礼部提议欧洲人可以在中国传教并上奏。康熙三十一年（1692）二月，经康熙同意，清政府颁布了允许天主教在华传播的诏令，史称"康熙容教令"。其内容为：

　　"西洋人仰慕圣化，由万里航海而来。现今治理历法，用兵之际力造军器火炮；差往俄罗斯，诚心效力，克成其事，劳绩甚多。各省居住西洋人，并无为恶乱行之处。又并非左道惑众，异端生事。喇嘛僧道等寺庙尚容人烧香行走，西洋人并无违法之事，反行禁止，似属不宜。相应将各处天主堂俱照旧存留，凡进香供奉之人，仍许照常行走，不必禁止。"

　　这是中西关系史上的大事。

　　此时，距利玛窦进入中国 109 年。

　　此时，中国天主教徒约为 30 万人。

　　康熙帝允许欧洲人传教。这是一种个人自信，我读过你们的经书，我不觉得深奥不可理解。这是一种政治自信，我相信你们不会掀起动荡。这是一种文化自信，我相信你们没有能力改变中华习俗。

　　清朝政府同意了，传教士这边出事了。

　　100 年前，利玛窦在中国传教的时候，就发现中国的传统观念与风俗和天主教有不少冲突。比如，中国人祭祖祭孔，又是焚香，又上贡品，天主教认为这是一种偶像崇拜。但是在传教初期，应该求同存异，避免冲突。所以，以利玛窦为首的初期传教士达成共识，这些行为不是崇拜异神，而是民间习俗。他们多次向罗马教皇解释。

　　1656 年，教皇亚历山大七世曾明确指出：

"只要不是公开反对天主教善良道德的，不必劝服中国人去改变他们原有的礼仪与风俗习惯。将法国、西班牙、意大利或任何欧洲国家的风俗输入中国，都是十分不智的。需要输入的是信仰，不是风俗。"

1692年，康熙帝同意西洋人传教。

1693年，福建宗座代牧主教阎当突然发布一道牧令，禁止使用"天"和"上帝"这两个中国词来代表神，禁止信徒参与祀孔祭祖。阎当牧令直接向中国千年传统观念发起挑战，从皇帝到官员到百姓，听闻无不拍案而起，怒斥阎当。

别说中国老百姓不答应，在京传教士也不支持阎当牧令。

这还没完。阎当将牧令上报罗马教皇。1697年，教皇英诺森十二世下令调查阎当牧令在中国的执行情况。教皇支持阎当。

为了解决争端，大事化小，1700年11月30日，徐日昇、闵明我、安多和张诚四人联名向康熙帝上书，希望康熙书面证明中国礼仪不是宗教崇拜。中国皇帝的话就是法律。如果康熙都说中国礼仪不是宗教，教皇就应该接受，不再调查。

康熙帝批复说，四人的表章写得很好，合乎大道。敬天及事君亲、敬师长者，系天下通义。人类社会都有这些礼仪，与宗教无关。

徐日昇、张诚等人收到御批后很高兴。

没想到罗马教廷闻讯后却勃然大怒。他们认为，在基督教真理问题上，耶稣会士首先应该听教皇的，而不是一位外邦异教国王的意见。

1704年，教皇克莱芒十一世颁发《禁约》。《禁约》规定，在中国用"天主"表示神，不能用"天"或"上帝"。天主教官员及读书人不许进入孔庙和祠堂行礼。为了贯彻落实，教皇遣派特使多罗赴华执行《禁约》。

康熙帝不知道多罗访华的目的，但他知道在华传教士的最高领导是"教化王"（教皇）。教化王这个名字翻译得好，宗教是教化，王比帝低一个等级。

教化王派特使不远万里来华，一定有重要的事情。因此，康熙帝很重视此次来访，要求广东督抚"优礼款待，派员伴送来京"，又遣两广总督之子同张诚、苏霖、雷孝思等先期前往天津迎候。

1705年12月，多罗到达北京。康熙亲自接见，以礼相待。由于旅途劳顿、水土不服，多罗患病。康熙极为关注，多次问医问药，常常赏赐食物。康熙说自己深以为虑，安排人昼夜一时不离多罗。

御医说，需要活狼的肠子，裹在多罗的肚子上可以治肚子疼。

康熙朱批道，着取景山内所养狼一只，以彼之所求者而送之。

多罗感慨地说："皇上矜念我病，屡命阿哥赐天厨珍味。蒙大皇帝重恩有增无已，我实难仰报。"

多罗性格懦弱，不敢在康熙面前公开教皇的旨意，只能委婉地提起礼仪问题。

康熙向他解释道：

"中国之行礼于牌，并非向牌祈求福禄，盖以尽敬而已。此乃中国之一要典，关系甚巨。譬喻以御用旧履赐尔，尔必以为贵物珍藏，尔岂敬朕之履耶？盖念朕所赐，故敬之矣，况且尔亦不可妄求朕，岂可向履求幸福乎？"

康熙强调：

"尔天主教徒敬仰天主之言与中国敬天之语虽异，但其意相同。况且中国风白雨师称谓，乃文人起名，即如此地人绘神时画云，西洋人画神添翼一样。今岂可言天神照尔等所绘真展翅飞翔耶？此特仿效神奇绘制也。"

教皇不允许中国天主教徒用天代表神，要改用天主。当时多罗的翻译是意大利人毕天祥。康熙拿毕天祥的名字开起了玩笑：

"今尔名叫毕天祥，何不照尔教例改尔名为毕天主慈祥耶？可见各国起名，皆遵本国语法。岂以名词之故，便言大道理不同乎？"

多罗支支吾吾不答。他说让阎当来京解释。

康熙答应了。见面的时候，阎当只会说福建方言，不懂北京官话。

康熙问他，"你不会说（官）话，可认得字？"然后指着御座后面的4个字让他读。阎当只认得一个。

康熙又问他"天"和"天主"有什么区别。

阎当啰哩吧嗦，说不清楚。

康熙不客气地当面告诉多罗，这个阎当中国话说不好，中国字不认识，还要批评中国的礼仪，就好像一个站在门外的人，给屋里的人提意见。我们中国人不解西洋字义，故不便辨尔西洋事理。你们西洋人不解中国字义，如何妄论中国道理之是非？

多罗在北京待了8个月，说不出个子丑寅卯。康熙也没有兴趣接见他了。

多罗于是离京南下，准备回到罗马。回国前，他必须要完成自己最重要的任务，宣布教皇克莱芒十一世的《禁约》。

1707 年 1 月 25 日，走到南京的时候，多罗公布了《禁约》。

康熙获悉，顿时龙颜大怒。在北京的时候我热情招待，反复给你解释，也给了你 8 个月的时间让你说明来意，你装哑巴。现在，你刚离开我就发布违反我意愿的旨意。再说这里是大清，你有何权力发布律令？

康熙对在华传教士说，你们遵守利玛窦规矩，顺从中国礼仪，发誓永不返回欧洲，我就给你们颁发红票。有了红票，你们就和中国人一样，尽可放心地生活。你们要是执行教皇的禁令，就立即离开中国，永不返回。

多罗到了澳门，准备启程返回罗马。葡萄牙人将其软禁，多罗病死在澳门。

康熙帝厌烦多罗，但并不想与罗马教廷闹翻。他认为教化王只是不了解中国情况而已。为了促进沟通，康熙两次派传教士出使罗马，希望化解分歧，可惜两个使团都没有回来。康熙一直期盼着罗马教廷的回复。他多次在官员的奏折上批示："有西洋消息吗？""有西洋书信吗？"

阎当不肯领取红票，被驱逐出境。他怀着一肚子气赶到罗马，继续煽风点火。

教皇克莱芒十一世不甘失败，于 1715 年 3 月 19 日颁布了宗座宪章《自登基之日》，其内容较第一次更为强硬。教皇第二次派特使嘉乐赴华宣旨。

1720 年年底，嘉乐到达北京。

康熙对于无端生出的礼仪之争感到非常厌烦，但出于待客之道，还是前后 14 次接见了嘉乐。康熙帝亲自举杯劝酒，又脱下御服貂皮大衣赐给嘉乐，对他说："如果有什么要求，尽管说出来，没有不答应的事。"

康熙再次耐心向嘉乐解释中国礼仪。他说，牌位原不起自孔子，此皆后人尊敬之意，并无异端之说。呼天为上帝，即如称朕为万岁、称朕为皇上。称呼虽异，敬君之心则一。

嘉乐不能像多罗那样含含糊糊，他将《自登基之日》呈给康熙帝御览。

阅完《自登基之日》后，康熙帝怒不可遏。

教皇你可以管西洋人不祭祖祭孔，但你怎么能管信教的中国人，不让他们祭祖祭孔呢？这些中国人听你教皇的，还是听我的。别说中国人，西洋人来我中国，即为我人，亦受我管束。

康熙批示道，"西洋人如何言得中国之大理。西洋人在中国传教，禁止可也，免得多事。"

罗马教廷和康熙朝廷关于礼仪的斗争过程史称"礼仪之争"。

"礼仪之争"最终以罗马教廷禁止中国礼仪，大清驱赶耶稣会士而落幕。这一年距康熙允许传教 28 年。

皇上恩德有教化王表文及進

皇上聖安并叩謝

王差来專請

同員外李秉忠詢問来由據嘉樂說教化

奏報今嘉樂於九月十一日抵省奴才寺公

命舡到澳門奴才寺業具摺

差使臣嘉樂前来復

廣東巡撫奴才楊宗仁　為奏

兩廣總督奴才楊　琳

聞西洋使臣到省并起程日期事西洋教化王

两广总督杨琳奏教皇使臣嘉乐进京折（部分）

康熙帝在原则问题上不让步，有理有利有节，没有责任。

这场"礼仪之争"主要责任在于罗马。教皇自认为是上帝的代理人，垄断了神意和真理，高高在上去干涉别国内政。结果，傲慢的教皇吞下自己酿下的苦果，把百年的经营毁于一旦。

当时，教皇和法国国王路易十四也有矛盾冲突。

不过，教皇也有委屈，我花这么多钱，送这么多人到中国，是为了传教，没有义务传播科技和文化啊。

实际上，康熙帝并没有真的禁止传教。他允许会技艺的、年老有病的传教士留在北京。多罗当面一套背后一套，惹人生厌。嘉乐把话说在当面，态度和缓。康熙帝对他没有意见。嘉乐回国的时候，康熙帝赏赐大量礼品，并把一部由朝臣用中文记录完成的《嘉乐来朝日记》交给他，让他带回欧洲，交给教皇。这部书可以代表康熙帝对"礼仪之争"的全部看法。

其实，教皇提出了一个很好的问题，也可以理解为这是一个学术问题，即宗教、风俗、法律、国际法的关系辨析。

孟德斯鸠说，中国人把宗教、法律、风俗、礼仪都混在一起，所有东西都是道德，这就是礼教。

黑格尔说，中国宗教属于伦理宗教，虽然注重礼仪，但是把"天"当作自然客体太简单了，没有追求天的本源，没有绝对理念。

因为"礼仪之争"，清政府开始禁教，在北京的传教士越来越少，中欧人员交流几乎停滞，科学、艺术交流也中断了。如果保持这条通道，甚至扩大这条通道，牛顿的物理，莱布尼资的数学就可能提早 100 年来到中国，大清就可能缩小和欧洲的差距。

"礼仪之争"后，大清就与世界隔绝了。

1722 年，康熙皇帝驾崩后，继位的雍正帝醉心于喇嘛教，对西方科技与文化不感兴趣。他下令除留京任职的传教士外，其余一律送往澳门，各地天主堂被拆毁，民众不许信仰天主教。

乾隆对欧洲文明是鄙视的、排斥的。他认为中国已经不需要欧洲任何物品，先进的武器和工业机械也没有用。当然，乾隆爷酷爱西洋钟表，并命令郎世宁修建了圆明园的西洋楼景区。

康熙朝，外国也有好的。

乾隆朝，外国没啥好东西。

道光朝，啥是外国。

慈禧朝，我恨外国。

"礼仪之争"始于康熙年间，一直到大清灭亡都没有解决。

民国时期，这场争论竟然以极为简单的方式在日本解决了。

1932 年，日本一些信天主教的大学生参拜神社不行礼，日本政府大怒，要严惩这些大学生。广岛主教约翰内斯·罗斯为了保护他们，于是查找历史资料，结果发现 1258 年罗马教廷曾颁发过通谕，允许教徒参加非天主教的仪式。

罗马教皇阅读这份通谕后，改变了态度，允许日本天主教徒可以在神社中低头行礼。

1939 年 12 月 8 日，教皇庇护十二世颁布谕令：

"中国教徒可以参加祭孔仪式，可以在教会学校中放置孔子肖像或牌位，并可以鞠躬致敬。如果教徒必须出席带有迷信色彩的公共仪式，必须抱持消极的态度。但对死者或其遗像、牌位鞠躬，是可以的且适当的。"

第十六章
法国访华团

1678 年，大清政府钦天监负责人，深受皇帝信任的比利时传教士南怀仁致信罗马教皇，请求增派更多传教士来华。

路易十四认为这是发展中法关系，扩大法国在远东势力的机会。

此前，向中国派遣传教士的业务由罗马教廷授权葡萄牙经营。从欧洲到中国的航线也是从里斯本出发，绕过好望角，到达印度果阿（葡萄牙远东总部），然后穿过马六甲到达葡萄牙人租住的澳门。

葡萄牙政府认为，欧洲其他国家无权向中国派遣传教士。

1684 年，一个暹罗使团到访法国，转达了纳莱王与法国结盟并开放通商口岸的愿望。暹罗访法团给路易十四带去了大量的珍贵礼物。什么礼物呢？主要是大清的瓷器。

同年，中国人沈福宗访问巴黎。

两件事促使路易十四下定决心，派遣两个代表团到亚洲，一个代表团去暹罗，另一个代表团去中国。

路易十四对中国有一定的了解。他举办过一场名为"中国之王"的舞会。当时，他乘坐中国轿子来到演出现场。

为了避免与罗马教皇、葡萄牙产生冲突，路易十四给法国传教士的脑袋上安了一个新头衔——数学家。他们去中国不是为了传播宗教，而是为了传播科学。

在此之前，葡萄牙使团见过大明正德皇帝，荷兰使团见过大清顺治皇帝，俄罗斯使团见过康熙皇帝。

1685年3月3日，法国赴暹罗使团和赴华使团乘坐"飞鸟号"从法国布雷斯特港起航，前往东方。赴华使团共6人，洪若翰为团长，张诚、白晋、李明、刘应和塔查尔为团员。他们都是传教士，但对外宣称是数学家。他们随身带了很多数学书籍和科学仪器。

刘应改名刘安更好。张诚、刘安有了，就差刘罗锅了。

顺便说一下，17世纪法国的数学成就居于世界领先水平。数学家有笛卡尔、帕斯卡、费马，伽桑迪、梅森，大数学家莱布尼茨就是在巴黎学习数学并发明了微积分。

6个月后，"飞鸟号"到达暹罗。暹罗使团留下，塔查尔也留在暹罗。

法国赴华使团剩下5人。他们是赴华团而不是访华团。

访华团是带着任务去的，完成任务就回国。

赴华团做好了长期待在中国，甚至葬在中国的准备。

由于天气等原因，他们在暹罗待了将近两年，直到1687年6月5日才登上前往大清的船。7月23日，他们到达宁波。

浙江巡抚发现他们没有邀请信和签证，准备把这些人遣送回法国。

南怀仁得知5位法国传教士来到中国，立即请求康熙皇帝将他们留下。

南怀仁认为5个人还是太少了，于是写信给路易十四的忏悔神父拉雪兹，呼吁法国派更多的传教士来中国，最好走陆路。

当时欧洲向中国派遣了600多名传教士，只有100多人安全抵达。大部分人死于海难或疾病。南怀仁认为走陆路既安全，又能在沿途建立新的传教区。

路易十四读信之后，同意南怀仁的建议。他指派闻名欧洲的西里伯爵负责开辟前往中国的陆路通道，带着4位传教士前往中国。

1688年8月7日，路易十四给波斯国王、俄国沙皇和康熙皇帝各写了一封信，让西里伯爵届时献给对方。

写给康熙皇帝的信件内容如下：

"杰出、卓越、万能而又崇高的陛下，朕最为亲密的朋友：
获悉陛下希望在身边及贵国有大量精通欧洲科学的饱学之士，朕在几年前派遣了六位皇家数学家，为陛下带去法国皇家科学院中最新奇的科学知识和最新鲜的天文观测成果。但是，分隔我们两国的漫长海路使人极易遭遇种种不测，耗费漫长，且艰险难行。

朕此次向陛下再派一批皇家数学家，随西里伯爵经更短、更安全的陆路前往，希望他们能作为我们相互尊重和友谊的证明尽早到达陛下身边，也希望西里伯爵归国后向我讲述您令人赞赏的行为。

朕请求上帝能够增加您的荣耀，并使您得到一个非常幸福的归宿。

1688 年 8 月 7 日"

路易十四写给波斯国王和俄国沙皇的信件内容大致相同。

西里伯爵带着 4 位法国传教士进入俄罗斯。

俄罗斯人信奉东正教，反对天主教在中国传播，因此拒绝法国传教士借道前往中国。

1690 年夏天，西里伯爵被他的一个侍从勒死。法国传教士只好回国。

太阳王写给康熙皇帝的信件几经辗转，现存于法国外交部档案处。

路易十四向中国派遣的第二个传教团失败。

读完南怀仁的折子，康熙皇帝下令，洪若翰等 5 人，着起送来京候用。

1688 年 2 月 7 日，法国赴华团进入北京，历时将近 3 年。

南怀仁却在 10 天前逝世。临死前他对康熙皇帝说，"主子，我将愉快地死去，因为我几乎利用了我一生的全部时光为陛下服务。我卑微地恳求您，在我死后，您还能记起来我所做的这一切。我只想使东方最大的君主，能成为世界上最神圣宗教的一名保护人。"

康熙皇帝追赠南怀仁为工部右侍郎，并亲写祭文，赐谥号"勤敏"。

临死前，南怀仁将钦天监交给闵明我负责。后来闵明我又传给了徐日昇。

3 月 21 日，康熙皇帝接见了法国传教团成员，亲自向他们赐茶，这是一种尊重客人的礼仪。

传教士带来很多科学仪器。主要有：

浑天器两个，象显器两个，看星千里镜两个，看星度器一个，看时辰铜圈三个，量天器一个，看天文时锥子五个，天文书六箱，西洋地理图五张。

所有礼物共计 30 箱。

康熙把观测日食和月食的两个仪器安放在御座旁边，把水平仪和天文钟放进内室。

传教士把路易十四的肖像画送给康熙皇帝。

传教士李明说康熙皇帝"以震惊四座的尊重接受了路易十四的画像。中国皇帝可能首次感到，世界不是只有一位君主"。

不过，在康熙皇帝心目中，路易十四不过是一位远方的蛮夷王子。

康熙把白晋和张诚留在宫中。其他3人则前往外省传教。

白晋和张诚立即开始学习满语和汉语。

张诚刚到北京不久，就分配到一个重要工作，和徐日昇充当中俄尼布楚谈判的译员。俄国人不懂中文，中国人也不懂俄文，徐日昇和张诚用拉丁语充当交流工具。张诚不仅是译员，他比大清首席谈判代表索额图更懂国际法。可以说，中俄谈判成功，张诚起到了关键性的作用。

白晋和张诚选用法国数学家巴蒂的《应用和理论几何学》为教材，开始授课。

康熙帝身边有个小盒子，里面装着法国人送的两脚圆规、量角器、直尺、半圆仪、制图笔。这都是中国小学生的必备品。

康熙帝绝对是一个勤学习、爱思考的好学生。他亲手绘图，反复练习。在刚开始接触对数的时候，康熙学习起来有些吃力。后来反复演算几次就掌握了。

康熙掌握的数学技能为：

通过密度和直径计算不同球体的质量。

用几何方法测量距离、海拔；行军打仗时，康熙测出了北京到喀伦的距离。

用照准仪测定太阳子午线的高度。

用大型子午环测定时分。

计算日晷投影的高度。

康熙帝多次对身边的人说，《应用和理论几何学》是一本重要的书。

传教士做了一个计算用的数学表。康熙学会使用之后，把它送给太子。太子把数学表装入袋中，随身携带。

传教士还指导清宫造办处制造了一台手摇计算机。我在《崇祯十七年欧洲那些事儿》中讲过帕斯卡发明计算机的故事。康熙帝对计算机十分喜爱。

经法国传教士指导，由清宫造办处制造的手摇计算机

　　白晋和张诚为康熙讲解杜哈梅尔的《古今哲学》，解释逻辑、物理和伦理。由于康熙患病，哲学课没有讲完。

　　1693 年，康熙帝患疟疾，太医束手无策。洪若翰和刘应进献金鸡纳霜。康熙帝很快就恢复了健康。如果不是这两位法国人，说不定康熙病逝，太子胤礽继位，就没有雍正和乾隆了。

　　为了感谢法国传教士"救命之恩"，康熙赐给他们一块地。法国人在西安门内建造救世主堂，即今天的北堂。

　　白晋、张诚提交了近 30 篇医学文章。其中一篇关于化学药剂的文章引起了康熙帝的兴趣。他支持两人建立实验室，生产药物。

　　明末，利玛窦和徐光启率先翻译《几何原本》。到了康熙年间，中欧数学交往有百年左右，对中国数学产生了巨大的影响。明末清初中国人开始撰写数学书籍。据方豪统计，共有 42 位文人写下近 73 部数学著作。

　　康熙对于白晋和张诚的授课工作非常满意。他希望法国国王派更多的专家到北京，于是任命白晋作为他的钦差返回法国，并携带赠送给路易十四的御礼，其中包括在北京刊刻的 49 部中文典籍，包括《诗经》《书经》《春秋》《礼记》《易经》《资治通鉴纲目》《大清律》《本草纲目》《说文解字》等。

这些书籍成为法国皇家文库中文典藏的基础。

1693 年 7 月，白晋离开北京，于 1697 年 3 月返回法国，此时距他离开法国已经 12 年了。

为了向路易十四介绍康熙皇帝和中国的情况，白晋写了一份长篇报告，经整理后出版成书，这就是著名的《康熙皇帝传》。在书中，白晋认为康熙皇帝是：

"高尚又坚定的天才，受到了其臣民的崇拜，受到了其邻邦的敬重，是一位具有高尚素质，接近完美的君主。"

白晋告诉路易国王，我们给皇帝看了欧洲，尤其是法国的工艺品。我们给皇帝介绍了法国皇家科学院、艺术院，以及法国对卓越人才给予的奖励和荣誉。

听了白晋的介绍，看了康熙皇帝的礼物，路易十四对遥远的东方皇帝产生了好感。但个别法国贵族认为白晋美化了康熙以及大清。

最终，路易十四没有答应再派使团。

白晋在欧洲读到了莱布尼茨主编的《中国近事》一书，非常高兴。10 月 18 日，他给莱布尼茨写了一封信，随信寄去了自己的《康熙皇帝传》。12 月 2 日，莱布尼茨回信给白晋，两人建立了通信往来。

法国国王不支持，白晋就通过教会途径招募了 8 名传教士，返回中国。自明朝以来，来华传教士以葡萄牙人为主。自白晋开始，来华的法国人超过 100 位。

中国幅员辽阔，地形复杂，交通不便，加上技术落后，当时的地图错误百出。康熙帝早就认识到这个问题。他说，关于地理的信息"作者颇多，详略既殊，今昔互异"。别说地图，各省府的尺寸长短都不一致。

张诚向康熙授课时，指出大清地图的多处错误。他参加了中俄尼布楚谈判，事后向康熙进呈了一幅新地图。

康熙认为张诚在这方面有专长，出巡的时候就带上张诚。每到一地，君臣二人立即测量经纬度。

1691 年，康熙带着张诚巡视蒙古。5 月 10 日晚，康熙向张诚请教星体问题，然后，康熙复习了 10 道三角题。张诚离开后，康熙命人把喝剩的半瓶御酒给他，下旨必须喝完。张诚酒量不济，没有完成任务。第二天，康熙派人去探视，看老师有没有喝醉。

16日。康熙问张诚，欧洲人制造的枪支那么好，你们为什么不带来几把。张诚回答，我们是传教士，不允许使用武器。

康熙帝下决心制作一幅最精确、最全面的地图。相对于他的臣民，康熙帝是大清地理知识最丰富的人。他知道天上一度即地下200里。天上360度即地下72000里，接近地球的周长。

由于人手不足，康熙要求白晋等人培训中国学生，同时派传教士到广州、澳门招聘专业人员，采办测绘仪器。

1708年，白晋、雷孝思、杜德美、汤尚贤、冯秉正、德玛诺、费隐、麦大成、山遥瞻9人带着中国学生分赴全国各地，用西方测量法，绘画地图。

康熙帝要求各省督抚将军，各地方官，供应一切需要。

让大量外国人测量本国领土，一方面是技术落后，没有选择。另一方面，可以看出康熙的气度和求知的决心。当年，保守派知识分子杨光先说，宁肯中夏无好历，不可使中夏有西洋人。康熙认为，只要能使中国有好东西、好技术，使用外国人又何妨。

1719年，全图告成。新图采用梯形投影法绘制，比例为一百四十万分之一。地图描绘范围东北至库页岛，东南至台湾，西至伊犁河，北至北海（贝加尔湖），南至崖州（今海南岛）。

康熙大喜，将其命名为《皇舆全览图》。他说：

"此朕费三十余年之心力，始克告成。"

康熙帝命工匠用上好白玉制造一张方桌，将地图刻于桌上，并以金条镶嵌，可以随时查看、研究。康熙对这一地图的重视可见一斑。

《皇舆全览图》是中国历史上第一幅绘有经纬度的全国地图，也是世界地理学史上的一件大事。在这件事情上，我们应该感谢参与地图制作的欧洲传教士。他们给中国带来先进的天文科技，又带来了最新的地理知识。他们不光制作了大量的中国地图，还给康熙皇帝进呈了大量的世界地图。

令人扼腕的是这些地图被深锁高墙大柜内。

民间是没有的，绝大多数官员也没有看到过。

道光之后，大清地图制作又回归到古老的缩放式，白晋等人的辛劳白费了。

白晋深入研究《易经》后得出结论：

伏羲是亚当长子该隐的儿子。

白晋的目的是把《易经》和《圣经》打通，为传教作铺垫。

大清官员认为，《圣经》是根据《易经》撰写的。

1707 年，张诚在北京去世。1730 年，白晋在北京去世。

洪若翰、李明后来回到法国，刘应病逝于印度。

第十七章

太阳王身边的中国人

（一）见过法国国王、英国国王和教皇的沈福宗

康熙二十三年。公元 1684 年 9 月 15 日。

法国国王路易十四会见了来自中国的沈福宗。

沈福宗是谁？又是如何来到法国的？

1657 年，沈福宗出生于南京的一个普通家庭。他的父亲是一名草药医生，信奉天主教。沈福宗受过良好的教育，了解中医和炼丹术，但没有参加过科举考试。

比利时耶稣会士柏应理在南京传教，与沈福宗结识。1681 年，柏应理要回到罗马，向教皇汇报中国的传教情况。

24 岁的沈福宗决定与柏应理同行，前往欧洲考察学习。沈福宗随身带有 40 多部儒家书籍。

1681 年 12 月 5 日，他们从澳门启航，途经南洋各国，横渡印度洋，再绕过非洲南端，于 1682 年在葡萄牙登陆。他们一起到了柏应理的家乡梅赫伦，并拜访了他的家人。

为了学习欧洲语言和文化，柏应理安排沈福宗进入初修院。老师为沈福宗起西洋名 Michel Alfonso（米歇尔·阿方索）。

柏应理前往罗马拜见教皇英诺森十一世，恳请教皇允许他们在大清用中文举行弥撒。英诺森教皇得知有中国人在欧洲，表示想与沈福宗见面。

沈福宗从里斯本出发，前往罗马。见到教皇后，沈福宗将一批中国书籍赠予教皇。这批书籍现藏梵蒂冈图书馆。

沈福宗没有回到里斯本，就在罗马继续深造。

柏应理在罗马发现一些拉丁语文稿，是在中国的耶稣会士翻译的《大学》《中庸》和《论语》。柏应理希望法国国王路易十四能支持这些文稿出版，于是带着文稿和沈福宗前往法国，拜见了路易十四。

路易十四对中国很感兴趣，提了很多问题，沈福宗对答如流。

沈福宗是近代史上第一个在巴黎拜见法国国王的中国人。

古代史也有。在 1287 年，北京人拉班·扫马在巴黎拜访过法国国王腓力四世，后来又见了英国国王爱德华一世（电影《勇敢的心》中的长腿）。

1684 年 9 月 26 日，路易十四宴请沈福宗。沈福宗身着青丝蓝缎织锦盛装出席。

宴会上，路易十四询问沈福宗如何使用中国餐具。

沈福宗当场演示了筷子的使用方法。饭后，沈福宗还表演了书法，并把孔子、康熙皇帝等人的画像展示给法国君臣。

路易十四大喜。为了表示对这位东方来客的敬意，他命人打开刚刚建成的凡尔赛宫花园中的所有喷泉，让沈福宗尽情欣赏。

沈福宗一时成了巴黎的焦点人物。法国人纷纷谈论他的衣着打扮和言谈举止。《加朗信使》杂志报道如下：

> "柏应理神父带来一位名叫米歇尔·沈的中国青年，拉丁语讲得非常好。本月 25 日，他们二人来到凡尔赛宫，受到国王陛下的召见。然后他们在赛纳河上游览。次日又蒙陛下赐宴。"

柏应理和沈福宗一行还参观了圣路易王宫。那里有一场中国丝画展。

沈福宗是个稀罕人物，法国画家为他绘制了肖像。此画现藏于巴黎国家图书馆的版画部。

法国人发现中国字同音不同调，同音同调又有数十种不同意思，发出了汉语不好学的感慨，并认为中国人"记忆力强，想象力丰富"。

在中国，沈福宗面见康熙皇帝，几乎是不可能的。而且，按照大清法律，沈福宗是禁止离境来到欧洲的。

康熙二十六年，公元 1687 年。一本新书在巴黎出版，具体信息如下：

书名：中国哲人孔夫子

副标题：用拉丁文表述的中国学说

撰写者：殷铎泽、恩理格、鲁日满和柏应理

内容：最前面的"献词"是柏应理致路易十四的一封信。后面接着一个长篇导言，对中国古代经典作了概要介绍。第三部分是意大利籍耶稣会士殷铎泽撰写的《孔子传》。第四部分是《大学》《中庸》《论语》译文及评注。最后是《中华君主统治历史年表》《中华帝国大事记》和中国地图。

该书特意注明：

奉路易大王敕命刊行，东方传教团提供资助，皇家图书馆非营利出售，皇家特许印刷厂印刷。

这本书的出版，沈福宗做出了很大的贡献。

该书对于 17、18 世纪的欧洲人了解中国传统文化产生了巨大影响，法国启蒙运动思想家伏尔泰、德国哲学家莱布尼茨都读过此书。

2019 年，习近平主席访问法国时，法国总统马克龙送给他一份具有特殊意义的国礼——1688 年法国出版的《论语导读》。

英国国王詹姆斯二世去牛津大学图书馆时，还专门问了一下有没有《中国哲人孔夫子》这本书。

沈福宗访问巴黎之后，路易十四对中国的兴趣更大了。他决定与中国建立外交关系。第二年，一支法国使团就向中国出发了，其中一些团员成为康熙皇帝的臣子、老师兼朋友。出发前，沈福宗给这些团员介绍了大清的国情。

1685 年，沈福宗应邀出访英国，在伦敦与英国国王詹姆斯会面。

这是有记录以来，中国人第一次来到英国。

几十年前，一些英国船长雇佣中国水手从东南亚来到英国，但没有记录。

耶稣会曾经带一些中国人来到欧洲。不过，耶稣会属于天主教会，不会把中国人送到信奉新教的英国。

詹姆斯国王年轻的时候就对中国文物感兴趣，看过中国戏剧，读过有关中国的书籍。国王陛下隆重宴请沈福宗，命令英国宫廷画师内勒爵士为沈福宗画像。

画中的沈福宗身穿清朝读书人的装饰，露出发辫。他的左手握着一个带有耶稣受难像的十字架，身旁的桌上放着西式装订的书籍。

沈福宗面容清朗、神情淡定，唇上有一些稀疏的胡须。

这一年他 30 岁。

内勒爵士是英国最好的肖像画家。他的客户包括多位英国国王或王后。除此之外还有哲学家洛克、天文学家哈雷、皇家学会主席雷恩，以及大名鼎鼎的牛顿。

国王将沈福宗的画像挂在自己的卧室里。

真是奇怪的爱好！

这幅名为《中国皈依者》的作品现悬挂于英国王室的温莎行宫里。

詹姆斯国王希望沈福宗帮助牛津大学图书馆编撰中文书籍目录，沈福宗欣然接受，前往牛津大学。

沈福宗和图书馆负责人托马斯·海德有过多次探讨，成为好友。海德博学多才，掌握土耳其语、阿拉伯语、波斯语、希伯来语和马来语。

沈福宗不知道海德是几品官，称他为"德老爷"。

海德则称沈福宗为"最尊敬的朋友"。

沈福宗对牛津大学图书馆内的中国书籍作了分类，并一一写下简介。他还向图书馆工作人员展示了如何翻阅中文书籍（从左向右翻，从上向下看，和英文不同）。

英国法官约翰·塞尔登毕业于牛津大学，临死前将自己收藏的一幅巨型中国地图赠给母校图书馆，然而整个牛津大学没有一个人能辨认地图上的中国字。在海德的请求下，沈福宗对地图进行了整理。

工作之余，沈福宗教海德下中国象棋和围棋，玩"升官图"和"杨六四捍"两种游戏。这两种游戏在今天的中国几乎绝迹。

升官图类似于今天的大富翁游戏。棋盘上有一个格子路径。每个格子代表不同的官位。起点为"白丁"，终点是"太师""太保"或"太傅"。参与者轮番转动一个陀螺。陀螺上有"德才功赃"4 个字，停止时一个字与棋盘接触。前 3 个字代表前进（前进步数不同），出现"赃"字则后退。先到终点者为胜。

沈福宗与海德往来书信和谈话记录都保存在大英图书馆。在一份 1687 年文件中，海德写道：

"来自中国南京的沈福宗教我很多中国知识。这个年轻人现年三十岁，性情善良，学习勤奋。他为人礼貌、热情，有中国文化和哲学方面的良好教养，读过很多书，而且他在中国时就掌握了拉丁文。"

海德想创建一种全欧洲都可以使用的汉字注音体系，沈福宗将中国的辞书《海篇》和《字汇》介绍于他。

沈福宗还为海德出版《中国度量衡考》和《东方游艺》提供了协助。

海德写信给大科学家波义耳，向他介绍沈福宗。

波义耳问沈福宗，一个受过教育的中国人要认识多少个汉字。

沈福宗回答，12000 个。

沈福宗向波义耳学习气压，向他介绍中医中药。

波义耳著作中有很多关于中国的内容，如气候、人口、宗教、语言、思维方式、医药、农业、陶瓷、油漆、酿酒、炼丹等。这里面就有沈福宗的贡献。

沈福宗结识了波义耳的助手，著名物理学家胡克。

沈福宗是否见过牛顿，查不到相关资料。

牛津大学应该给沈福宗颁发博士学位。

1687 年，沈福宗回到法国与柏应理重聚，然后又在比利时居住了一段时间，最后从比利时前往葡萄牙，等待商船返回中国。

在中国的时候，沈福宗就认识一些葡萄牙人，听说过关于葡萄牙的事情。葡萄牙能够控制中欧航线，能够发展很多殖民地，甚至盘踞澳门 100 多年，在明清读书人的眼里，一定是一个大国、强国。

沈福宗到了里斯本后，才发现葡萄牙的领土面积还不如中国的一个省大，人口还不如江南的半个省多。

明清的官员，民间的知识分子，绝大多数人不知道葡萄牙在哪儿，不知道葡萄牙的实力。

1692 年，柏应理、沈福宗二人从葡萄牙启程返华。当船只沿大西洋南下到达非洲西海岸时，沈福宗突然染病，于 9 月 2 日在葡属东非（今莫桑比克）附近去世，享年 36 岁。

在印度果阿，柏应理不幸被落下的重物击中头部身亡，也没有回到中国。

沈福宗算不上学者大儒，但他见到了教皇、法国国王、英国国王，见到了法国名流和英国科学家。他向欧洲人介绍中国文字、饮食、游戏等文化，协助儒学著作在法国出版，并在欧洲留下了中国人的画像，可以说为中西交流做出了很大的贡献。

中国史籍没有沈福宗的记载。

海德还不知道沈福宗去世的消息。晚年，他在一本波斯宗教的书中写道："我的中国朋友，沈福宗先生，现在居住在南京。"

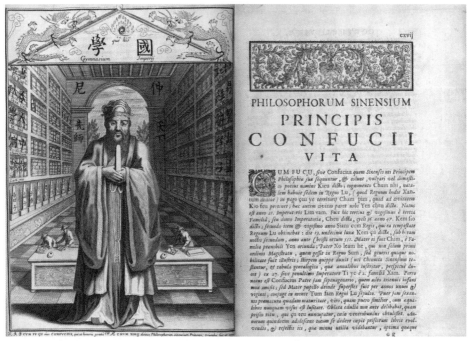

《孔子传》插页。
身穿儒服、手持笏板的孔子站在一个中西合璧风格的图书馆里。
孔子身后的条案旁有几个着清代服饰的人正在抄写书籍。
孔子背后的拱墙上有"仲尼""天下先师"等字，上端是双龙围绕的"国学"。左侧书架有《书经》《春秋》《大学》《中庸》和《论语》，右侧书架有《礼记》《易经》《系辞》《诗经》和《孟子》。书架底层是孔子门徒或传人的牌位。左侧可辨的是曾子、孟子、子贡、子张、闵子虔。右侧可辨认的是颜回、子思、子路等。
这幅版画上的中国字，很可能是由沈福宗书写后刻上去的。

（二）娶法国女人的黄嘉略

1638 年，黄保罗出生于江苏兴化的一个官宦人家。他成年后加入天主教，非常虔诚，准备进修道院过独身生活。他的父母大怒，威胁要报警。黄保罗只得娶妻，连生 4 个女儿。1679 年，独子黄嘉略出生，算是福建莆田人。

黄保罗让宝贝儿子受洗，成为天主教徒。

黄嘉略成年后拜举人江为标（天主教徒）为师，学习中国典籍及基督教义，以及拉丁语。他跟随法国传教士梁弘任传教，游历了很多地方。

1701 年，梁弘任准备回罗马，向教皇汇报中国事宜。黄嘉略知道后，也想同去（还有一名叫李若望的中国人）。1702 年 2 月 17 日，他们在厦门登上一艘英国商船，历经坎坷，终于在 1703 年 3 月 9 日到达罗马。3 月 26 日，教皇接见梁弘任、黄嘉略和李若望，并为两个中国人会说拉丁语感到高兴。

黄嘉略在罗马停留了 3 年，经常到当地的几处大教堂做弥撒，特别是雄伟壮丽的圣彼得大教堂。如果康熙能够亲眼见到圣彼得大教堂，他就会感受到西方文明在某种程度上已经超越了大清。

黄嘉略认为，孔子不识天地万物真原，又无道及身后之永报，不算真正的圣人。

1706 年 3 月，黄嘉略随梁弘任来到巴黎。

享誉法国文化界的法国皇家学术总监桑波比诺聘请黄嘉略担任中文翻译。黄嘉略在日记中写道：

> "我投身饮誉全欧的桑波比诺教士麾下。他以对科学和文学的热爱、对所有文人的全力保护而闻名。我毫不费力就获得了他的信任，他希望获知中国发生的一切。"

有学者认为，桑波比诺把黄嘉略引荐给路易十四。从此，黄嘉略成为"太阳王"的中文翻译。

法国知名汉学家艾田蒲则认为，黄嘉略只是在国王图书馆里整理中文书籍。当时国王图书馆约有 319 本中文书籍。路易十四年近七旬，同中国没有日常业务，没有必要雇佣专职的中文翻译。

梁弘任希望黄嘉略在欧洲接受神学教育后，返回中国作为骨干人才继续传教。黄嘉略在欧洲常与中国教友通信，了解中国情况。当他听闻康熙皇帝下旨管制传教活动后，决定留在法国。

梁弘任对此十分不满，但也没有强迫黄嘉略改变主意。

黄嘉略先后与法国年轻学者弗雷莱和傅尔蒙编纂了《汉语语法》和《汉语词典》。在《汉语词典》中解释"山"这个词时，黄嘉略不仅告诉法国读者中国有 5 座名山，还特意介绍了泰山以及有关泰山的谚语。

与沈福宗一样，黄嘉略也结交了一些欧洲名人。法国著名天文学家德利尔和黄嘉略是邻居。黄嘉略给他讲天干地支、二十四节气。德利尔后来被彼得大帝聘用，创建了俄罗斯天文学校。

还有一位影响力更大的世界顶级名人来拜访黄嘉略，这就是启蒙思想家孟德斯鸠。孟德斯鸠在《波斯人信札》中的一段话，可以看作是黄嘉略的自白：

"我为求知所驱使，背井离乡，置平静生活的安乐于不顾，出来寻求贤者之道。在国人当中，我可能是最早的一个。我不以（中国）的疆界作为知识的疆界，也不把东方的光明视为唯一的光明。"

路易十四并不看重黄嘉略的工作，给的薪水也不高。

1713 年 4 月 25 日，黄嘉略与巴黎女子玛丽成婚。1715 年 3 月 4 日，他们的女儿出生，起名玛丽黄。德国汉学家拜尔写道："这个女婴活脱脱是一个中国人，她的脸和肤色恰恰具有中国人有别于欧洲人的那些特征。"女儿出生不久后，玛丽病逝。

黄嘉略一人孤独在外，想念祖国和亲人。他在日记中自称"中国老爷""莆田亲王"。他在《汉语语法》这本书里解释巴不得这个词时，举了一个例子如下：

我巴不得现在就在中国。

法国有支船队想去中国采购商品，邀请黄嘉略作为顾问同行。黄嘉略高兴地接受了。报告打上去，等了一个月，路易十四亲自答复：不行。

1716 年，黄嘉略在巴黎卡耐特街的寓所病逝，享年 37 岁。玛丽黄交由外祖母抚养。

黄嘉略死后葬在何处，没有历史记载。

沈福宗算是旅欧，黄嘉略是真正的华侨。

李若望的事迹不详，可能病死在罗马。

对沈福宗、黄嘉略等人来说，背井离乡远涉重洋面临着巨大的困难、孤独和痛苦。当然，来中国的欧洲人更多（至少超过 800 名）。不过，他们大多是传教士，执行上帝的旨意，不需要家庭，死在哪里都无所谓。

陆续有一些大清子民去过葡萄牙、罗马，但康熙帝没有派官方代表团访欧的计划（康熙帝曾命在华传教士回欧洲替他传达旨意）。雍正帝派了一个代表团访俄，没学到什么东西。此后 100 多年（至第二次鸦片战争之后），大清政府始终没有派中国使团访欧的想法。

第十八章
龙与熊的较量

明崇祯十六年。公元 1643 年。

俄罗斯人波雅科夫率领一小支武装力量远征黑龙江。他们翻越外兴安岭，闯入中国领土，绑架人质，勒索貂皮，甚至吃人肉，真是一群恶魔。

1650—1653 年，俄罗斯人哈巴罗夫入侵我国黑龙江地区，引发了中俄军队的第一次交锋，即乌扎拉之战。

1655 年，清军击败了俄匪斯捷潘诺夫率领的小分队。

第二年，俄罗斯巴伊科夫使团到达北京。俄国人不会汉语，大清官员不会俄语，双方通过蒙古语交流。

大清官员要求巴伊科夫遵照中国惯例，先交出国书和礼物，再由顺治皇帝接见。他们认为，外国国书如同下属的上表，应先送礼部检查，没有问题才呈给皇帝。200 年前，葡萄牙特使的国书被官员们改得面目全非，才交给正德皇帝。

大清皇帝给外国君主写信，是下旨，不是国书。

巴伊科夫说，我只能在大清皇帝接见时才能递交国书和礼物。这是国际惯例。

大清官员作出让步，允许巴伊科夫亲手递交国书，但必须叩头。

巴伊科夫说，我不会叩头，也不会吻皇帝的脚，但可以鞠躬吻皇帝的手。

双方僵持了大半年。不耐烦的大清官员对巴伊科夫说，拿着你的礼物回家去吧。

巴伊科夫的外交任务彻底失败了。不过，在这半年的时间里，他把从俄罗斯带来的皮毛销售一空，又采购了 3 万卢布的中国货带回俄罗斯，大赚一笔。

1668 年 7 月，俄国人阿勃林率领一支庞大的商队来到北京。据俄方文献记载，这支商队来中国一趟，获利 14212 卢布。

与此同时，俄国人在黑龙江地区的侵略活动一直没有停止，且逐步升级。

顺治末年至康熙初年，清政府忙于国家统一，无暇顾及东北。

俄军趁机侵占了尼布楚（今俄罗斯涅尔琴斯克）和雅克萨等地，在那里构寨筑堡、驻军囤粮，对黑龙江中下游地区进行骚扰和掠夺。

1667 年，中国索伦部头人根特木尔叛逃尼布楚。沙俄殖民官如获至宝，立即授予他俄国国籍，让他引诱更多的边境居民叛国投敌。

清政府深感事态严重，不得不管了。1670 年，宁古塔将军巴海派人到尼布楚，要求俄方将根特木尔送回。

尼布楚殖民官认为这是一个讹诈的机会。他派米洛瓦诺夫到北京，递交了一份文件。文件竟然要求清政府归依于"沙皇陛下最高统治之下，向沙皇纳贡，永世不渝"。

这不仅是一个侮辱文件，甚至相当于宣战。

由于清政府官员不懂俄文，竟然还招待了他们一个月。

康熙皇帝亲自接见，给他们很多礼物，让人带领他们游览北京城。

康熙皇帝在给沙皇的一封信中写道：

> "尼布楚长官愿两国修好，互派使臣，贸易不断往来。（你们）愿求永远和好，则应还我逋逃根特木尔，嗣后勿起边衅，以求安宁。"

康熙皇帝的意思很清楚，归还逃犯，边境和平，两国修好。

1675 年，俄国政府派尼古拉出使中国。尼古拉带来了 800 卢布的礼品，包括貂皮、黑狐皮、呢绒、珊瑚串珠、镜子、钟表及琥珀等。

尼古拉到达北京后，礼部官员把尼古拉介绍给南怀仁。两人用拉丁语交流无碍。中俄双方达成共识，以后用拉丁语交流。

为了规范俄罗斯使节的外交行为，礼部特意告诉尼古拉 3 条规矩：

一、任何到大清的使臣，都应自称是倾心悦服的下国来到上邦。

二、外国君主赠送礼品给大清皇帝，不能称礼物，只能称贡品或方物。

三、大清皇帝给外国君主还礼，不能称礼品，只能称赏赐。

南怀仁等人告诉他，康熙喜欢荣耀，喜欢别人歌颂。他的大臣们竭力维护这种荣耀，即使亡国也不让半步。的确，鸦片战争后，大清官员和欧洲各国谈判，往往是死要面子活受罪，甚至为了面子而牺牲利益。

尼古拉全部拒绝。

每一次俄国使臣来华，清俄双方在礼节上都要争论一个月。俄国人认为受到了严重的国格侮辱和人格侮辱。

大清则认为给俄国使节破例太多。俄国应该多向朝鲜使节学习。

最后，康熙皇帝还是接见了尼古拉，赐宴、赠礼。

尼古拉离开后，沙俄侵略者继续在黑龙江地区扩张。

俄国人一边谈判，一边侵略，对清政府的警告置若罔闻。

康熙一直忙于平定南方的三藩之乱，直到 1681 年大局已定，才腾出空来解决北方的祸乱。

1682 年，康熙亲赴关东巡视，了解黑龙江流域实情，并作出几项部署：

一、清军应尽快渡过黑龙江，侦察雅克萨的地形、敌情。

二、当地达斡尔人、索伦人要随时监视敌情，随时上报。

三、蒙古车臣汗断绝与沙俄人贸易，进行经济封锁。

四、在黑龙江边的瑷珲筑城。

五、从吉林到瑷珲，沿途设立 19 个驿站，便于传递军事情报。

六、加紧造船，为即将到来的战争运送军粮。

1683 年 9 月，清政府要求盘踞在雅克萨等地的沙俄侵略军限期撤离大清领土。康熙帝警告他们说：

"若尔等仍不喻此理，强居于朕之疆土，届时尔等将天地难容。"

沙俄军不予理睬，反而集体窜至瑷珲劫掠。

康熙帝发布上谕：

"罗刹扰我黑龙江、松花江一带，三十余年，其所窃据，距我朝发祥之地甚近，不速加翦除，恐边徼之民，不获宁息。"

大清将领萨布素将俄军在黑龙江下游建立的据点焚毁，使雅克萨成为孤城。

1685 年，都统彭春率军围攻雅克萨城。清军构成如下：

- 直隶、山东、山西、河南四省各选派 250 名火器兵，共 1000 名；
- 福建藤牌兵 400 名；
- 黑龙江本地官兵 500 名；
- 满族上三旗官兵 170 名；
- 杜尔伯特、扎赉特两部蒙古兵共 500 名；
- 其他官兵 400 名。

清军总兵力约 3000 人。但火器较少，仅 43 门火炮，100 杆鸟枪。

6 月 25 日，清军炮弹呼啸着飞进雅克萨城内，将塔楼、房屋等许多建筑物炸毁。

俄军头目托尔布津抵挡不住，只得投降，答应今后永不再犯中国领土。

史书记载，"四十年盘踞之众，数日而行击破。"

清军将领宽宏大量，没有追究他们的责任，没有要求他们赔偿。

托尔布津带着大部分人马和全部财产安全离开。

40 多名俄国士兵留下不走，愿意归顺清朝。清政府将历年来俘虏的、投诚的俄国人安置于北京胡家圈胡同居住，并编入满洲镶黄旗，设置俄罗斯佐领。

清军将沙俄非法违章建筑物焚毁后撤回瑷珲。

托尔布津带着残部狼狈逃回尼布楚。此后不久，拜顿带着 600 名沙俄士兵以及 10 门火炮、220 发实心铁炮弹和大量火药来到尼布楚。

尼布楚督军弗拉索夫胆子肥了，决定重新占领雅克萨。

7 月 15 日，离开雅克萨还不到一个月，托尔布津就派 70 名侦察兵潜回黑龙江。8 月 7 日，这股小分队回到尼布楚并且带回来一个重要情报：

雅克萨附近一个中国人也没有，之前种植的庄稼还在。

战前，康熙帝再三强调要把雅克萨城外俄国人种的粮食收割走。

前线的糊涂清军没有执行。

托尔布津闻讯大喜。他随即和拜顿率领 671 名沙俄士兵出发，一路畅通，于 8 月 27 日重新回到雅克萨。他们小心翼翼地修砌毁坏的城墙，收割田里的庄稼，随时防范清军突袭。结果，一个大清士兵都没有遇到。

他们过了秋天，过了冬天，一直安全地过了第二年的春节。

3 月，在一场遭遇战中，沙俄以优势兵力杀死清军 30 人，俘虏 1 人。

康熙帝闻讯大怒。他下令道："今罗刹复回雅克萨，若不速行扑剿，势必积粮坚守，图之不易，应立即收复。"

经过 3 个月的准备，1686 年 6 月底，黑龙江将军萨布素率领 2200 名清军，携带火炮 21 门，水陆并进，抵达雅克萨城下。清军围绕雅克萨城筑起一道土墙，围而不攻。俄军一出城就炮轰。

9 月，托尔布津这个罪恶的侵略头子死于清军炮火之下，活该！

雅克萨城内的粮仓也被黑龙江水师炮火击中。

从尼布楚来的 100 多名俄国援军被蒙古人拦住，前进不得。

到了 11 月，天寒地冻。雅克萨城内的 826 名俄军因为伤亡和疾病，只剩下 150 人能战斗，但是弹药已经告罄。

清军的损失也不小。不过，清军依旧保持着优势兵力，而且不缺粮食和弹药。

眼看雅克萨守不住了，沙俄政府举白旗要求谈判。

这一年，彼得大帝 14 岁，他和傻哥哥伊凡五世并列为俄罗斯沙皇，但真正的权力掌握在他姐姐索菲亚公主手中。

康熙皇帝同意谈判。

从结果上看，清军赢了。不过，赢得并不漂亮。清军兵力远远多于俄军，却始终不能破城。俄军用上了射程长达 300 米的燧发枪，清军还在使用大刀长矛这些落后的冷兵器，鸟枪数量少而且杀伤力有限。如果双方一对一阵地战，俄军很可能大败清军。

双方停战后，清政府再次发扬人道主义精神，派军医携带药品给城内的俄国人治病。

这次俄军走后，清军没有回到瑷珲，而是驻扎在雅克萨 10 公里左右的查尔丹，一直到《尼布楚条约》签订之后才撤离。实际上应该永久驻军，绝不撤离。

1689 年，中俄两国在尼布楚举行谈判。

清政府使团首席谈判代表是领侍卫内大臣索额图，成员有都统公佟国纲、黑龙江将军萨布素等。传教士徐日昇、张诚担任翻译。

俄国政府多次派人出使大清，多次失败。但俄国人对大清的情况掌握得比较全面，占据了谈判的主动权。相反，大清对俄国却知之甚少。

大清还面临着一个非常不利的局面。

1688 年，在沙俄的怂恿下，噶尔丹率领三万大军越过阿尔泰山，大举进攻喀尔喀蒙古，对大清构成了严重的威胁。康熙皇帝希望尽早解决中俄争端，以便集中精力对付噶尔丹。不过，康熙皇帝还是向使团发出明确的指示：

"尼布楚、雅克萨、黑龙江上下，及通此江之一河一溪，皆我所属之地，不可少弃之于俄罗斯。"

在谈判过程中，贪得无厌的沙俄侵略者自高自大，态度傲慢无礼。

大清同样认为俄国人是不知礼数的蛮夷。

8月22日，中俄双方举行第一次会议。

俄方有俄罗斯人、哥萨克人、蒙古人和波兰人，中方则有满人、蒙古人、汉人及欧洲传教士，算是国际化团队。

在会议上，俄方代表戈洛文虚张声势，反咬一口，诬陷中国先挑起战争。他提出两国以黑龙江至海为界，一张口就想吞掉黑龙江地区的大片领土。

索额图当即驳斥道，"敖（鄂）嫩河、尼布楚皆为我茂明安等部原来居住之地，雅克萨为我虞人阿尔巴西等居住之地。"

第二天，戈洛文降低要价，提出以牛满河或精奇里江为界。索额图希望尽早缔约，一方面不接受俄方方案，另一方面作出让步，表示可以把尼布楚让给俄国。俄方代表竟然哈哈大笑，这是对中国使团的侮辱。

戈洛文叫嚣着停止谈判。索额图做好空手而归的准备。

从8月24日到9月7日这半个月中，两国使臣一直没有会见。

张诚是法国人，了解欧洲各国纷争和谈判之道。细心的他看出来戈洛文利用索额图缺乏谈判经验这一弱点采取威胁、拖延等手段，但总的目标还是想达成条约。因此他告诉索额图，自己愿意去接触一下戈洛文。

25日，徐日昇、张诚在员外郎喇喜的陪同下，来到俄国使团驻地。经过徐日昇、张诚从中斡旋，最终中俄双方取得一致。

9月7日，双方通过平等协商签订了《尼布楚条约》。这是中俄在经过46年军事冲突后签订的第一个条约。

签字完毕后，俄方用葡萄酒和果酱招待大清代表。随后赠送给中方一座自鸣钟、三块怀表、一架望远镜等物。中方回赠俄方镂金鞍辔和小桌，以及若干布匹。

索额图说，非张诚之谋，则和议不成，必至兵连祸结，而失其和好矣。

可以说没有这个法国人，就没有《尼布楚条约》。

康熙帝赏赐徐日昇、张诚6只麋鹿、30只野雉、12条大鱼以及12条鹿尾。

《尼布楚条约》从法律上肯定了黑龙江流域、乌苏里江流域的广大地区都是中国领土。大清收回了被沙俄侵占的部分领土，制止了沙俄对黑龙江地区的进一步侵略，保证了东北地区的安宁和完整。俄国则得到了贝加尔湖以东尼布楚一带的领土，以及在中国通商的权利。

戈洛文后来升任外交部长、海军上将和元帅。今天俄罗斯海军还有以他命名的军舰。俄罗斯银行为他发行了银币。

索额图后来被康熙皇帝处死。

从今天来看，中俄双方对《尼布楚条约》都是非常不满的。

俄国课本上写着：

> "由于沙皇政府的懦弱，中国通过《尼布楚条约》获得了大片原本属于俄罗斯的领土。"

对大清政府来说，实际上把尼布楚让给了俄罗斯人。当时大清武力上占据优势，如果继续发动战争，把俄国人赶出尼布楚都是有可能的。

1720 年，沙皇政府派伊兹玛依洛夫（以下简称伊洛夫）访华，进行通商谈判。他的目标是在北京建立领事馆和东正教教堂。

经过多次教训，俄国人知道要想达成目标，就要给足大清皇帝面子。

他们在国书中第一次称康熙帝为"陛下"（以前用"殿下"），最后落款也不写沙皇的全部称号，只有沙皇亲笔签名，并加盖国玺。此次的礼物有雕花镀金大镜、水晶框镜子多面、英国自鸣钟一座、宝石怀表一对、罗盘一只、数学制图仪四套、望远镜四架、显微镜一架、晴雨计两只，以及大量毛皮，共值 5000 卢布。

俄国外交部警告伊洛夫，不要执行有辱特使身份的礼仪，不得做有损沙皇荣誉的事情。

1720 年 11 月 29 日，俄国公使伊洛夫到达北京，进城后摆开仪仗。一路上喇叭、锣鼓、军号和其他军乐齐鸣。伊洛夫的随从有的在前面开路，有的在后面压阵，有的骑马，有的步行。所有人身着盛装，佩带长剑。

大清官员反对他这么做，但是伊洛夫竭力坚持，他就是想向中国人展示俄国的强大，从而在谈判桌上为俄国争取更多的权益。

大清官员要求伊洛夫在接见过程中向康熙帝跪拜谢恩。

伊洛夫当场拒绝。他告诉大清官员，他是沙皇特使，代表的是沙皇本人，而沙皇在级别上是和康熙皇帝平起平坐的。

康熙帝得知伊洛夫的回复后，十分不悦。但是，他还是想和俄国修好，于是提出一个变通的办法：

单独召见伊洛夫。伊洛夫以个人名义向大清皇帝完成三拜九叩之礼。

这样俄国和康熙都有面子。

根据欧洲的外交规则，使节在递交国书之后才有正式的身份。伊洛夫认为，未递国书就谒见康熙皇帝有违外交惯例，于是婉言谢绝。

康熙帝又想了很多方式，并多次派人游说。

伊洛夫全部拒绝。他的条件不变：我要亲手把沙皇的信件交到康熙皇帝的手上，地点在正式的宫殿。

俄国人内心十分骄傲。俄国公使彼得·波将金在马德里时，要求西班牙国王提到沙皇名字的时候必须摘下帽子。在巴黎时，由于太阳王路易十四提及沙皇称号时出现了一个小小的口误，俄国人拒绝与法国国王继续交谈。在哥本哈根时，丹麦国王卧病在床，俄国人竟然要求在对方的床边加设一张床，以便双方能以绝对平等的姿态（躺平）进行谈判。

康熙帝恼火了。他让传教士马国贤向伊洛夫传话：

"大清皇帝与俄王关系多年，交往熙洽。初闻沙皇有使节来京，便派出重臣加以会见，招待入馆，并赐与各项旅途所需。一俟公使入京，陛下便派出某大总管，携御膳房所制菜肴前往撩视。"

首先，康熙皇帝表达了友好的态度。接下来，康熙说道（我的翻译）：

如果沙皇本人亲自来访，我们目前的安排是不够级别的。但你毕竟不是沙皇。沙皇并没有完全授信于你。说不定你是个商人，假扮公使。不管你是不是吧，你既然来了，就应守中国不可变易之礼仪。

从康熙帝的回复我们可以看出大清延续大明的传统，对外国使节好吃好喝好招待，送食送钱送礼物，只要一样东西——面子。

伊洛夫向大清官员出示了俄国外交部给他的指导信件，信中明确要求他亲自把国书交到康熙皇帝的手上，而且不能履行跪拜之礼。

康熙帝又派官员给伊洛夫说，将来大清派使者到俄国觐见沙皇时会向沙皇行脱帽礼。

在俄国，脱帽礼是最重要的礼节。保罗沙皇透过窗户看街道上的行人在皇宫附近不脱帽子（那可是大冬天啊），非常生气。他的手下于是颁布法令，民众在宫殿附近必须脱帽。保罗沙皇又有一次看着街道上的行人大冬天都光着头，觉得非常不人道，于是问手下人怎么回事。手下人说，是您下令让他们脱帽的。沙皇说，我只是生气，什么时候下过这蠢命令，马上撤销。一些俄国警察在宫殿附近告诉民众可以戴帽子，民众以为警察在钓鱼执法，坚决不戴帽子。

还有一例。彼得大帝和他的宠臣罗莫丹诺夫斯基玩游戏，后者给自己起了一个绰号叫"恺撒大公"。有一天，彼得经过"恺撒大公"面前时没有行脱帽礼。愤怒的"恺撒大公"把彼得叫到房间，坐在椅子上批评沙皇："你有什么了不起的！你彼得见了恺撒也不行礼！"

总之，见了沙皇不脱帽和见了大清皇帝不叩头同罪。

大清官员说，在中国，脱帽是最丢脸的行为，只有罪犯才这么做。但是，为了尊敬沙皇，他们可以丢脸。说完，官员们马上在伊洛夫面前行了脱帽礼。

所有大清官员的想法是，我们每个人都跪，你为什么不跪？

没有一个大清官员的想法是，跪到底对不对，我们是不是也可以不跪？

伊洛夫自己也两难。万一康熙皇帝震怒，自己空手而回，也没办法向沙皇交代。现在康熙皇帝都让步了，那就答应吧。

几天后，伊洛夫跪倒在康熙面前，双手高举沙皇的国书。

一直耿耿于怀的康熙皇帝故意不接，借机羞辱伊洛夫。

伊洛夫于是撅着嘴，把头扭向一边，不看康熙帝。

在这么一个隆重的外交场合，伊洛夫的举动反而伤了朝廷体面。

为了在大庭广众之下维护大清的尊严，为了显示自己的胸怀，康熙于是告诉伊洛夫，把国书交上来。

在大清官员眼里，大清皇帝第一次给予外国使者最高礼遇。

不管怎么说，伊洛夫跪下了。康熙帝很高兴，亲自向他赐酒，也向他的4个高级随从敬酒，并请他们观看歌舞表演。

伊洛夫献上彼得大帝的礼物：镶嵌钻石的怀表、装在水晶盒里的时钟、沙皇画像、水晶首饰盒、大镜子、数学天文仪器、100张黑貂皮、100张狐狸皮。

康熙回赠伊洛夫和他的4个高级随从每人一件御制景泰蓝鼻烟壶。

后来，康熙帝命人向伊洛夫展示了他的钟表收藏。伊洛夫大吃一惊，他从没有想过康熙皇帝有如此多的藏品。

此次谈判的结果为：

大清拒绝俄方建立教堂和互派领事的要求。

伊洛夫再三请求康熙皇帝在回信中不要使用"敕谕"等字眼。敕谕是皇帝向特定地区或某个部门公布的重要法令，其规格低于面向全国的诏书。

康熙回信的部分内容如下：

"敕谕俄国使臣伊兹玛依洛夫：贵国大君主向朕致以祝贺之意。贵我两国一向和睦相处。尔等尚带来信函一封，并曾向朕翔实面奏各节。全部礼品朕均已收讫。一切有关事务，朕已当面降旨。朕之旨意，尔应如实铭记在心并奏闻于贵国大君主。刻下之事，乃将尔等妥善遣返回国。特此敕谕。"

"尔等""面奏""降旨""应如实""遣返"等词都是居高临下时用的。

沙皇还在等康熙的回信，伊洛夫也不能把信撕了、扔了，只能带回去。

不过，伊洛夫维护国家尊严，坚持外交对等的事迹在欧洲被人们广泛传颂。

传教士安多想从北京的俄罗斯人手里弄一份俄国地图。

康熙对他说，你死心吧。俄罗斯人小气，绝不会给你。

安多还不信。为了得到地图，他和闵明我两人琢磨了半天，想到一个计策。他们带着零食找到俄罗斯代表，很耐心地告诉俄罗斯人这是中国的什么特产，长在哪里。然后假装不经意地问俄罗斯人，你们俄国有什么特产，长在什么地方，属于什么省份，在俄罗斯什么方位。

结果，俄罗斯人连一个地名都没有说。

两人对康熙帝佩服得五体投地。

俄罗斯从明朝末年进入外兴安岭，到了康熙年间，两国打交道超过70年。

在清俄交往中，俄国始终采取咄咄逼人的攻势。西班牙、荷兰、英国做梦都想得到的贸易权，俄罗斯得到了。因为礼仪之争，欧洲的传教士被赶走了，俄罗斯东正教团却在北京驻扎下来。

对大清来说，只要俄罗斯不生事、不惹事，就当不存在。一旦俄罗斯提出什么新的要求，就临时、被动地应对。

我把大清初期两国的行为作一个对比，大家就一目了然了。

沙俄	大清
大清和俄国是平等的	俄国是大清的附属国
遵循国际惯例	俄国要遵循大清的礼仪
大清是野蛮的	俄国是野蛮的
多次派代表团访问大清	不派人去俄国

续表

沙俄	大清
派人到北京发展东正教	不派人去俄国传播孔孟学说
怂恿、支持大清边民造反	不接触俄国边地民族
杀死大量的大清边民	不愿意接触俄国边民
主动想办法和大清做生意赚钱	不想和俄国发生贸易关系
派人绘制大清地图，刺探大清情报，甚至收买大清内鬼	对俄国的态度是不关心、不想了解、不想接触、不想交流
在中俄边境驻军、大量移民	对中俄边境疏于管辖
天天想着从大清占便宜	从不主动考虑如何应对俄国

康熙时期，大清的领土面积和俄国差别不大，但大清的人口是俄罗斯的 6 倍。在边境地区的中国人更是俄国的几十倍。从外部环境上讲，俄国和瑞典、波兰、土耳其、波斯都在打仗，大清则同周边国家保持着长期和平的关系。可以说，在清俄交往当中，大清占据优势。

中国有句俗话，不怕贼偷，就怕贼惦记。

沙俄对大清领土一直虎视眈眈，大清却完全放松了警惕。

到了雍正时期，中俄又签署了《布连斯奇界约》，根据上表中两国的表现，这次大清就吃了大亏。

到了咸丰年间，中俄签署《瑷珲条约》，《尼布楚条约》失效。《瑷珲条约》规定，黑龙江以北、外兴安岭以南 60 多万平方公里（大小约合 4 个河南省）的中国领土割给俄罗斯。乌苏里江以东的中国领土划为中俄共管（后来又被俄罗斯吞并）。

《瑷珲条约》之后还有《北京条约》《中俄勘分西北界约记》《伊犁条约》。

1911 年（宣统三年）12 月，辛亥革命都爆发了，俄罗斯又强迫大清签订了《满洲里界约》，再次侵占大清 1400 多平方公里。

这是昏庸无能的大清与外国签订的最后一个有损领土主权的边界条约。

康熙皇帝与俄国特使

第四部分　文艺时代

拉·封丹（1621—1695）

查尔斯·佩罗（1628—1703）

拉罗什富科（1613—1680）

莫里哀（1622—1673）

第十九章
那些文学大师们

英国有皇家学会，法国有皇家科学院，成立于 1666 年，比前者晚了 4 年。

法国皇家科学院第一届院士有 21 名，包括几何学家、天文学家、物理学家、化学家、解剖学家、植物学家和鸟类学家。路易十四给他们丰厚的薪金。

法国皇家科学院本着开放的态度，吸收全欧洲学者。意大利科学家卡西尼和荷兰科学家惠更斯是首届院士。牛顿和莱布尼茨后来也入围院士。

皇家科学院成立之后，开建巴黎天文台，工程于 1672 年完工。

1674 年，北京古观象台摆上了最新的天文仪器。

法国除了科学院，比英国还多一个"社会科学院"，叫法兰西学院，成立的时间更早，1635 年由法国国王路易十三批准。法兰西学院的宗旨是规范和推广法语，传播法国文学和法国文化。

与法国皇家科学院不同，法兰西学院院士只授予法国人，终身有效。

法兰西学院院士只有 40 个名额，几百年来从不扩充。老院士辞世后，才选出新院士。380 多年来，法兰西学院的院士总数约 730 人。

40 名院士每人配一把有编号的椅子，新院士坐老院士留下的椅子。

40 名院士都是法国人中精华的精华。国王没有资格，首相没有资格，只有对法国文化有重大贡献的人，只有对全人类有重大贡献的人才有资格入选。

法国人称他们为"不朽者"。

入选法兰西学院的名人包括拉辛、拉·封丹、孟德斯鸠、夏多布里昂、雨果、梅里美、小仲马等。

由于名额有限，很多世界级名人反而没有入选，如卢梭、萨特、波德莱尔、凡尔纳、加缪。他们是无椅之王。法国老百姓说他们是第 41 席。

2005 年，79 岁的华裔学者、作家程抱一入选法兰西学院院士，坐的是第 34 号椅子。他是法兰西学院成立以来第一位华裔院士。程抱一出生于山东济南，后加入法国国籍，从事中法文化交流工作。他把法国诗歌译成中文，又把中国诗歌译成法文。

如果康熙皇帝创建一所中华学院，那么能入选的院士估计有洪昇、孔尚任、黄宗羲、王夫之、纳兰性德、蒲松龄、方苞吧，找 40 个人不成问题。

法兰西学院院士主要是作家，用法语写作的作家。在 16 世纪，法国的文学并不繁盛。我在《正德十六年欧洲那些事儿》中写了拉伯雷。在他的《巨人传》里充满了屎尿屁、荤段子，但其背后却是深厚的底蕴和丰富的想象力。我在《万历十五年欧洲那些事儿》里写了蒙田。他是世界上第一位用随笔方式撰写人生的文学大师。我在《崇祯十七年欧洲那些事儿》里写了帕斯卡。他是一位数学家、物理学家和发明家，却写出了最优美的散文。

明朝末年，中国的文学作品百花齐放、硕果累累。《西游记》《金瓶梅》《牡丹亭》《三言二拍》，经典作品层出不穷，比当时的法国要丰富得多。

康熙时期，中国的文学成就相比较而言亮点不多。

路易十四时期，法国的古典文学则迎来了高峰。下面介绍其中的几部作品。

（一）拉·封丹：寓言

先讲个故事。

一个年轻人骑着一头驴走在路上。驴发现一片鲜美的青草地，于是请求年轻人让它在这里吃个够。年轻人答应了。不一会儿，年轻人紧张地对驴喊道："快逃吧！敌人的军队追上来了。"驴问年轻人说："敌人会不让我吃草吗？

敌人会让我背上双倍的负担吗？"年轻人说："那到不会，还是把你当一头驴使。"驴说："既然这样，我还没有吃够，我就呆在这里吧，给谁当驴不是一样干活。"

拉·封丹1621年出生于法国香槟省的夏托蒂埃里，父亲是湖泊森林管理处的小官。19岁时，拉·封丹到巴黎学习神学，一年半之后又改学法律，毕业后获得巴黎高等法院律师头衔。1652年，他回到家乡接替父职，但经营不善，不得不变卖家产还债。

1657年，拉·封丹来到巴黎寻找机会。他首先投靠财政总监富凯，以每季度写几首诗来养活自己。1661年富凯被捕入狱，拉·封丹失去经济来源。他呼吁释放富凯，得罪了路易十四，不得不逃亡到利摩日。

1663年年末，拉·封丹返回巴黎。这段时间他结识了莫里哀、拉辛、布瓦洛等一些诗人和戏剧家。

拉·封丹得到很多贵妇人的资助。先是奥尔良公爵的遗孀，接着是巴黎富婆莎白莉夫人。她们掏出大把金币，拉·封丹过着衣食无忧的好日子。

1664年，拉·封丹出版《故事诗》，其故事内容取材于薄伽丘、拉伯雷、阿里奥斯托等人。文章写得很优美，但黄段子太多，遭到严厉批评。

不过，书卖得很好，贵妇人、家庭妇女和纯情少女都喜欢读。

1668年，拉·封丹出版了《寓言诗》第一卷，引起了轰动。到1694年，共出版了12卷。《寓言诗》里面的故事绝大多数不是拉·封丹自己创作的，而是来自古希腊的伊索、古罗马的费德鲁斯，以及古印度的故事集《五卷书》。

《寓言诗》中很多故事可以说地球人都知道，比如：

《狼和小羊》《乌鸦和狐狸》《狮子和老鼠》《龟兔赛跑》《农夫和蛇》《既不能骑毛驴又不能牵毛驴的磨坊主父子》《商量给猫脖子上系铃铛的老鼠》等。

下面我列举几例：

《狐狸与仙鹤》。狐狸请仙鹤喝肉汤。盛汤的盘子虽然大但很浅。狐狸低头舔盘子，仙鹤嘴长一点儿也没有喝到。两天后仙鹤回请狐狸，它把肉末装进一个长颈窄口瓶里，鹤嘴伸进瓶子十分容易，狐狸张着大嘴一口也没有吃到，只能干着急。结论：骗人者终被骗。

《城乡老鼠》。城里老鼠请乡下老鼠吃饭，鸡鸭鱼肉什么都有，但一听到有人走动，就得立即钻洞躲避。乡下老鼠说，"我们吃得差，但吃得放心、安全。"结论："城市套路深，我要回农村。"大城市生活丰富，但压力大。

小城市机会少，但安逸。

每个寓言故事都讲述了一个为人处世的道理。拉·封丹说：

"每个人都把过好日子功归于自己的才干，要是因为自己的错误导致了失败，他们就咒骂起命运女神来。

耐心和持久胜于激烈的狂热。

总是羡慕别人有的，对自己拥有的永远不知道满足。这样的人是不会拥有幸福感的。太贪心的人会受到上帝的惩罚。"

很多人觉得寓言这种题材，简单幼稚，小孩玩意儿，难登大雅之堂。

的确，很多寓言短小，说教意味浓厚。动物在故事里只是道具，不会说话。笛卡尔认为动物没有灵魂。

拉·封丹用优美的文笔把简单的寓言丰富了、美化了、新鲜了。他让动物说话，让动物有性格。动物们成了哲学家。

动物就是现实生活中活生生的人。比如，狮子就是蛮横的国王，狐狸就是奸诈的臣子，驴子就是辛苦劳作却依然吃不饱穿不暖的农民。动物的经历就是法国的历史：黑暗的专制王朝，作恶多端的贵族阶级，悲惨无助的劳动人民。

你写一篇抨击司法腐败的论文，没几个人看得懂。

你写一个狐狸法官受贿的寓言，读者一看就明白。

拉·封丹写道：

"作为老百姓，不要判断穿官服的人是聪明人还是傻瓜，尊重那衣服就好。"

拉·封丹的寓言对社会不良现象有很大的杀伤力。

很多法官贵族痛恨拉·封丹。还有一些"上流人士"认为拉·封丹的作品太简单，没有深刻的道理，不正统、不入流，不是典雅的古典主义。

《拉·封丹寓言》里有很多狮王的故事。

《患瘟疫的野兽》里写道，群兽要找出罪大恶极者，以结束瘟疫流行。每个动物都交待自己的罪行。狮王率先坦白自己又吃羊肉又吃人。驴子被狮王感动了，坦白自己有一次多吃了一点点青草。于是野兽们纷纷认为，大瘟疫是驴子造成的，让狮子赶紧吃掉这头罪恶的坦诚驴。

《狮子的宫廷》里写道，狮王把动物请进宫。狗熊闻到臭味，捂住了鼻子。

发怒的狮王立即让它停止了呼吸。猴子说宫廷里的味道比玫瑰花还香。狮王立即把不老实的猴子送上西天。狐狸说自己感冒了，不知道什么味道，总算保住了一条小命。听着像不像大清朝廷里的故事。

《狮子与蚊子》里写道，蚊子在狮子脸上飞。狮子把自己抓得满脸是血，蚊子还是轻松地飞走了。

《打猎》里写道，狮子分配食物的时候，自己多占多得，因为它的名字叫狮子。这有点讽刺路易十四"朕即国家"的意思。

《狮子和老鼠》中，狮子救了老鼠。后来狮子被猎人网住了，老鼠咬断网绳，救了狮子。

总之，百兽之王的狮子坏、狠，还经常倒霉。

现实生活中的"狮王"——路易十四反对拉·封丹当选法兰西学院院士。

在众人的劝说下，路易十四软了心肠。他说，假使拉·封丹为人正直，生活严谨的话，我就不反对了。

1683 年，拉·封丹入选法兰西学院，坐拥第 24 号椅子。

1695 年，拉·封丹去世，安葬于拉雪兹神父公墓。

《寓言诗》不是儿童读物，里面有政治、哲学、人生，以及 17 世纪下半叶法国的历史。

《拉·封丹寓言》与《伊索寓言》《克雷洛夫寓言诗》，合称世界三大寓言。

雨果的《巴黎圣母院》、莫泊桑的《一生》都提到拉·封丹是法国著名的古典文学作家。有人说，《拉·封丹寓言》是"法国人童年时代的乳汁，成年时代的面包，老年时代的菜肴"。

不仅法国人，叱咤风云的俄罗斯女沙皇叶卡捷琳娜二世从小就读《拉·封丹寓言》。

中国也有一流的寓言大师，如庄子、韩非子。

中国也有一流的寓言故事，如《坐井观天》《狐假虎威》。

中国的儿童应该多读读庄子。庄子帮助青少年提高想象力、表达能力、对世界的理解力，让人洒脱随性。孔子的思想让儿童过早顺从、接受，而不是判断、思考，让儿童关注人情世故而忽视自我本性。曹雪芹也意识到这一点，在《红楼梦》里多次谈论庄子。

可惜的是没有人去总结中国的寓言，编成一本书。如果真有这本书，一定能畅销全世界。

（二）查尔斯·佩罗：童话

佩罗出生于巴黎一个富裕家庭。他受过良好教育，毕业后进入法国政府部门工作。1697 年，佩罗发表了著名的童话集《鹅妈妈的故事》，其中的大部分故事我们都知道，比如《小红帽》《灰姑娘》《睡美人》《穿靴子的猫》。这些故事被改编成歌剧、舞剧和电影，在全世界流行。

《格林童话》深受这本童话集的影响。

《穿靴子的猫》讲述的是一只猫帮助他的穷主人变成贵族，并娶了公主的故事。这个故事据说发生在法国的奥龙城堡（今天可以参观）。

《小红帽》在世界各地有多个不同结局的版本。

佩罗的版本是大灰狼吃掉了小红帽，赤裸裸的悲剧。这个童话用来教育小朋友要有安全意识，不能随意相信陌生人的话。

意大利版本里，小红帽凭借着自己的智慧逃出了大灰狼的掌心。

另一个版本里，一位伐木工人救了小红帽。

《格林童话》里，一位猎人救了小红帽。

在所有版本中，佩罗是最早强调红帽子的作者。

别小看"小红帽"，这个符号流行于世界，已经有人写成一本书了。

《小红帽》的故事中国也有类似版本。

康熙年进士，比佩罗小 40 岁的黄之隽写过一个《虎媪传》。大意如下：

爸爸叫姐姐和弟弟拿一筐枣去送给外婆。姐弟俩在路上遇上一个老妇人。老妇人说，我就是你们的外婆。姐姐说，外婆脸上有 7 颗黑痣，你不是。老妇人说，我刚才干农活，灰尘把黑痣挡住了。我洗完脸你再看。说完，老妇人来到小溪边，捡了 7 个小螺壳贴在脸上。姐弟俩看不清，以为是真的，于是开心地跟着老妇人到了一个像洞穴的屋子里。他们吃完饭后准备睡觉。

老妇人问，你们两个谁胖一点？弟弟说，我胖。老妇人于是抱着弟弟睡觉，姐姐睡在一旁。

小女孩摸到老妇人身上有毛。

老妇人说，我盖着你外公的羊皮毛裘。

睡到半夜，小女孩听到吃东西的声音，便问外婆在吃什么。

老妇人说，我在吃你们送来的枣呀。

小女孩说，我也饿了，给我一个。

老妇人递过来一个枣。

小女孩接过来一看，是一根手指。

小女孩很害怕，想逃跑，借口说上厕所。

老妇人说外面老虎多，不让小女孩出去。

小女孩说，你把绳子拴在我脚上，有急事把我拉回来就好了。

老妇人同意了。

小女孩拖着绳子出门，走到一棵大树下，赶紧解开绳子爬到树上躲避。

老妇人在屋里等了很久，叫小女孩，没人答应，于是走出屋来，看见小女孩在树上，叫她下来。

小女孩不下来。

老妇人说，树上有老虎。

小女孩说：你才是老虎！你吃掉了我弟弟。

老妇人大怒，却爬不上树，于是离开了。

天亮之后，有个挑担子的人经过。小女孩呼救。挑担人听了小女孩的哭诉，于是把小女孩的衣服捆在树上，挑着小女孩走了。

不一会儿，老妇人带着两只老虎回来，让它们一起推树。

树倒了，发现只是一件衣服。

两只老虎大怒，认为老妇人欺骗了它们，于是咬死了老妇人。

《灰姑娘》的故事中国也有，比佩罗还早800年。

唐代段成式（约803—863）在笔记小说《酉阳杂俎》续集中写了一则故事。

有个叫叶限的小女孩，幼年丧母，很得父亲钟爱。父亲死后，继母对她百般虐待。有一天，叶限瞒过继母，"衣翠纺上衣，蹑（踩）金履"去参加一场热闹的节庆活动。继母及异母妹发现了她。叶限仓卒逃跑，丢下一只金鞋。

陀汗国王得到了这只金鞋，他派人四处寻访鞋子的主人。所有女子都穿不上这只鞋，只有叶限合适。国王娶了叶限。她的继母和妹妹被飞石砸死。

还有比中国更早的版本。

公元前1世纪（又早了900多年），希腊历史学家斯特拉波记叙了洛多庇斯的故事。少女洛多庇斯在溪水边洗衣服，突然一只老鹰飞过来，把她的鞋子叼走了，并让鞋子掉在法老的脚下。法老要求国内所有女子试穿这只鞋子，最后找到了洛多庇斯。法老爱上了洛多庇斯并娶她为妻。

《一千零一夜》里也有类似的故事。

佩罗的贡献是在故事里增加了南瓜、仙女和水晶鞋等元素。

神话学大师约瑟夫·坎贝尔写过一本书叫《千面英雄》，其核心思想是：

希腊神话、阿拉伯神话、中国神话、印度神话、非洲神话，这些不同区域、不同时代的神话，有很多相同的内容。远古时期的人类虽然相隔万里，但对世界的认识是相似的，有共同的感情、理解力和想象力。

佩罗写的是童话，拉·封丹写的是寓言。

童话和寓言的相同点：故事是虚构的；动物和神仙可以充当角色；有教育意义。

童话和寓言的差异点：寓言故事简单、篇幅短小，100字，一分钟就能讲完。童话故事曲折、篇幅较长，幻想丰富。童话面向的对象是儿童，寓言对儿童和成年人都适用。

中国的寓言不少，童话也很多。可惜明清没有文人把童话整理出来，变成家喻户晓的中华传统故事。

蒲松龄比佩罗小12岁。他的《聊斋志异》里充满着神仙鬼怪，也具有世界级的影响力。不同的是，佩罗是法国国王的座上宾，而蒲松龄没有功名，只能给小官当幕僚，当教书先生，一生潦倒，很不得意。以蒲松龄的水平，如果在法国完全有资格入选法兰西学院院士。

（三）拉罗什富科：《箴言录》

拉罗什富科1613年出身于法国世袭大贵族家庭。什么叫世袭大贵族？拉罗什富科骄傲地说："好几百年了，法国国王从来没有亏待过我们！"

不过，拉罗什富科亏待过国王。在他的前半生，既替法国国王作战，又和法国国王开战。他被诬陷，被关进监狱，被女人拒绝，人生可谓充满不幸。

在他的后半生，他频繁出入各种沙龙，一方面发表自己的观点，更多的是倾听和记录。他没有受到正规的教育，但坎坷的人生经历让他对人性的理解比谁都深刻。他把这些感悟汇总，于1665年（康熙四年）出版成书，叫《道德箴言录》（也称《箴言录》）。

拉罗什富科拒绝进入法兰西学院，他的理由是自己口才不好，不想演讲。

我推荐这本书的第一个理由是这是一本非常薄的书，由600多条短句组成。每条短句二三十字，几乎没有一个段落。拉罗什富科是微博体创始人。

这600多句话没有前后因果关系。因此可以跳着看、挑着看，或者倒着看。

一般哲学家的书至少600页起，第一页就看不懂。

《箴言录》也就60页，每一句你都看得懂。

而且，每一句都值得去再三琢磨。

说实话，一本书，如果有三句话影响一个人，就已经非常了不起了。

《箴言录》开篇第一句就是：

> "所谓的德行，通常只是某些行为与各式利益的组合，由天赐命运或我们自身努力所造成。勇者并非皆因勇敢而成勇者，节妇亦非皆因贞洁而成贞女。"

国王希望老百姓是遵守道德的好人，老百姓谁也不愿意被说成是坏人。可是，法国国王路易十四虚荣、英国国王查理二世淫荡、俄国沙皇彼得大帝粗鲁、大清皇帝康熙虚伪。他们的缺点、劣迹比普通人要多得多。他们比普通人要坏得多。普通人不是不够坏，是没有资格、没有机会去坏。普通人没有骄傲的资本，没有金钱可供挥霍，没有女人投怀送抱，没有士兵去发动战争。如果普通人篡位当上国王，他的道德水平就会大幅下降。穷书生通过科举当上官，他很可能贪污公款，在奏折里欺骗上级。

无论帝王和普通人，他们的人性是一样的。

拉罗什富科认为，关于道德，要研究人而不是研究书本。在书本上，帝王和普通人的道德要求是不一样的。封建道德伦理体系的目的不是服务于国民，而国王，是维护统治阶级的国家机器。教皇大谈道德，不是为了子民，是为了他自己。康熙皇帝大谈教化，不是为了国民，是为了他自己。

中国人民推翻三座大山，第一座就是封建主义。推翻封建主义不只是推翻皇帝，也包括推翻封建道德体系。

如果我们用现代的眼光来看康熙时代的道德标准，可以说很多规定是非常不道德的，甚至是反人类的。

因此，研究道德应该从人本身出发。人是非常复杂的，认识人是非常有挑战的。人性固有的弱点始终伴随着人类社会。康熙时代有，乾隆时代有，民国时期有，新中国还有；今天有，将来还有。它们会长期伴随人类。这些弱点有哪些呢？拉罗什富科写道：

- 我们抱怨别人恭维自己的时候，抱怨的主要是他们恭维的方式！（每个人都喜欢被拍马屁）
- 人不互欺则难久存于社会（完全不说谎是不可能的）。
- 跟我们观点不一致的人里绝对没有聪明人！（不同意我的人是傻瓜）。

● 世人皆傲慢，唯一差别仅在于表现的方式与礼仪。

● 无论别人多大的不幸，我们都能承担（幸灾乐祸）。

道德的出发点要回到人本身，回到人的行为。

那么，人的哪些行为是积德的，哪些是缺德的？

拉罗什富科认为，人做事是为了自身利益而不是为了道德，没有人做事的出发点是牺牲自己，成就别人。

两个人下棋都担心对方输了心情不好，相互让棋，这棋就没办法下了。

比如你看上一个美女，想让她做你女朋友。但是，她已经有男朋友了。但是你决定不放弃，最后追到了她，伤害了她的男朋友。你算不算缺德？

这既不是美德，也不是缺德，只是你的正常需求而已。

一个小寡妇有强烈的性需求，和一个没结婚的男人过夜，缺德不？

另一个小寡妇觉得贞操重要，一辈子不嫁人，高尚不？

人的欲望是为了自己好，这没有对错之分，没有好坏之分。

拉罗什富科认为，人之初，性本善是不对的。孔融让梨是极少数，孩子的本性是给自己抢大的如果人性本善，社会怎么会有那么多恶呢？如果人性本善，那还需要教育吗？人之初，性本恶也是不对的。人的正常欲望不是恶。

朱熹说，"存天理，灭人欲。"封建社会最大的恶，就是压制老百姓的各种欲望。但以帝王为首的统治阶级，却为所欲为。英明的康熙身边，因禁了无数年轻的女人以及被阉割的男人。

但是，人欲是灭不了的。

老和尚反复告诉小和尚女人是可怕的老虎。可是小和尚就是喜欢山下的老虎。

小寡妇有性欲，说明她是正常的。没有性欲才不健康。

如果你活着什么欲望都满足不了，你肯定对别人、对社会也会造成伤害。

你连自己都不爱，你怎么会去爱别人？

欲望面前，人人平等。缺点面前，人人平等。

道德首先是对自己的，不是对别人的。

对自己而言，要承认自己的弱点，接受自己的弱点。

大部分人连"道德"这两个字都没有搞懂，就拿着道德的大棒去打人了。

耶稣说，你们中间谁没有罪，就有资格先拿石头砸那个通奸的妇人，结果所有人都没有资格。

郭德纲说，对于满嘴仁义道德的人，应该躲他远点。他一定是别有目的。

于谦说，你先管好你自己，少管别人。

拉罗什富科最讨厌的是伪善。他说，"我们太习惯于向别人伪装自己，以致最后我们向自己伪装自己。"

很多人哭是怕别人说他不哭。很多人生前不舍得给老人花钱，死后又是请演出团，又是跪地大哭。他们很在乎外人对他是否孝顺的评价，却不在乎生前父母的评价。有人到处同情别人，其实是寻找自己没有失败的存在感。

每个人都有：虚荣、骄傲、嫉妒、猜忌、软弱、懒惰、欺骗、隐瞒、贪婪、吝啬、奉承、背叛、调情、残忍、无聊、诡计。但是，每个人都觉得自己有：善良、公正、高尚、诚实、贞洁、勇敢、精明、节制、慷慨、谦虚、坚定、忠实、悲痛、感激、荣耀、功绩、怜悯、同情、赞扬、劝告等。所以，人都是伪善的。

对于所谓的美德，拉罗什富科给出了另一种解释。

善良（其实是软弱或者是讨好）；

公正（只要对我公正就行，对别人我不管）；

高尚（欺骗别人的噱头）；

诚实（收买人心的手段）；

贞洁（只是没有机会被诱惑吧）；

勇敢（被逼迫的）；

精明（自以为是反而容易被骗）；

慷慨（通过慷慨付出换回名声，是一种交换）；

谦虚（虚伪）；

坚定（一种无奈的选择）；

忠实（害怕君主的报复）；

悲痛（演戏给别人看）；

感激（是为了得到更多的物质回报）；

功绩（虚荣的表现）；

怜悯（给自己增加道德感）；

同情（对自己没有倒霉的庆幸）；

赞扬（拍别人的马屁）；

劝告（没有成本地装好人）。

刻意用所谓的美德包装自己，其实一点儿也不美。

像培根、蒙田等人，写了一些赞美友谊的文章，让人感觉到朋友总是锦上添花、雪中送炭，朋友是我们生活中的财富和快乐。

拉罗什富科却警告读者说，友谊不过是一种互惠互利、相互施恩的伙伴关系，甚至就是一笔交易。陷害你的、把你丢进痛苦里的，也是所谓的"朋友"。

在拉罗什富科那里，这个世界上找不到纯粹的好人。

拉罗什富科还提出很多悖论。比如：

● 有些不良的特质，反而容易成就出伟大的人才。
● 敌人对我们的评判比我们对自己的评价更接近事实。
● 坏人坏到底最好，坏人如果还有一丝良心，那么完了，我们要倒大霉了。
● 相较于慷慨大方，贪婪吝啬更与俭约相背离。
● 有些人因自身才能而惹人嫌恶，有些人则因自身缺点而受人喜爱。

拉罗什富科是一条大毒舌，一个反鸡汤作家。年轻人读《箴言录》的时候，可能会产生反感、抵触情绪，认为这是一部魔鬼字典。等真正有了人生阅历，再来读《箴言录》，就会觉得作者的深刻。

一个天天劝你要善良、要单纯的人，很可能会害了你。

一个告诉你社会真相的人，可能才是真正帮助你的人。

拉罗什富科揭露道德的实质和真相。他眼光锐利、批判深刻、分析独到。

很多人在社会上摔了跟头、吃了苦头，再来看《箴言录》，肯定会后悔自己没有早看。

《箴言录》一书出版后，很多人谴责它的内容太阴暗了。但更多的人热烈地欢迎它。许多人感到它痛快淋漓地说出了人们想说的话，并揭露了当时上流社会、宫廷贵族中的道德腐败和伪善。拉罗什富科自豪地说："公众对它的溢美已超过了我能为它说的好话。"

中国也有不少所谓人生哲理、人生感悟的书籍，和蒙田、拉罗什富科的角度完全不同。中国的人生哲学，换个词叫实用理性，即我应该采取什么样的策略和手段取得更高的位置、更多的财富、更大的成就。这些手段主要有投机、耍小心眼、圆滑、见风使舵、明哲保身。

而蒙田和拉罗什富科的人生观是理解人和世界的关系，如何创造生命的价值、活得更有意义。

　　《箴言录》的名气比不上《培根随笔集》《蒙田随笔集》《思想录》《沉思录》。培根、蒙田、帕斯卡和奥勒留的文章都是正能量，教人向善。拉罗什富科却瞄准人性的恶，用十万支箭冷嘲热讽。

　　以上 5 本书是提高个人素养的必读书。

　　伏尔泰说，拉罗什富科精准地刻画了法兰西民族的性格，既疯狂又冷静，既虚荣又真诚，既放荡不羁又深刻反省。

　　鲁迅说，无论单就人生哲理，还是单就处世指导，拉罗什富科的影响都要超过培根。

　　马克思在给恩格斯的信中说，《箴言录》表达了"很出色"的思想，并专门抄录了数段给恩格斯。爱因斯坦在最苦闷的岁月专门阅读《箴言录》。尼采非常喜爱拉罗什富科，连写文章都模仿拉罗什富科。

　　拉罗什富科用简单的一句话，用一二十个字，阐述一个深刻的道理，既能净化自己，还能帮助自己和他人相处。

《箴言录》选编
• 真爱犹如鬼魅，谈论者众，亲见者寡。 • 大肆赞扬国君并不具备的美德，实为一种不会遭罚的谴责方式。 • 君主的仁慈大度往往只是笼络民心的政治策略。 • 人最大的智慧就在于意识到自己的愚蠢。 • 软弱之人无真诚可言。 • 嘲笑他人者比受辱者更不体面。 • 嫉妒比仇恨更难化解。 • 自认比他人更精明的人更容易被骗。 • 施舍之前，看不到忘恩负义之人；施舍之后，看不到知恩图报之人。

　　无独有偶。雍正把康熙在日常生活中对诸皇子的训诫归纳总结，编成 246 条，命名为《庭训格言》，其内容涵盖读书、修身、为政、待人等。

（四）莫里哀：戏剧

17世纪，法国逐渐成为欧洲戏剧中心。法国出现了三大戏剧家：高乃依、拉辛、莫里哀，前两人在法兰西学院拥有自己的专属椅子，影响力比他们大得多的莫里哀却没有。

1622年，波特兰出生于巴黎。他的父亲是挂毯商和宫廷陈设商，花钱买了一个"国王侍从"的身份，既有地位，又有钱赚。他希望长子波特兰长大成人后子承父业，衣食无忧。

1635年，父亲把波特兰送进贵族子弟学校克莱蒙中学。

克莱蒙中学今天改名叫路易大王中学，其校友包括伏尔泰、雨果、狄德罗、波德莱尔、萨特、罗曼·罗兰、德加、庞加莱等。

为什么要把孩子送进私立学校、贵族学校，就是这个道理。

1638年，父亲把"国王侍从"的身份过户到波特兰名下。

1639年，父亲给儿子买了一张奥尔良大学法学硕士的文凭。

这样的人生，谁不羡慕。

老父亲用心良苦，雏儿子偏不领情。

波特兰不喜欢做官，不喜欢经商，他迷上了戏剧表演，一个"下三烂"行业。

1643年，波特兰组建"光耀剧团"巡回演出，其结果却一点也不光耀。戏票卖不出去，剧团负债累累。作为负责人，波特兰被关进牢房。

老父亲气愤地把不争气的长子保出来，让他继承"国王侍从"的头衔，进宫跟着国王吃香喝辣，跟着侍女打情骂俏。

波特兰明确表示，不想继承头衔。

老父亲没有马上把这个身份给波特兰的弟弟，而是为波特兰保留了十几年。可见老父亲对他的偏爱。

从监狱里出来，波特兰给自己起了一个艺名叫莫里哀（法语意为常春藤）。"光耀剧团"倒闭了，莫里哀加入另一剧团，在法国西南一带流浪演出长达12年。当时的演出条件非常艰苦。全剧团住在肮脏的全是虱子和老鼠的旅店，既要应付地方官敲诈，又要防止地头蛇骚扰女演员。1652年，莫里哀成为"勉强活着"剧团团长，开始创作剧本。1655年，剧团在里昂上演喜剧《冒失鬼》。1656年，剧团在贝济耶上演喜剧《爱情的埋怨》。

放着"国王侍从"的头衔不用，放着父亲铺就的光耀大道不走，莫里哀这是自讨苦吃。

波尔·罗亚尔女修道院的皮埃尔·尼科勒讽刺剧作家拉辛说，你的工作就是贩卖毒品，污染人们的灵魂。任何高尚人士都知道，这种职业很丢人。

莫里哀比拉辛还丢人。他不光写剧本，还当演员。

中国有个词叫三教九流，其中戏子属于下九流，低于妓女高于乞丐。电影《霸王别姬》里，戏班的关师傅对妓女说："都是下九流，谁嫌弃谁！"

演员受了几千年委屈，现在翻身了，又有地位又有钱。

孔代亲王是莫里哀的校友，他欣赏莫里哀的才华，两人一谈就是三四个小时。孔代亲王力邀莫里哀担任自己的私人秘书，薪酬、地位和前途都不是问题。

莫里哀回复说，我这么个玩世不恭的人，怎么能在大人物身边做事。再说了，我走了，这个剧团怎么办。

在孔代亲王的推荐下，1658 年 10 月，莫里哀带着剧团来到巴黎，在卢浮宫为路易十四演出。为了节省成本，剧团人数保持在 10～15 人，最少的时候只有 5 个人。莫里哀写剧本，既要发挥想象力，还要照顾演员的具体情况。贝雅的腿部受了伤，行动不便。莫里哀就在《吝啬鬼》里增加一个瘸子的角色，还有一句台词："我真不想见这个狗瘸子。"妮可在生活中爱笑，笑起来没完。莫里哀在《贵人迷》中让妮可笑个够。妮可在舞台上笑得花枝乱颤，全场的观众都跟着笑，路易十四也大笑起来。

路易十四很高兴，把卢浮宫剧场拨给莫里哀剧团专用。

1661 年，卢浮宫改建，国王又把王宫剧场拨给莫里哀剧团。

路易十四告诉莫里哀，如果剧团有什么困难，可以直接向他请示。

1660 年，莫里哀的弟弟去世。他继承了哥哥多次拒绝的"国王侍从"的身份，临死前又把这个头衔还给了哥哥。

国王侍从是个肥缺，名额紧俏，即使贵族子弟也要花巨资行贿才能进去。这些"上等人"嫌弃莫里哀是喜剧演员，是小丑，不和他同桌吃饭。

有一天，路易十四吃饭的时候，突然叫莫里哀过来，坐在他身边。国王亲自给莫里哀切了一块鸡翅，递给他。随后，路易十四对一脸惊讶的朝臣笑着说道，这个侍从太孤独了、太可怜了，只好让朕亲自陪他。

在凡尔赛宫，能和国王同桌进餐的人，只有国王的亲弟弟菲利普。

路易十四请莫里哀同桌吃饭的史实，我只看到一个来源，真伪待辨。不过，后世的艺术家创作了很多油画，用来反映路易十四对知识分子的尊重。

姑且不说真假，从性格上推测，路易十四做得出来，不以为耻。

除了给王室演出外，剧团主要面向社会。由于演出太受欢迎，票价翻了3倍。有时候，戏正演到一半儿，观众就大喊：

"莫里哀，这才是真正的喜剧，加油！加油！"

高乃依、拉辛的戏剧属于古典派，有大段大段的经典对白，动作不多。莫里哀的戏剧属于现实派，大白话，接地气。

1662年，莫里哀与阿尔芒德结婚。

莫里哀每完成一个剧本，首先念给女仆听，女仆每次都说好。莫里哀心想，女仆文化程度低，不懂得戏剧里想要表达的意思。她的回答是在敷衍我。有一次，莫里哀故意把一个写得比较差的剧本念给她听。女仆立刻瞪大眼睛说道："先生，这肯定不是您写的！"

莫里哀大吃一惊，看来女仆听得懂。

从1664年开始，莫里哀的喜剧创作进入了全盛时期。《伪君子》《唐·璜》《恨世者》《悭吝人》《乔治·唐丹》接连登场，好戏连台。

《伪君子》是一部有世界影响力的戏剧。其主要内容为：

达尔杜弗是个骗子。他骗取了巴黎富商奥尔贡的信任，让奥尔贡把女儿嫁给他。同时，他又企图诱奸奥尔贡的老婆埃尔米。

奥尔贡的儿子达米斯看到这一幕后，向父亲告状。

没想到奥尔贡竟然相信达尔杜弗的鬼话，反而把儿子赶出家门。

埃尔米设了一个圈套，让奥尔贡亲眼看到达尔杜弗如何引诱自己上床。

奥尔贡幡然醒悟，气愤地把达尔杜弗赶走。

达尔杜弗转手将奥尔贡交给他的关键文件交给国王，企图置奥尔贡于死地，并霸占他的妻子和全部财产。

国王明察秋毫，逮捕了达尔杜弗，赦免了奥尔贡。

莫里哀的多部作品遭到权贵们的抵制。

在《多疑的丈夫》一剧中，丈夫总是怀疑妻子出轨，闹出不少笑话。当时很多贵妇人抛头露面，参加舞会和沙龙。贵族们总是担心老婆和别人私通。看了这部剧，以为在讽刺自己。

《伪君子》也被人告上法院。巴黎高等法院禁止此剧上演。莫里哀于是向路易十四求助。当时国王在外打仗，没有收到书信。莫里哀第二次上书，终于得到国王的解禁令。

在欧洲，如果你写了禁书，顶多坐几年牢。不想坐牢的还可以逃亡国外。你也可以找关系向国王求情。一般情况下国王为了显示大度，都会赦免。在国王眼中，不管你写得多么出格，你算是人才。当年，法国国王弗朗索瓦一世和亨利二世都赦免过拉伯雷。英国国王查理二世也没有追究霍布斯的责任，还给他一笔年金。

每当说到戏剧，我就不得不提雍正打死戏子的故事。

雍正看完《郑儋打子》，非常高兴，赏赐一个演得最好的演员吃饭。

那名演员在戏中演常州太守，于是就问雍正，如今常州太守是谁？

雍正大怒，你一个戏子，竟然敢问官守，给我拉下去打。

这名演员被当场打死。。

1670 年，《布尔乔亚贵族》上演，路易十四看了一遍，没有评价。

很多人以为莫里哀失宠了，完蛋了，于是疯狂批评，说莫里哀没有才华了，这部剧纯属糊弄观众。

几天后，路易十四又看了一遍《布尔乔亚贵族》，给予很高的评价。

那些人都闭嘴了。

莫里哀剧中的部分台词如下：

- 不害相思，幸福就没你的份儿。一帆风顺的爱情，反而没有味道。
- 爱情是一位伟大的导师，她教我们重新做人。
- 女人最大的心愿，是希望别人爱她。
- 快乐有人分享，分外快乐；自己幸福，没有外人知道，心里也不满足。

路易十四问孔代亲王。一部好好的作品，为什么有人讨厌，有人反对呢？

孔代亲王说，取笑上帝的剧，人人讨厌。取笑贵族的剧，贵族们反对。

莫里哀的喜剧不是插科打诨的闹剧，而是让观众在笑声中识别丑恶的伪装，并督促人们改正弊病。

把丑恶变成民众的笑柄，就是在大力鞭笞丑恶。

莫里哀没有歌功颂德，没有粉饰辉煌的路易十四时代。相反，他的戏剧主角大都贪婪、好色、谎话连篇。

著名文艺评论家布瓦洛自己的写作水平一般，但对别人的作品一看一个准儿。路易十四说，布瓦洛是一条鞭子，替我们鞭打那些二流作家的坏作品。路易十四给布洛瓦一年 2000 镑的赏金，允许他随时找自己谈话。

1672 年，路易十四问布瓦洛，谁是法国最伟大的作家？

布瓦洛说，莫里哀。

国王说，我没想到是他。但你的评价肯定比我准确。

1673 年 2 月 17 日晚上，巴黎剧院上演喜剧《没病装病》。剧场里座无虚席。

担任主角的正是剧作者本人——莫里哀。他扮演的是一个假医生。假医生突然咳嗽起来，越来越激烈。

观众们觉得莫里哀表演得太逼真了，于是热烈鼓掌、大声喝彩。

掌声停止之后，咳嗽也停止了。

舞台安静了，持续了很长时间。

莫里哀在舞台上结束了呼吸，结束了生命。

这是人们为了歌颂莫里哀献身舞台而改编的小段子。实际情况是，莫里哀坚持演出到最后，回到后台几个小时后，就去世了。

莫里哀和拉·封丹、拉辛、布瓦洛交好，当时人们称他们为"四杰"，用个中国的词——巴黎四大才子。

4 人当中，只有莫里哀没有入选法兰西学院，没有自己的椅子。

当时的人们说剧作家诱人犯罪。他们的作品伤风败俗，比洪水猛兽更可怕。

拉辛是剧作家，路易十四给他一个官职。他有了身份，可以入选院士。

莫里哀还不如拉辛。拉辛创作剧本，和小说家、诗人是一类人，是文化人。莫里哀上台演出，丢人现眼，是下九流，是小丑。

布瓦洛劝莫里哀说，不要上台表演，只写剧本就好了。排练、卖票都交给你的同事。别人觉得你是管理者，你就有荣誉了。

莫里哀回复说，先生，上舞台就是我的荣誉。

表演就是我的生活和生命。名誉对我来说只是可有可无的附加品。

据说法兰西学院为莫里哀立了一尊雕像，下面刻着："他的光荣一点儿也不少，我们的光荣里却少了他。"

得诺贝尔奖的是牛人，得奥斯卡奖的也是牛人。

但是，不得诺贝尔奖，不得奥斯卡奖的牛人，更多。

巴黎高级神职人员一直讨厌莫里哀讽刺教会。他们说莫里哀在后台是暴死，死前没有向神父作忏悔，所以不能葬在教堂公墓。

莫里哀的亲人向路易十四求助。

路易十四批示，莫里哀可以下葬。

1773 年 2 月 19 日，莫里哀的葬礼在黄昏后悄悄举行，只有两个教士参加，下葬地点挨着未受洗的婴儿公墓（不让莫里哀上天堂）。

莫里哀的坟墓现在迁到巴黎拉雪兹公墓，与拉·封丹的墓地很近。

莫里哀的戏剧传承古希腊、罗马喜剧传统，又结合了意大利即兴喜剧和法国闹剧。他的戏剧像阿里斯托芬那样泼辣，像米南德那样深入世态，是现代喜剧的先驱。法国的伏尔泰和博马舍，英国的德莱顿和谢立丹，德国的莱辛和歌德，意大利的哥尔多尼以及西班牙的莫拉丁，都是他的崇拜者和学生。

莫里哀违背了父亲的意愿，却取得了更大、更值得父亲骄傲的成就。

他不仅是国王侍从，更是观众侍从。

今年（2022 年）是莫里哀诞辰 400 周年，法国将在全世界举办活动，纪念这位伟大的戏剧家。

除了以上 4 位，法国还出现了一位伟大的女作家。她的创作题材也比较特殊，是书信。我们下一章再介绍。

法国文化名人生前有椅子，死后还能迁入先贤祠。

法国先贤祠里安葬了 72 位名人，其中有思想家、作家、艺术家、科学家。能否安葬于先贤祠须经国民议会讨论，并由总统签署命令。

数百年来，法国政府尊重学者文人，给予经济支持和国家荣誉，这就是法国文化强盛的原因。

现在，法国科学家的名字还能被刻在埃菲尔铁塔上。

中国这片土壤不缺才俊，也不缺一流的作品。蒲松龄的故事不次于佩罗的童话，李渔、洪昇的能力也不比莫里哀差。但是，大清政府不重视他们，对读书人除了给官位外，没有其他的荣誉奖励。对于没有官位的民间文学家，基本上不闻不问。

附：17 纪世界戏剧行业大事记

　　美国哈佛大学等 9 所大学的世界文学专家对世界戏剧进行评价，选出人类有史以来最伟大的 100 部戏剧。括号内数字为世界排名。排名仅供参考。排在前 10 名的戏剧当中，莎士比亚的作品占 5 个。

　　总体来看，17 世纪是戏剧行业的黄金时期，出现了一批大师和一流作品。

时间	人物、作品大事记
1598 年	《牡丹亭》（32）
1600 年	《哈姆雷特》（3）《第十二夜》（10）
1604—1605 年	《李尔王》（1）《奥赛罗》（7）
1606 年	高乃依出生，《麦克白》（5）本·琼生的《狐狸》（23）
1607 年	《安东尼与克莉奥佩特拉》（17）
1610 年	本·琼生的《炼金术》（52）
1611 年	李渔出生，莎士比亚的《暴风雨》（27）
1616 年	莎士比亚去世，汤显祖去世
1620 年	西班牙洛佩德维加《最好的法官是国王》（99）
1622 年	莫里哀出生
1635 年	西班牙巴尔卡的《人生如梦》（35）
1637 年	高乃依《熙德》（91）
1639 年	拉辛出生
1645 年	洪昇出生
1648 年	孔尚任出生
1666 年	莫里哀的《愤世嫉俗》（33）
1669 年	莫里哀的《伪君子》（16）
1675 年	威廉·威彻利的《乡下女人》（72）
1677 年	拉辛的《费德尔》（46）阿弗拉·贝恩《流浪者》（92）
1688 年	《长生殿》问世

1694 年，法兰西学院编著的《法兰西学院辞典》封面，中间为法国国王路易十四

名妓尼侬

四十岁的塞维涅夫人

第二十章
巴黎沙龙的女主人

明末清初，中国有哪些名女人？

陈圆圆、董小宛、柳如是、李香君。她们都有一个共同的特点——名妓。

冲冠一怒为红颜。没有陈圆圆，吴三桂很可能投靠李自成，坚守山海关。如果是那样的话，就没有大清朝了，也没有康熙和乾隆。

董小宛，传说康熙帝的父亲为了她出家到五台山当了和尚（假的）。

"我见青山多妩媚，料青山见我应如是。"有才有识的少女杨爱更名柳如是。柳如是与南明复社领袖张缚、陈子龙交好，最后嫁给了年过半百的东林领袖、文名颇著的大官僚钱谦益。

为什么她们出名？

第一，有才。在一个女子无才便是德的年代，能读书认字的女人凤毛麟角。很多名妓都会琴棋书画，放到现在也是头部的女网红。

第二，有见识。在过去，即使是家境良好的大小姐也是大门不出，二门不迈的，也就是在屋做做女红，在花园荡荡秋千，基本不和外人交往。名妓却和最有才华的读书人、最有阅历的男人交往。

第三，有貌。一个长相二流的女人，如果她自信、有智慧，那她就是一流的女人。一个长相一流的女人，如果生长在非常偏僻的地方，从小没有受过教育，那她不会有魅力和长期的吸引力。女人的美不只是一张脸，举手投足、表情眼神都是美的一部分。你可以观察一下，包括帝王在内，很多大人物宠信的女人相貌并不出众，但是自信、聪慧、优雅。

拉法耶特夫人是这样描写一位相貌普通的女生：

"思想把她装点得如此动人，说话使她显得无与伦比，才华为她的眉目增添了华彩。她的每一句话都引人入胜，她的每一个举动都流露着甜蜜坦诚。"

在封建社会，女人不需要学习知识，不需要接触社会，她们的作用就是传宗接代。她们在历史上基本没有留下痕迹。

当然，欧洲同样如此。

整个人类社会都一样，几千年来压迫女性、歧视女性，全社会都灌输女性低人一等的有毒思想。

除了女王、王后，中外历史书里很少介绍女性。《明史》的确给一些女人做传，主要事迹是少女被侮辱后自杀、寡妇誓死不嫁等。

如果女人从起初就和男人一样，平等地接受教育、参与社会生活，那么人类的历史进程能加快200年。

不过，17世纪的法国，一个变化正在悄悄地出现。

封建社会的宫廷生活就是喝酒、跳舞，观看一些喷火、扔球之类的表演。大航海之后，欧洲人开始谈论美洲、亚洲、印第安人、中国人和印度人。文艺复兴之后，贵族开始谈论米开朗琪罗和卡拉瓦乔的画。宗教改革之后，人们脱离了神父，自己寻找答案。理性主义兴起之后，人们开始讨论哲学和科学。人类的知识越来越丰富，人们更渴望交流。

在英国，一群男人成立英国皇家学会，交流科学。

在法国，一群女人组织沙龙，交流文艺。她们是有头脑、善交际的新时代的女性。

法国最早最著名的沙龙是凯瑟琳·德·维沃纳（1588—1655年）创立的。她的身份是朗布耶侯爵夫人。侯爵夫人觉得宫廷生活无聊，于是将自己的客厅铺上蓝色天鹅绒，邀请宾客聊天，所以称蓝色沙龙。出席沙龙的都是社会名流，如黎塞留首相、孔代亲王、剧作家高乃依。

"沙龙"一词源于意大利文单词"Salotto"，意思为豪宅的接待大厅。

我家没有大厅，所以没有沙龙，但有沙发。

沙龙的内容从政治到时尚，从文学艺术到八卦段子。作家诵读近作，大家讨论批判。诗人即兴作诗，大家鼓掌称赞。音乐家弹奏曲子，大家安静欣赏。有时候也相互挑战、机智应答、故意诘难、全力反驳。谈话之余，品尝美食、啜饮佳酿。沙龙是鉴赏会，是辩论赛，是小剧场演出，是舞会，是脱口秀，是法国达人秀，是一场高品质的精神盛宴。

不是所有人都能参加沙龙。男士必须机敏、幽默、勇敢、英武、慷慨、殷勤、谦恭。女性则温柔、大方、优雅、有品位、仪态万方。沙龙相当于一所教人如何优雅的贵族学校。

经常参加沙龙的拉罗什富科说：

- 就一个人的谈吐而言，自信比才智重要。
- 智者言简意赅，愚者言不及义。
- 一个人愿意透露自己缺点的欲望，便是最大的"诚恳"。
- 仔细聆听和正确回应乃是对话中最具魅力的环节。
- 言所当言及可言之事，才是真正的辩才。

斯鸠德里小姐说，言谈是社会的联系纽带，是有教养人士最好的娱乐，是普及礼貌、净化道德的最佳方式。

现在的社交网络上，太多无聊和低级的信息。如果能和几名志同道合的朋友面对面喝喝咖啡，聊一聊有兴趣的话题，增进友谊，简直是一种难得的享受，甚至可以说是奢侈品。

巴黎的沙龙很多，相互竞争，所以对女主人要求很高，不能冷场，要始终有吸引人的新话题。沙龙的女主人有点像电视台名主持人。

英国也有一些文艺小圈子，不过以男性为主。如果说法国人发明了沙龙的话，那么英国人则发明了俱乐部。俱乐部在明朝万历年的时候就有，当时主要聚在酒馆，据说莎士比亚就是常客。到了康熙年间，英国人从酒馆转移到了咖啡馆。

无论是沙龙，还是俱乐部，都是一种政治宽容下的产物。大清皇帝是绝对不允许达官贵人经常聚会，讨论时政的，即使讨论文艺也是大忌。

康熙年间，法国最著名沙龙的女主人，竟然是一名妓女，而且惊动了法国国王。

尼侬的父亲是一位贵族、自由思想者。虽然他是自由思想家，却认为尼侬是女孩，不必接受教育。尼侬本人好学，爱看书，看蒙田、沙朗、笛卡尔的书，还学会了西班牙语和意大利语。

15岁那年，尼侬成为一名妓女。她不在乎地说："做爱是一种热情，不涉及任何道德义务。""做爱比指挥军队更难，一个将军在床上表现得像个笨蛋。"

当然，尼侬的客人都是显贵。比如路易十四的表弟，法国最著名的将军孔代亲王；比如法国皇家科学院主持人，著名的大科学家惠更斯。

她是著名的交际花。

由于尼侬的淫乱太出名，路易十四的母后亲自下令把她监禁在一所修道院里。尼侬是一个开心果，和清心寡欲的修女们交上了朋友。修女们喜欢尼侬，一点儿也不歧视她。

由于尼侬的淫乱太出名，连瑞典前女王克里斯蒂娜都去拜访她。克里斯蒂娜写信给红衣主教马萨林，向他求情。最后，路易十四亲自下令，释放尼侬。

1657年，尼侬开了一个沙龙，邀请文人、音乐家、艺术家、政客、军人到家里做客，其中有拉·封丹、拉罗什富科、丰特内尔、拉辛。很多宫廷大臣以参加尼侬的沙龙为荣。路易十四的首席音乐总监吕利把他的新作交给尼侬，让她弹奏并演唱。

在交往过程中，所有男人都承认，尼侬的智力和最有才的男人不相上下。她不只是放荡的爱神维纳斯，还是智慧的女神雅典娜。

大学者圣西蒙写道：

"受到她的接待是很有益处的，因为她主持的聚会很有意义。那里没有赌博、纵声大笑、争执或辩论宗教政治问题，而是有着非常优雅的机智和豪侠情爱的新闻，不带诽谤，每个话题都是敏锐的、轻松的、仔细选择的，她以她的机智与丰富的知识主持谈话。"

尼侬的名气越来越大，连外国人都来追求她了。妓女尼侬变成了女王尼侬，别管你的地位和从多远的地方来，一律要耐心排队等候。

最后，路易十四也忍不住了。但是，一个堂堂的太阳王，怎么能召见一名妓女呢，到时候说什么呢。路易十四的妻子，曼特侬夫人和尼侬关系良好。路易十四委托曼特侬夫人邀请尼侬到宫里来。然后，路易十四躲在帷幕后面听她们谈话。尼侬的脱口秀讲得太好了。听了一会儿，路易十四觉得不过瘾，于是这位欧洲权力最大的人走出来，对着一位曾经的妓女说：

"你好，我叫路易，是法国的国王。"

尼侬有钱有名，还有爱心。诗人斯卡龙因瘫痪不能行动时，尼侬几乎每天都去看他，带着许多诗人买不起的滋补品。许多名人把自己的钱交给尼侬保管，因为她没有家庭又有很多钱，所以不会昧下别人的钱。

很多客人都去世了。尼侬却很长寿。"如果上帝非给女人皱纹不可，他把皱纹放在女人的脚掌上多好。"尼老太太抱怨道。

85 岁那年，尼侬奄奄一息。耶稣会教士与詹森派教士争着为她做临终仪式。在那个年代，妓女是被上帝抛弃的人，神父不愿意给她们做临终仪式，也不让她们葬在教会的墓地。但是，能给尼侬主持葬礼，是一种无上的荣誉，还需要竞标。

"不要把钱浪费在我的葬礼上"，尼侬对律师说，"10 个埃居就够了（不超过 2000 元人民币）。"

接着，尼侬对律师说，"我给你儿子 1000 法郎（10 万人民币），让他买些书吧。"

律师的儿子买了很多书，后来成为世界最知名的作家、思想家。这个孩子叫伏尔泰。

在路易十四时代，妓女尼侬和路易十四一样有名。

在沙龙里阅读莫里哀（让·弗朗索瓦·德特洛伊作）

　　法国还有一位著名的沙龙主持人，叫塞维涅夫人。她的父辈、她的丈夫、她的儿子都拜倒在尼侬的石榴裙下。

　　明朝天启六年。公元 1626 年。

　　玛丽·尚达尔幸运地生于巴黎一个贵族家庭。

　　不幸的是，童年时，玛丽的双亲就过世了。

　　幸运的是，她继承了一大笔遗产。他的舅舅养育她，教她学习知识。除了法语，玛丽还会西班牙语和意大利语。她喜欢读维吉尔和塔索的作品。

　　18 岁时，玛丽嫁给了身份显赫、英俊嘴甜的塞维涅侯爵。

　　不幸的是，侯爵是个花花公子，对别的女人嘴也甜，这其中就包括尼侬。侯爵把玛丽的钱成捆成捆地送给情妇。

　　幸运的是，侯爵和别人争夺女人，失败了。

　　不幸的是，侯爵在决斗中死了，25 岁的塞维涅夫人成了寡妇。

　　幸运的是，侯爵给夫人留下一儿一女。

　　塞维涅夫人不算是美人，不过保养得很好，肤白眼亮、身形优美。更吸引人的是，夫人能歌善舞、能说会道。即使在今天，充满自信、谈吐不凡的女人也不多（当然男人也不多），总能让我们睁大惊奇的眼睛。

　　斯鸠德里小姐写道：

　　　　"我从来没有见过这么欢快、娇俏、纯真、高尚的人。她优雅而不做作、戏谑而无恶意，守礼而不拘谨，活泼而不哗众取宠，德行高尚但不一本正经。"

　　就连路易十四都赞美夫人。

　　幸运的是，尽管侯爵浪费了很多钱，夫人此时还有 53 万里弗尔的财富。

　　追求夫人的优秀男人可以挤满一辆公交车，其中有王子、有诗人、有元帅，有她的老师梅纳奇。拉翁主教说，巴桑每次让人画肖像的时候都带上他的狗。梅纳奇每次写信的时候都要提塞维涅的名字。

　　夫人决定保持单身，把全部心血用在养育儿女身上。

　　不幸的是，夫人没有男人的甜言蜜语和性的乐趣。

　　幸运的是，夫人可以同更多优秀的男人保持交往，这其中有拉·封丹、莫里哀、拉罗什富科、拉法耶特夫人、国王的财务大臣富凯等。

　　不幸的是，路易十四把富凯关进监狱，塞维涅夫人写信向国王求情。

　　幸运的是，儿子查理遗传了母亲的善良、机智和幽默。他经常念拉伯雷的文章给母亲，两人笑得前仰后合。

不幸的是，查理遗传了父亲的贪玩好色，情妇一个接一个，甚至也包括尼侬，最后还染上了梅毒。查理认识到错误，经常去教堂忏悔。

幸运的是，女儿玛格丽特漂亮得轰动了全法国，连路易十四都心动了。1669年，女儿嫁给普罗旺斯省副省长格里南伯爵。

不幸的是，女儿远嫁法国南方。长期不能见面。

塞维涅夫人于是给女儿写信，一天一封，或一天两封，写了将近20年。现今保留下来的信件约有1500多封。哪怕是去外地，无论什么情况，塞维涅夫人给女儿的信从来没有中断过。

她每天千方百计搜集材料给女儿写信。也可以理解为，她办了一份报纸，既四处采访，又编辑文字，读者只有女儿一个人。巴黎发生的一些趣闻、巴黎的夜莺哪一天开始唱歌的，都写进了信里。

那时候日子很慢，用一天的时间，给亲人爱人写一封信。

写信、收信是塞维涅夫人最大的快乐。在信中，她对女儿说：

"我写给你的这些信，是我最大的财富，是我生命中唯一的乐趣。任何其他事情，和这事一比，都无足轻重了。"

还有这封：

"我一边读着你的信，一边泪流满面，觉得我的心就像是被劈成了两半。我似乎觉得你是在向我陈述你所受到的伤害，也似乎觉得你病倒了，或者你遇到什么意外，可事实则完全相反，而是你在向我表达你对我的爱。亲爱的孩子，你是用一种令我不能不激动得涕泪齐下的方式在对我谈这些事。当我知道这一切的时候，心情是多么愉快啊。你竟然也会想起我来，这简直令人难以置信。

我已经两个邮程没有收到你的邮件了。要知道，你的信是我生命中不可或缺的一部分，这可不是套话，而是千真万确的事实。对你健康状况的担忧沉甸甸地压在我的心头，我快要透不过气了。"

老人一般不好意思向子女表达爱意，说句我想你都有点害羞。夫人没有任何顾忌和压力。她把女儿当婴儿，要把世界上的一切都告诉她。夫人写道：

"我亲爱的孩子，我想的全是你，想你的一切，脑汁都想枯了。于是我四处找你，突然才明白你在外地，由于不能拥抱你而泪流满面。"

妈妈大胆直白地表达自己的爱，女儿则有些难为情。她觉得母亲对自己的爱太多，自己都配不上。

母亲写 3 页纸，表达爱意，女儿看完随手丢在一边。

女儿写我爱你 3 个字，母亲会读 100 遍。

有时，夫人也觉得有些不好意思，占用了女儿太多的时间。

从精神上讲，塞维涅夫人从未离开过自己的女儿。

侯爵夫人热情，伯爵夫人冷淡。

侯爵夫人勇敢，伯爵夫人怯懦。

侯爵夫人活泼，伯爵夫人呆板。

侯爵夫人谦虚，伯爵夫人自负。

侯爵夫人自如，伯爵夫人拘谨。

侯爵夫人机智，伯爵夫人愚钝。

拉卜丹说，有多少人爱侯爵夫人，就有多少人恨伯爵夫人。

但是，优秀的侯爵夫人热爱平庸的伯爵夫人，觉得自己的女儿是天底下最优秀的女儿。

夫人的信写得很俏皮，比如：

"我要立即告诉你一件最令人吃惊，最突然，最不可思议，最神奇，最辉煌，最令人目眩，最出奇，最古怪，最特别，最难以置信，最无法预料，最重大，最渺小，最少见，最普通，最声张又是迄今为止最为秘密的，最为辉煌灿烂同时又是最值得人们关注的事。总之，是一件前所未有，举世无双的事情，一件巴黎人无法相信的事。这件事引起大家的同情，得到了怜悯，然而，却乐坏了罗昂夫人和奥特里夫人。

总之，星期天目睹这件事情的人，个个都目瞪口呆，摸不着底细。事情的确发生在星期天而不可能是在星期一。我决定先不说，让你猜猜。我给你三条线索让你选择，猜不出来了吧？这样的话，我就非告诉你不可了。星期天，德·洛赞先生在卢浮宫举行了婚礼。"

塞维涅夫人讲了一个心不在焉的朋友的故事：

"拜伦卡有一天在街上走路，不小心掉到沟里去了。他十分安闲自在，对那些纷纷跑来援助他的人说：有什么事，需要我效劳吗？然后他就回家了，就当没有发生过一样。全巴黎都引为笑谈。我写了一封信，告诉他摔了一跤，而且几乎折断了脖子。他似乎感觉很奇怪，大概是巴黎唯一不知道这事的人。"

夫人文章写得好，和日常的积累是分不开的。她读阿诺德、尼科尔、帕斯卡、塔西佗、圣奥古斯丁、蒙田的作品和高乃依、拉辛的剧本。

幸运的是，伯爵夫人第一个孩子出生时，她回到巴黎，回到母亲身边。

不幸的是，孩子是女孩。伯爵夫人马上向丈夫致歉，因为女儿长大要嫁出去，还要搭上一大笔嫁妆。

幸运的是，塞维涅夫人有了新的爱人——小外孙女。

不幸的是，女儿觉得母亲天天问寒问暖太频繁、太厌烦、太啰唆，她有时故意显得冷淡、不回应。塞维涅夫人如同掉入冰窟。生下女婴后不久，伯爵夫人就离开巴黎，回到普罗旺斯。临走前，塞维涅夫人天天流泪，原谅了女儿的粗鲁。

侯爵夫人写道，我的女儿，你没有完全理解母爱。不过这样也好，要知道那感情太浓烈了。

幸运的是，外孙女还在身边。侯爵夫人写信给伯爵夫人说：

"你们的小女儿越来越可爱了。肌肤雪白，银铃般的笑声不绝于耳。她的相貌，她的嗓子，她身上的每一部分，都美妙极了。她懂得做100种小动作：牙牙学语，打人，画一个十字，请人原谅，鞠躬，亲自己的小手，耸肩，跳舞，拍马屁，摸人的下巴。我跟她在一起玩时，她可以给我好几个小时的欢乐。"

不幸的是，伯爵夫人要把女儿接走。外祖母又流下不少眼泪。

夫人种下南方的茉莉，想象自己生活在普罗旺斯。

夫人组织沙龙或参加别人的沙龙。但她不愿意讨论形而上学、国家大事等严肃的话题，她觉得那些不是一个女人该想的，又打扰了她平静安宁的生活。笛卡尔说动物没有灵魂，夫人就不同意，她觉得自己的爱犬是有思想的。到了老年，夫人开始思考生存和死亡：

"我来到这世上，并非出于自愿，如今又必须要离去。这种事简直叫我无法忍受。我如何离去？……我何时离去？……每天我都在想这些事。我终于发现，死亡真是太可怕了。我恨生命，是因为生命逐渐走向死亡，而并不是因为其中有太多的刺，刺得人痛彻心扉。你也许会说，我希望永远活下去。

绝对不是！不过假使你真要问我的意见，那么，我情愿死在我护士的臂弯里。唯有如此，才能除去我精神上的一切痛苦。也唯有如此，才可以确定地、轻易地，把天堂赐给我。"

到了生命的最后，塞维涅夫人不是叫女儿回来，而是决定到女儿身边去，死在女儿怀里。于是她不顾77岁的高龄，越过几乎整个法国，来到格里南，来到女儿身边。

塞维涅夫人说过：

"九百里水路，须航行千里方能到达。那一百里并非多余。"

幸运的是，当死亡来临时，她非常平静，也不恐惧。

把她的书信堆在一起，就是她的自传，她的爱、她的担心、她的经历、她做过的蠢事，比任何人的自传都丰厚。

把她的书信堆在一起，也是一部法国生活史。

1726年，塞维涅夫人死后30年，她的书信结集出版，轰动一时，成为法国古典文学名著。许多诗人赞美她，许多历史学家研究她。

康熙年间，方苞开创了桐城派文学。他的文章短小、简洁，没有废话，但主题突出，能抓住事物的要旨。

但我觉得，塞维涅夫人的文字更适合现代人去读。夫人是一个谈话高手，任何主题信手拈来、侃侃而谈，一件普通的小事，她能说得头头是道，不枯燥、不乏味。她的信，她的文章就是她在讲话，丝毫不造作，文采飞扬却没有故意修饰的痕迹。这背后是夫人深厚的文学功底。

我常常说，一个人说话简洁明了，说明他的脑子是经过思考的，是复杂的。一个人说话故弄玄虚，让人不明就里，说明他的脑子是简单的。

塞维涅夫人的文章为什么好？我的分析是4个字——真情流露。

大部分人写书的时候，包括我在内，总想着如何吸引人，如何满足读者，如何设计布局。塞维涅夫人不用，给自己女儿说话，还用想，还用编吗？塞维涅夫人想到哪儿就写到哪儿，想不出来就停笔，不用在意任何人的想法。

幸运的是，塞维涅夫人的书信在中国有出版。

不幸的是，这本书收录的书信不多。

塞维涅夫人有一个精美的中国漆器盒子，目前保存在巴黎嘉年华博物馆。

　　几千年来，女性在职业、家庭地位、就业、宗教、受教育等诸种权利方面，都受到严重歧视。

　　今天，我们说泼妇，是骂一个女人蛮不讲理、满嘴脏话。

　　学者雅柯布·和克哈特说，在近代史上，被人称作泼妇被认为是一种美誉，因为能把男人驳斥得哑口无言的女人太少了。

　　在薄伽丘的《十日谈》里，女性经常和男子辩论并且往往获胜。

　　前文讲过，如果让女人发挥聪明才智，那么人类历史进程会加快 200 年。实际上，法国大革命，就是法国女人在沙龙里孕育出来的。

　　威尔·杜兰特说："法国的女人，甚至比法国男性作者与艺术家更有资格称得上是法国文明的冠冕，她们是法国历史上特殊的荣耀。"

凡尔赛宫路易十四的卧室

第二十一章

凡尔赛宫——地球上的明珠

富凯是路易十四的财政大臣。他雇用了3位高手：建筑师路易·勒沃、画家夏尔·勒布伦、园林设计师安德烈·勒诺特尔为自己修建了一座豪华的宫殿。整座宫殿加花园有3个村庄大。250座喷泉同时开放。宫殿内部还有大量的绘画、雕塑以及2.7万册藏书。

公元1661年。宫殿落成后，当然要邀请贵宾前来参观，主要目的是炫富。

除了参观宫殿，当天晚上还有豪华晚宴。法国著名作家兼演员莫里哀将带团表演喜剧《不称心的人》。

看完戏，到了深夜还要燃放璀璨的烟花。

真是一个令人兴奋、值得期待的时刻。

富凯亲自迎接陪同最尊贵的客人——国王路易十四。兴奋的富凯自然没有注意到一个细节——国王的表情。

路易十四越参观这座宫殿越生气。相比之下，伟大的法兰西国王的住所显得陈旧寒酸。不光是宫殿，富凯的服装也比路易十四要鲜亮得多。

著名作家伏尔泰说，富凯才像是法国的国王。

那天晚上，路易十四才是真正的不称心的人。他气得拂袖而去。

不久，路易十四下令以贪污的罪名逮捕富凯，执行人就是达达尼昂，《三个火枪手》中的主角。

很多人为富凯求情，包括著名作家拉·封丹，还有塞维涅夫人。

法官的意见是流放罪犯，太阳王坚持富凯必须终身监禁。

富凯在监狱里生活了 19 年。

官员的意见是杀死鳌拜，康熙则改成终身囚禁。鳌拜很快就死了。

富凯的宫殿简称沃子爵城堡，距巴黎约 50 公里，今天还可以参观。

路易十四暗下决心：我要造一座宫殿，要远远超过、压过富凯。

巴黎市民一直比较彪悍，曾经两次把路易十四赶出巴黎。路易十四从此对巴黎留下了心理上的阴影。在此之前，巴黎人民还驱逐过亨利三世，攻打过路易十四的祖父亨利四世。在藐视君主这一点上，巴黎市民和伦敦市民不相上下。

路易十四决定离开巴黎，另寻一处安全惬意的地点作为新王宫。

沃子爵城堡

明朝末年，法国国王路易十三以 1 万里弗尔的价格买下 117 法亩荒地，在这里修建了一座二层的红砖楼房，用作狩猎行宫。

路易十四决定将其改造、扩大，这就是凡尔赛宫。当时的行宫拥有 26 个房间，后来变成 2300 个房间。

路易十四认为，法国是世界头号国家，法国是世界文化中心，新宫殿要成为全欧洲，乃至全世界最宏伟、最壮丽的建筑。

不要考虑钱。

路易十四召集了全法国最优秀的建筑师、画家、园林师、水利工程师，以及 3.6 万名工人。

最优的建筑师就是富凯雇佣的路易·勒沃和安德烈·勒诺特尔。

1674 年，建筑师儒勒·哈杜安·孟萨尔从于 1670 年去世的勒沃手中接管凡尔赛宫工程，他增建宫殿的南北两翼、教堂、橘园和大小马厩等附属建筑。为确保凡尔赛宫的建设顺利进行，路易十四下令 10 年之内在全国范围内禁止其他新建建筑使用石料。

凡尔赛宫喷泉众多，一小时就耗费两个大游泳池的水。

法国皇家科学院也介入了，解决引水问题。

1682 年 5 月 6 日，路易十四正式入驻凡尔赛宫。

1710 年，凡尔赛宫全部工程完工。

来此参观的人无不目瞪口呆。

欧洲最大、最雄伟、最华丽的宫殿诞生了。

最好的艺术品也摆放在这里，比如达·芬奇的《蒙娜丽莎》。

凡尔赛成为法国乃至欧洲的贵族活动中心、艺术中心和文化时尚发源地。

凡尔赛宫最出名的是镜厅。

镜厅全长 72 米，宽 10 米，高 13 米，连接两个大厅。长廊的一面是 17 扇朝向花园的巨大拱形窗，另一面镶嵌着与拱形窗对称的 17 面镜子。当时的玻璃镜属于奢侈品。镜厅拱形天花板上是勒勃兰的巨幅油画，气势恢宏。数十个水晶大吊灯就是镜厅的眼睛。

要是有个大清文人参观镜厅，一定会题字：

天下第一厅。

陪同路易十四验收镜厅的人瞪大眼睛、张大嘴巴，感叹世界上竟然有如此漂亮的房间。威尼斯驻法大使说：

"几千支蜡烛照耀在满壁的镜子里，照耀在贵妇和骑士们的钻石上，比白天还亮。简直像是在梦里，像是在魔法的王国里。"

路易十四的反应很平静。他没有什么赞美，也没有过多停留。

他认为，太阳王就应该住这样的房间。

继语言、美食、服装之后，法国宫殿建筑又成为欧洲各国学习模仿的目标。以下是凡尔赛宫在世界各地的复制品：

彼得一世在圣彼得堡修建的夏宫、俄罗斯女皇叶卡捷琳娜二世修建的冬宫、奥地利的神圣罗马女皇玛丽亚·特蕾西亚在维也纳修建的美泉宫、德国的腓特烈二世在波茨坦修建的忘忧宫、巴伐利亚国王路德维希二世修建的海伦基姆湖宫、波兰在华沙皇家城堡、瑞典斯德哥尔摩皇家宫城、英国女王资助修建的布莱尼姆宫、汉普顿宫。

显然，圆明园西洋景区也受到凡尔赛宫的影响。

建筑师皮埃尔·帕特在《法国因路易十五荣耀而竖立的纪念碑》一书中写道：

"行经俄国、普鲁士、丹麦、符腾堡、普法尔茨、巴伐利亚、西班牙、葡萄牙、意大利等地时，你会发现不管在哪里，法国建筑师都占据着最重要的职位。

在圣彼得堡，担任首席建筑师的是拉莫特，在柏林是拉热艾，在哥本哈根是雅尔丹，在慕尼黑是居维利埃，在斯图加特是拉盖皮埃尔，在曼海姆是皮加热，在马德里是马凯，在帕尔马是珀蒂托。在欧洲，巴黎扮演着希腊的角色，其文化占主导地位，它将艺术家提供给世界余下所有部分。"

法国文化通过建筑输出到欧洲以及世界，以美丽直观的形象让全世界人民赞叹、羡慕，并向往法国。

世界上最漂亮的宫殿，怎么能没有中国元素呢？

康熙九年。公元 1670 年，路易十四下令修建了欧洲第一座中式宫殿。该建筑的原型是南京大报恩寺琉璃塔。琉璃塔高达 78.2 米，建于永乐年间，毁于太平天国时期。400 多年里一直是中国南方最高的建筑，可称中国第一塔。康熙帝作诗云：

"涌地千寻起，摩霄九级悬，旷然弥远望，万象拱诸天。"

荷兰人约翰·尼霍夫访问中国期间，派人画了南京琉璃塔的图像。路易十四观看后，下令参照图像，在凡尔赛建造一所中式宫殿，叫特里亚农瓷宫。

欧洲没有好的瓷器厂，其瓷砖是由荷兰代尔夫特和法国锡釉陶器制成的，大多用蓝色釉装饰，也包括一些绿色或黄色釉料。在宫殿外面还有大型陶制花瓶作装饰。从恢复的图像来看，不土不洋，要多难看有多难看。

特里亚农瓷宫的室内装饰，包括瓷砖和家具，也涂成白色和蓝色。由于施工工艺不过关，导致建筑严重风化和漏水，于是拆掉了。1687 年，路易十四下令在原址修建大特里亚农宫。路易国王在豪华的凡尔赛宫待烦了，就到这里居住几天。1805 年至 1815 年，拿破仑就住在大特里亚农宫。

凡尔赛的中式宫殿虽然消失了，但其内部有大量的中国瓷器和家具。牛眼厅的壁炉上摆放着一对瓷瓶，是康熙皇帝送给路易十四的礼物。

中式美术风格影响了法国的艺术家。

凡尔赛有一条长 1.6 公里的十字形人工大运河。路易十四时期曾在运河上安排海战表演，或乘船游玩。喜欢划船的中国帝王也不少。

说到园林，我觉得中西园林各有优劣，无法分出高低上下，正如有人喜欢汉堡包，有人喜欢肉夹馍。对中国老百姓而言，主要是肉夹馍，偶尔汉堡包。对欧洲老百姓而言，主要是汉堡包，偶尔肉夹馍。至于我个人，我更偏向于中式园林。我不喜欢一目了然，我喜欢遮掩和变化。不过，帝王喜欢宏大整齐，我这种小老百姓是体会不了的。

凡尔赛宫和中式宫殿相比，外观上各有长处。但是，在内部装饰装潢上，凡尔赛宫则远远超过同时期世界各国的宫殿，也包括大清的宫殿。

金碧辉煌、夺人双目，指的就是这里。

凡尔赛宫所有的房间，从四面墙壁到天花板，全都有装饰。墙壁上有巨幅的油画和挂毯。油画的画框也有复杂的金边装饰。墙上没有油画，就上浮雕。浮雕既有石头的，也有黄金的。墙面上有边框和几何图案。再抬头往上看，屋顶上有大幅的穹顶画，内容主要是希腊神话中的神和英雄翱翔在蓝天中。室内的大型水晶吊灯的价格高不可攀。有的墙边有立柱，雕刻着著名人物的半胸像。把房间里的所有家具和饰品拿走，光装饰本身就看不完。每个穹顶画就是一本书。

2019 年 6 月，郎朗和女钢琴家 Gina Alice 在凡尔赛宫的战争厅举办婚礼，周杰伦夫妇前往祝贺，这真的是凡尔赛文学了。

战争厅的主题是胜利，有大量反映路易十四征服西班牙、德意志、尼德兰等功绩的油画。其穹顶画的中央是法兰西女神，四周分别是：跪倒的德国和一只大鹰；被击倒的荷兰躺在狮子身上；咬牙切齿的西班牙和咆哮的狮子。它们都是路易十四的手下败将。第四幅画是战争女神贝洛娜制服了"背叛"和"冲突"。

大清的宫殿内部总体上是比较简洁朴素的。一位修道士写道：

"紫禁城外表看上去宏伟壮丽。但是从宫殿的内部布置上，特别是从皇帝的内室来看，却完全看不出这一点。皇帝的内室装饰着两三张壁画、金属镶嵌的饰物以及相当粗糙的彩色织锦绸缎，这种绸缎在中国是很普通的。"

路易十四在巴黎郊外建造凡尔赛宫，康熙皇帝在京城的西北也建造了一座畅春园。他在这里生活了十几年，把这里当家。传教士写道：

"整个行宫除了在里面挖了两个大池塘和两三条水沟之外，一点也看不出这里有像康熙皇帝这样拥有巨富的君王所应有的奢华迹象。与巴黎近郊王公们的别墅相比，这座行宫无论是从建筑规制上看，还是从占地面积来看，都远远难以企及。"

参观过圆明园的约翰·巴罗写道：

"（中国）有节俭法规，皇帝居所的外观一点也谈不上壮丽辉煌。

构成宫殿的殿宇以及其中的家具，如果略去那些彩绘、琉璃瓦和油漆不论，看上去和平民屋宇一样，缺少多余而昂贵的装饰。

中国皇帝的床上既没有帷幔，也没有床单。根据季节铺上席子和褥子，硬枕头或靠垫，就是全部卧具了。他们通常不用门，而是用竹丝编的屏风来代替。法国君主时代凡尔赛宫廷大臣的破旧居所，跟中国皇帝拨给其首相在北京和圆明园的住处相比，简直就是豪华的宫殿了。"

我看过很多遍《康熙王朝》，康熙、雍正的房间的确简洁不奢华。

凡尔赛宫也不是没有缺点。一是房间太大，点多少蜡烛都不够亮。二是厨房离餐厅太远，端到桌上吃的都是冷饭。第三是厕所严重不足，不少宾客只能就地解决，墙角旮旯尿骚刺鼻。

修建凡尔赛宫不只是住着好看、住着舒服，而是一种示威，一个威慑国内反对派，威慑国外君主的武器。

凡尔赛宫是一个舞台，路易十四则是导演和演员。他在这里规定了烦琐的宫廷礼节。每天都是演戏，从起床开始。首先是医生观察国王昨天的排泄物及小便，以便检查国王的健康情况。接着，王公贵族们来到现场，观摩国王更衣。如果幸运的话，可以获得给国王递上假发等物品的权利。国王的午餐也是公开的，但只能站着看，唯一能坐下的是国王的弟弟。路易十四可以说是世界现场直播第一人。

世界上所有君主都有宫殿，但是，凡尔赛宫最与众不同的一点就是，路易十四允许平民参观。我们知道，一些高档酒店门口有提示语，衣冠不整者禁止入内。但是，路易十四允许衣衫褴褛的平民进入凡尔赛宫。

1783 年，英、美、法在凡尔赛宫签署《巴黎和约》，结束了美国独立战争。

1789 年，路易十六在凡尔赛宫召开三级会议。第三等级代表在凡尔赛宫室内网球场集会，签署著名的《网球厅宣誓》。

不久法国爆发大革命。凡尔赛宫不再是辉煌的宫殿，而是封建统治阶级的巢穴。法国国王被砍头，国王卫队被杀光。老百姓们肆意出入凡尔赛宫，把家具、壁画、挂毯、吊灯和陈设物品拿回家。革命政府搬走不少艺术品和家具，运到卢浮宫拍卖。后来的人什么也没有得到，气得砸破门窗。凡尔赛宫建筑物上的所有皇家标志都被凿掉。

1870 年，普法战争期间，凡尔赛宫被普鲁士军队占领。1871 年，普鲁士国王威廉一世故意在凡尔赛宫镜厅加冕，这是对法国最大的侮辱。

从此，法国忌恨德国，为第一次世界大战的爆发埋下伏笔。

1889 年，为纪念法国大革命 100 周年，法国政府把凡尔赛宫改造为公共博物馆。

1919 年，"一战"结束。法国作为战胜国，故意在镜厅召开巴黎和会，借此羞辱战败的德国。被羞辱的德国忌恨法国，为"二战"的爆发埋下伏笔。

路易十四说：

"如果没有战争，建筑最能体现君主的伟大和才智。"

我说，建筑体现的不一定是君主的伟大，但一定体现了君主的权力。

我在《万历十五年欧洲那些事儿》里写过埃斯科里亚尔修道院（其实是皇宫），那是西班牙黄金时代的象征。

我在《崇祯十七年欧洲那些事儿》中介绍了圣彼得大教堂，那是意大利黄金时代的象征。

凡尔赛宫是法国黄金时代的象征。

宫殿显然是各国最华丽、最壮观、最有文化的建筑。大多数宫殿都是世界文化遗产。从小，我就知道世界上有个五大宫殿：北京故宫、法国凡尔赛宫、英国白金汉宫、俄罗斯克里姆林宫、美国白宫。那时候，我就立志都去逛一遍。

我今天还是有机会完成目标的。

五大宫殿当中，克里姆林宫的历史最悠久。北京故宫排第二。康熙时代，白金汉宫还没有建成。

其实，五大宫殿的说法并没有权威性。美国白宫与前四个相比，无论从规模，还是从精美程度上都差得很远。白宫是中国的翻译，美国人叫白房子。

不过，我参观过维也纳的美泉宫、伊斯坦布尔的托普卡珀皇宫、布达佩斯城堡、布拉格城堡，都是走马观花，如果没有人介绍，完全看不懂。

康熙年间，中国也有一座宫殿竣工。参观的人无不为这座高大宏伟的宫殿所震撼。这座宫殿毫无意外地当选为世界遗产，它就是著名的布达拉宫。

宫殿既是各国最好的建筑，也是最容易被破坏焚毁的建筑。因为它也象征着专制和压迫。秦皇汉武、唐宗宋祖的宫殿消失了，外国君主被焚毁的宫殿也不少。法国大革命期间，法国人民捣毁了路易十四的坟墓，甚至捣毁了历代法国国王的坟墓。相反，人民怀着极其崇敬的心情，用盛大的仪式把平民卢梭的棺椁抬进了先贤祠。

在欧洲，还有一类建筑的壮观华丽程度可以和宫殿相媲美，那就是教堂。

建筑是政治的体现，是权力的体现。荷兰是最早的资本主义国家，所以在阿姆斯特丹没有占地面积巨大的王宫，却有公司大楼、有交易所、有很多中产阶级居住的小楼。

随着人类社会的进步，君主逐渐退出历史舞台，代议制政府机构掌握了权力。所以，议会建筑一般比总统府要高大、漂亮得多。美国国会大厦和美国白宫就是例子。很多国人误把美国国会大厦当成白宫。其实，美国掌握最高权力的不是总统，是国会。

人民的权力大了，大型公众建筑就越来越多，如体育场、博物馆、音乐厅。

一栋大型建筑的知名度比一幅油画、一件雕塑、一部音乐作品的知名度更高。没有人不知道长城、埃菲尔铁塔、自由女神像。

一幅画、一件工艺品不足以显示一种文化的先进，但一座雄伟的建筑就可以。埃及金字塔、古罗马斗兽场放在那里，什么都不说，就会让人不由得赞叹。我觉得如果大清皇帝到罗马和巴黎看一看，就可以直观地感受到欧洲的先进。

一栋大型建筑竣工、投入使用，肯定是一项重大的历史事件。

路易·勒沃、儒勒·哈杜安·孟萨尔，他们是伟大的艺术家。他们的名字已经载入史册，永远值得人们尊敬。

中国有句俗语，百闻不如一见。我只介绍了凡尔赛宫很小的一部分。有条件的话，各位读者还是亲自到凡尔赛宫看一看，去之前要做好充分的攻略准备。

归纳上述几章的内容，在 17 世纪、在路易十四时代，法国是当之无愧的世界文化中心，可以列举的内容包括但不限于：法式建筑、法国宫殿、法式花园、法式家具、法国喷泉、法国哲学、法国数学、法国文学、法国戏剧、法国芭蕾、法国沙龙、法式礼仪、法国餐饮、法国葡萄酒、法国服装、法国香水、法国寓言、法国教育、法国语言等。

蒲松龄（1640—1715）

第二十二章

蒲松龄——人鬼情未了

现在很多年轻人工作忙，没时间，也没有钱谈恋爱，晚上经常在家里上网看美女直播。看着看着，电脑里的美女出来了，和你共度良宵，还不要你钱，第二天一早就自动消失了。

天底下有没有这样的好事？有。

哪里有？在《聊斋志异》里。

本书既然讲了法国的文学家，同时期大清的文学家也不能忽略。

清朝初期最著名的小说就是《聊斋志异》了。它的作者蒲松龄是一个什么样的人物呢？

崇祯十三年，公元 1640 年。蒲松龄出生于山东淄川县（今淄博市淄川区）洪山镇蒲家庄。拉·封丹比蒲松龄大 19 岁，佩罗比蒲松龄大 12 岁。

蒲松龄的父亲蒲盘是读书人，没有取得功名，于是弃学经商，买田置业，并辅导儿子功课。蒲松龄 19 岁时参加科举考试，在县、府、道连续夺得 3 个第一，取得秀才学位。山东学政施闰章称赞蒲松龄说，"名藉藉诸生间"。

在欧洲，19 岁时一般都大学毕业了。

19 岁取得 3 个第一之后，有才华的蒲松龄又花了 50 年时间参加科举考试，没有一次通过。到底是才华问题？还是运气问题？总之，最郁闷的就是蒲松龄本人了。不过，我觉得这是因祸得福。为什么呢？容我慢慢讲。

1667 年，连续三次遭遇乡试失败后，为了养家糊口（已经有两个儿子），蒲松龄去淄川县丰泉乡王村教馆教书。

3 年后，蒲松龄来到江苏，成为宝应知县孙蕙的幕僚。孙蕙是蒲松龄同县的进士。一年后，孙蕙升任江苏高邮州知州，蒲松龄也跟着来到高邮。蒲松龄思念妻儿老小，辞去幕僚回乡。这段幕僚生活让蒲松龄认清了官场和社会。

回家后，蒲松龄一边备考，一边到缙绅家中教书谋生。原以为自己很快就能金榜题名、高官得做，没想到七八年都没有考过，只能教了七八年书。在此过程中，他开始撰写《聊斋志异》。

康熙十八年。公元 1679 年。40 岁的蒲松龄来到西浦村的毕际有家中教书。此时，他的《聊斋志异》初步成书。

40 多岁的蒲松龄还是一介书生，孙蕙已经到了京城升任给事中。

现在，没有人不知道蒲松龄，谁知道孙蕙（虽然孙蕙也写了不少诗）。

在毕家，蒲松龄一教就是 30 年，直到 70 岁。

1709 年，蒲松龄退休归家，准备再考一场试试运气。蒲松龄真不服气啊。他写了一首诗："三年复三年，所望尽虚悬。五夜闻鸡后，死灰复欲燃。"

1711 年，72 岁高龄的蒲松龄最后一次败于考场。考官被老人家不服输的精神感动，给他颁发了一个安慰奖——"岁贡生"。"岁贡生"的地位比秀才高了一丁点儿。辛辛苦苦 50 多年，仕途才向前走了一小步。"岁贡生"每年有 4 两银子的补贴，蒲松龄一分钱也没有拿到，全被上面贪污了。

蒲松龄科举考试屡屡失败，心中不满，在《聊斋志异》中多次讥讽科场考官昏庸。在《贾奉雉》中，一个才华很高的读书人中了幻术，糊里糊涂写了一篇极烂的文章，没想到在科举考试中得了高分。幻术消失后他读了自己的那篇文章，觉得就是臭狗屎，害羞地躲进了山林不见人了。

在大清，科举考试也出现了严重的内卷。巴多明写道：

"有些人并非仅仅是天才的力量和超群的记忆力优势，才能于二十岁之前高中进士。他们应部分地归功于其家长为使他们变得精明能干而花费的心血与开销。我认识一个青年，他的父亲是进士。他家的餐桌上经常有另外三名进士，父亲为他们支付高薪，以让他们照顾其儿子。其中的一名进士教青年学习作赋和诗。另一位则教他练习远远高于普通人的习字。第三人则向他传教历史要义，王朝兴败的原因。"

蒲松龄的家庭生活也许并不幸福。他在《夜叉国》里讲了一个笑话。说的是有一个男人去海上探险，娶了一个母夜叉，还生了孩子。这还不搞笑。搞笑的是蒲松龄最后评价：

"夜叉夫人，亦所罕闻，然细思之而不罕也：家家床头有个夜叉在。"

康熙五十四年。公元 1715 年。蒲松龄病逝，享年 76 岁，也算是高寿。

蒲松龄一生无权无钱无名，死后成为中国近代史上最重要的作家之一。

蒲松龄写《聊斋志异》的时候，他的亲朋好友认为他不务正业，"可怜无补费精神"。

其实，蒲松龄一辈子写了不少书，只有《聊斋志异》被人们记住。

不过，《聊斋志异》生前没有出版，蒲松龄没有赚到钱。

《聊斋志异》最早的刻本"青柯亭本"出版大约两年后就传入日本。日本著名作家芥川龙之介的 4 部作品直接取材于《聊斋志异》，分别是：《仙人》（取材于《鼠戏》《雨钱》）、《酒虫》（取材于《酒虫》）、《掉头的故事》（取材于《诸城某甲》）、《仙人》（取材于《崂山道士》）。在中国非常有名的太宰治创作了《清贫谭》和《竹青》，分别取材于《黄英》和《竹青》《莲香》。

除了日本，《聊斋志异》还被翻译成英、法、德、意、俄、越南、捷克、罗马尼亚、波兰、西班牙等近 20 余种语言的译本。

蒲松龄为中国、为世界创造了宝贵的精神财富。

蒲松龄如果科举考试顺利，当上了官，天天忙于公务，并时时准备当更大的官，大清只不过多一个叫蒲松龄的知府巡抚，却少了一本《聊斋志异》，这将是中华民族多大的损失啊。

明末大学者宋应星五次会试失败，于是放下书本，出门走遍中国大江南北，考察实学，撰写了一本科技巨著《天工开物》。在该书序言里，宋应星写道，"丐大业文人，弃掷案头，此书与功名进取毫不相关也。"大清修《四库全书》的时候，在《天工开物》里发现北虏两字，于是将其列为禁书。

大清有才华的人多的是，花费大量时间精力参加科举，完全是一种浪费。很多有才华的人当了官，为官一生也是一种浪费。

很多科举状元默默无闻，很多落第秀才创造了历史。

蒲松龄您一定知道，请问您知道徐旭龄、施维翰、李天浴吗？他们都是蒲松龄同时代的山东巡抚，官是够大了，但没人知道他们。

如果蒲松龄在法国，不必当官，光出书就能出人头地。说不定路易十四会亲自接见他，给他一笔年金。而且，他可以游走于王公贵族之间，衣食无忧、名利双收。如果蒲松龄在英国，一本书可以给他带来丰厚的稿酬，不必寄人篱下。当时英国政府同样给诗人或散文家各种养老金，赐予贵族盛宴，并引介给王室或在政府中担任闲职。

英国人约翰·班扬，比蒲松龄大 12 岁，出身低，家庭穷，比蒲松龄穷多了，只上过小学。康熙十二年。公元 1678 年。他出版了一本寓言小说，叫《天路历程》，里面有神也有鬼，在他生前就销售了 10 万册。当时英国人口也就700 万左右，不到大清的 1/15。截至目前，《天路历程》的总销量肯定超过10 亿册。

《天路历程》上卷的内容为：一名叫基督徒的男人意外得知自己居住的城市即将毁灭。他惊恐万分，要带着妻儿逃到外地去。家里人却哈哈大笑，说他疯了。为了活命，男子只得一人离家出走，没想到路上更凶险，有魔王的冷箭，有饿狮的利爪。他在灰心沼差点淹死，在屈辱谷勉强战胜"浑身披着鳞甲"的地狱魔王。路上他和一个叫忠诚的人相遇，两人搭伴来到"名利镇"。魔王将忠诚处以火刑。此时，一辆四轮马车从天而降，把忠诚接入天国。基督徒成功越狱，认识了希望，两人冒险走出怀疑堡，避开献媚网，渡过暗冥河，终于到达了至善、至美、至福的天国圣城，获得了永生。

《天路历程》下卷的内容为：基督徒升天之后，想起了他的妻子和孩子，于是通知他们来圣城相会。他的妻子带着孩子在途中受到歹徒袭击，"救助者"出现，帮助他们赶走歹徒。接着，"解释者"派大力士"无畏"送他们前行。"无畏"诛杀了挡道的"残酷"和"屠杀巨人"，击败了骚扰"名利镇"的巨龙，销毁了怀疑垒，杀死了"绝望巨人"及其妻子"猜疑"，救出了"诚实""低能""沮丧""畏怯"。妻子和孩子们会合"纯真""坚持"等人抵达圣城，与基督徒团聚。

归纳起来，通往天国的路需要卸下罪孽、抛弃顽固、克服柔顺、拒绝灰心、忍受屈辱、减少闲扯、永不绝望、经受名利考验。并且，你要把诚实、忠诚、慈悲、纯真、希望、坚持当成终生的朋友。这样你才能变成被天国接纳的完人。

《天路历程》可以说是自我修炼之旅，自我净化之旅。一个灵魂肮脏的人，不断痛苦地用铁刷子刷掉自己身上的污秽，在疼痛中完成自我蜕变。

早在100年前，莎士比亚就在《维洛那二绅士》中写道：

"父亲们把儿子送到外国去寻找机会。

有的投身军旅，博得一官半职；

有的到遥远的海岛上去探险发财；

有的到大学里寻求高深的学问。"

但是在大清，别说皇帝、总督，就连普通的读书人都认为蒲松龄不务正业、浪费生命。山东按察使喻成龙邀请蒲松龄赴宴，这已经是最高的待遇了。

我们都知道一个故事。

蒲松龄在路边支起一个摊子，有人经过时就请他们坐下来抽烟喝茶讲故事。蒲松龄把听到的故事搜集起来，写进《聊斋志异》里。

故事是假的。是一个叫邹弢的人胡诌的。

蒲松龄穷，要赚钱养家糊口。他既没有时间闲谈，也没有钱给别人买烟买茶。

《聊斋志异》的故事有三个来源：一部分的确是他听别人说的，一部分是他改编前人作品，第三部分是他自己创作的。

《聊斋志异》是本什么书？

鬼书。蒲松龄真是生不逢时。你看现在《鬼吹灯》《盗墓笔记》卖得多火。

蒲松龄写了《聊斋志异》之后，袁枚写了《子不语》，纪晓岚写了《阅微草堂笔记》，长白浩歌子写了《萤窗异草》。从明末清初到乾隆时期，大清的文学艺术界鬼影幢幢，群魔乱舞。康乾时期大兴文字狱，文人们不敢写人，只能写鬼，让鬼说人话。

聊斋里的鬼不少，但恶鬼坏鬼丑鬼不多。相反，很多鬼有情有义、有胆有谋、知恩图报，就像是大侠一样。聊斋里的鬼也不像贞子那样吓人。相反，很多狐狸精貌美如仙、性格主动、能言善辩。

蒲松龄本人不信神、不信鬼。他认为神是人造的，是人类对大自然现象不理解所产生的幻想。但他也承认，有神存在，可以遏制人的邪念，"劝善功德，料非浅鲜"。

梦书。穷困潦倒、百无一用的书生，被美貌无比的女人倒追，主动献身。

这些女人不仅用身体满足书生，还帮他干活，帮他赚钱，甚至帮他报仇。

那些女人敢爱敢恨，对男人慷慨大方。

那些穷书生呢？只要女人的身体，出了事就躲得远远的，对女人无情无义。

黄书。《聊斋志异》中有性无知、性压抑、性饥渴、性无能、性虐待、男同性恋与女同性恋、柏拉图类恋爱（无性之爱）、男女性心理异常（拒绝异性身体接触）、性话、人妖与双性恋。性交还有滥用春药、人兽交、群交。性行为有猥亵、诱奸、强奸、乱伦。《聊斋》虽然写性，却没有性行为的详细描写，所以没有遭到查禁。

恐怖血腥。我记得以前央视版的《聊斋》里就有不少恐怖血腥的镜头。

《诸城某甲》中，某甲被人砍头，但咽喉处还有一指多宽连着。他的家人照顾他，半年后好了，后来正常生活了十几年。有一天，某甲和别人聊天，别人讲了一个笑话。某甲听后仰头大笑，不想力度太大，原来的刀痕裂开了，某甲的头掉在地上，死了。某甲的父亲于是去衙门告那个说笑话的人。真想知道那是个什么笑话。

聊斋里很多故事充满了宿命论的思想，比如下面这个：

王大司马家里很有钱。一天晚上，他梦见一个人走进他的房间，对他说，你欠我40千钱，现在该还我了。王大司马惊醒过来，妻子正巧生了个男孩。梦中人看来就是这个孩子。他拿出40千钱单独放在一个房间，这孩子的一切费用都从这40千钱里支出。三四年后，40千钱就剩700了。王大司马对孩子开玩笑说，40千钱快用完了，你可能也该走了罢。

话音未落，小孩突然脸色大变，一伸腿一瞪眼，死了。

这玩笑开大了。王大司马吓了一跳。没办法，只好把孩子葬了，总费用700钱，一分没剩下。

有人老来无子，问高僧这是为什么？

高僧回答说，生好孩子是来还债的，生坏孩子是来讨账的。你上辈子不欠人家的钱，人家也不欠你的钱，你哪能得孩子？

宿命论认为，往生、此生和来生是紧密相关的，是一个永不停止的循环。你上辈子欠别人的、别人欠你的，这辈子都要还。你这辈子欠别人的、别人欠你的，下辈子要还。别人是谁？孩子。孩子特别懂事，是因为你上辈子对他特别好。孩子特别闹事，是你上辈子欠他的。

《聊斋志异》好在哪儿？

郭沫若说这本书"写鬼写妖高人一等，刺贪刺虐入骨三分。"

写鬼写妖是手段，刺贪刺虐是目的。书中揭露大清官场黑暗，官员贪腐，欺压百姓，甚至滥杀无辜。

顺治年间，农民领袖于七起义，遭到大清政府血腥镇压。

在《公孙九娘》一文中，蒲松龄写道：

> "于七一案，连坐被诛者，栖霞、莱阳两县最多。一日，俘数百人，尽戮于演武场中。碧血满地，白骨撑天。上官慈悲，捐给棺木，济城工肆，材木一空。"

在《夏雪》一文中，酷暑天气苏州城内大雪纷飞，百姓惊恐万分，一齐到大王庙跪倒，求大王老爷止雪。大王紧闭双唇，一言不发。

百姓们百般求情。

大王终于开口说话了，"现如今叫谁老爷，前面都要加个'大'字。难道因为我这个神小，担不起一个'大'字吗？"

众人连声高喊，"大老爷！大老爷！"

雪立刻停住了。

蒲松龄写道，"举人被称为'爷'，是从康熙二十年开始的；进士被称为'老爷'，是从康熙三十年开始的；各省的布政使司、按察使司和巡抚被称为'大老爷'，是从康熙二十五年开始的。老、大都用完了，以后不知道再用什么了。"

总之，各级当官的越来越傲慢。

《聊斋志异》里还写了衙门的黑暗，对犯人使用各种酷刑，书中提到的有剥皮、笞、鞭、杖、针刺、炮烙、宫、劓、刖、割耳、斫指、剪股肉、脔割、凌迟、穿骨、剖腹、抽肠、抽筋、剖心、磨、钉手足、火床、油鼎、刀山。

我们幸运地生活在新社会，回到古代要冒多大的风险。

方苞因为南山案牵连入狱，写下了著名的《狱中杂记》，主要内容我翻成白话文如下：

监狱关押犯人很多，条件极差，每天都有三四个得瘟疫死亡的。强盗和杀人犯身体素质好，不得病。轻犯、嫌疑犯，甚至无辜被牵连进来的反而容易死。

在刑部官员眼里，每抓一个犯人就相当于抓一笔钱。犯人一抓进来就折磨，逼家属早交钱，多交钱。家庭条件好的重犯，交钱回家了。罪轻者或穷人被戴上重铐，看着坏人一个个走出去，活活被气死。

捆绑的规矩是这样的。有钱，捆得很轻，事后无事。没钱，用绳子使劲勒，犯人要休养几个月，甚至落下终身残疾。

拷打的规矩是这样的。给 20 两银子，骨头受点轻伤；给 40 两银子，伤及皮肤。给 120 两银子，当天晚上便能和平常一样走路。

死刑的规矩是这样的。给钱一刀弄死无痛苦，不给钱 100 刀慢慢折磨。刽子手扣留砍下的脑袋不给死者家属，以便敲诈。

如果出于人道主义考虑，甚至执行法律程序，很多犯人都可以活下来，或者免受皮肉之苦。

但是，如果没人死，没人伤，也就没人交钱了。让所有犯人看到死，看到伤，才能赚钱。也就是说，大清官员用无辜者的生命和痛苦来发财。

方苞还讲了两个故事：

有个叫郭老四的人，4 次犯杀人案，花钱后安全出狱。出狱后，他公开把自己的杀人经历讲给别人，好像很骄傲。司法人员贪点钱也就算了，但是让大量的坏人脱罪，那些死者的冤情就永远不能洗清了。

有个李姓杀人犯，和监狱官员勾结，每年都赚上几百两银子。康熙四十八年，大赦出狱，失去了赚钱的机会，很不高兴。几个月后他有一个老乡犯杀人案，他主动、高高兴兴进监狱赚钱去了。康熙五十一年，大赦让他出狱充军，他天天唉声叹气。

《聊斋志异》大肆赞美女性、歌颂女性，倡导爱情，鼓励婚姻自由，影响了后来批判现实更深、艺术价值更高的《红楼梦》。

鲁迅先生说："中国几千年的封建历史，首先是一部吃人史，尤其是吃女人的历史。"班昭在《女诫》中写道："夫者，天也。天固不可逃，夫固不可违也。"这完全没有逻辑。

在汉唐时期，中国的女人像男人一样自由，武则天还当了皇帝。但是自宋明理学兴起以来，女人的地位日益低下，女人的束缚越来越紧。女性才华和美貌不再重要，贞操道德才是第一衡量指标。所以，在男人眼里，女人是柔弱的、顺从的、甚至是愚蠢的。

像蒲松龄这样的男人，活着还有个盼头，通过科举实现人生目标。女人呢，只是活着，和奴隶也差不太多。

在大清，很多女人根本没有出路，甚至没有生路，一生下来就被抛弃在野外。好不容易长大了，嫁到穷人家像男人一样做苦活，没钱打扮，看起来和老男人一样。如果给富人做妾，吃穿可能好一点儿，但还要忍受富人妻子的打骂。

聊斋里讲了一个故事。某富人的小老婆经常受到大老婆的凌辱和殴打，从不反抗，没有一句怨言。有一天夜里，家里来了几个强盗。富人和大老婆吓得躲在床下发抖，小老婆挺身而出，把四五个大汉打倒在地。邻居女伴问她，你打5个男人都没问题，为什么甘心受大老婆的气。小老婆说，这是我的名分决定的，是应该的。

生活中到处都是没有见识、没有知识、没有胆子的女人，《聊斋志异》中则有聪明的女人，有学问的女人，勇敢的女人。

鲁迅最推崇的是《狐谐》一文。

万福娶了狐女，朋友们都来他家喝酒。狐女在酒桌上讲笑话，讽刺这些朋友。在封建社会，男女不同席。男人吃饭喝酒，女人做饭端酒，然后在厨房里吃点剩的。据说现在北方一些地区还有这种陋习。

狐女不一样，像巴黎沙龙的女主人，侃侃而谈，拿这些男人开玩笑。当时座上有弟兄两人，一个叫陈所见，一个叫陈所闻。狐女讲了一个故事，说是一个大臣骑着骡子见荷兰国王。国王没见过骡子，问大臣怎么回事。大臣说，"马生骡，是臣所见；骡生驹，是臣所闻。"大家听后哈哈大笑。有个叫孙得言的客人，出了一副上联讽刺狐女是妓女：

"妓女出门访情人，来时万福，去时万福。"

席上的男人都对不出来。狐女说：

"龙王下诏求直谏，鳖也得言，龟也得言。"

《黄英》一文中，书生马子才的妻子黄英以养菊卖菊为业，马子才"甚鄙之"，认为"风流高士，当能安贫"。我没本事挣钱养你过穷日子不丢人，你抛头露面赚钱真丢脸。

黄英反驳丈夫说，自食其力不为贪，贩花为业不为俗，人固不可苟求富，然亦不必务求贫也。

多少男人没钱没本事，还嘴硬脸皮厚。

黄英用卖花的钱"治膏田二十顷，甲第益壮"。

女人不依靠男人生活，比男人还有能耐。

《宦娘》一文中，宦娘是一个死了100年的女鬼，却喜欢上书生温如春，因人鬼殊途两人不能结为夫妻。温如春喜欢"善词赋，有艳名"的良工，良工的父亲却嫌弃温如春家穷，拒绝他的求婚。宦娘用尽各种办法，帮助温如春娶到了心仪的良工。

在《瑞云》一文中，贺生喜欢漂亮的瑞云。后来瑞云容貌变得像鬼，贺生还是把她娶回家，并说："人生所重者知己：卿盛时能知我，我岂以衰故忘卿哉！"

恐怖、色情加血腥，《聊斋志异》应该说具备了流行著作的所有要素。但是，比起其他名著，影响力则要小得多。

在中国，无人不知道《三国》《水浒》《红楼梦》，无人不知道曹操、武松和林黛玉，无人不知道曹操大笑、武松打虎、黛玉葬花。但是，聊斋里的人物，聊斋里的精彩情节，似乎大家都说不上来。我觉得聊斋有几个问题。

第一是用文言文书写，不容易读懂。

第二是内容太多，良莠不齐。《聊斋志异》里有 400 多个故事，如果能认真写好 40 个故事就够了。

第三是历史局限性。《细侯》写理想的生活就是：

君读妾织，暇时诗酒可遣，千户侯何足贵。

书中对人生的理解还是小农生活。在批判现实的同时，没有对未来的思考并提出建设性意见。

大清很多官员，包括尚书、总督在内的很多高官，他们的名字没有人知道，也没有留下眼睛可以看到的遗迹和纪念物，他们就像风一样消逝了。

蒲松龄的自跋画像和印章现在是国家一级文物。

蒲松龄的书还在卖，影视剧还在播，有声书还能听。2019 年，成龙还主演了电影《神探蒲松龄》。

到了淄博，还能参观蒲松龄故居、蒲松龄纪念馆、聊斋园，瞻仰蒲松龄墓园等。当地还有不少用蒲松龄命名的机构和地名，如松龄中学、柳泉大厦、留仙湖公园、聊斋路、松龄路、柳泉路等。

蒲松龄研究所、研究会、研究室还在继续研究这位大作家。

蒲松龄去世 300 多年了，现在还能为家乡贡献精神财富和物质财富。

蒲松龄纪念馆

科学应用日益不停地增长，越来越广泛，越来越强烈，我们将会看到新奇的东西一个接一个地出现。人类装上翅膀，翱翔空中的那一天将会到来，甚至我们会飞上月球。

——丰特内尔

古人和今人之争至少在哲学领域里已经得到了解决。在文明开化的国家，没有人再用古代哲学家的观点教育青年。

——伏尔泰

中国人有点故步自封，他们对祖先的崇敬使他们以为不可能在祖先发明以外再有任何发现。这种崇敬泯灭了他们超越的愿望，也窒息了追求。

——一位在华传教士

第二十三章
古今之争

清康熙二十六年。公元 1687 年 1 月 27 日，法国爆发了一场特殊的战争。

这一天，法兰西学院院士、《鹅妈妈童话集》的作者佩罗写了一首长诗，叫《路易大帝时代》。诗歌盛赞路易国王伟大，时代辉煌。诗歌的部分内容如下：

辉煌的古代曾经受到大家的尊敬，
但我并不认为对古代就应该言听计从。
我不会对古人视若神明，
我承认他们很伟大，但也是凡胎。
路易国王的时代，罗马奥古斯都的辉煌时代，
可以相提并论，这是公正的结论。

全能的天才，无法超越的荷马，
你是文艺之父，诗歌之神，
我对你无比尊敬，在你面前保持谦恭。
不仅是我，各国历代人民，
迷恋你的大作，你的英雄。
如果你生在当代，人们就不会那样看你，

反而指出你的诸多缺点。

你把勇士刻画得粗野、残忍和头脑简单，

你的作品甚至使人生厌。

这首长诗有两个主要结论：

第一，当今时代可以媲美最辉煌的罗马时代。

法国著名思想家伏尔泰认为欧洲历史有四个伟大的时代：

伯里克利和亚历山大时代（春秋战国时期）；

凯撒和奥古斯都时代（西汉末年、东汉初年）；

佛罗伦萨美第奇家族时代（明嘉靖、万历年间）；

最完美的路易十四时代（清康熙年间）。

佩罗认为，路易十四时代和 1700 年前的罗马时代一样文明、一样发达。

第二，荷马是人不是神，今人的文学水平可以超过荷马。

《荷马史诗》的思想性和艺术性极高。王国维感慨中国没有荷马那种"足以代表全国民之精神"的大作家，认为中国"叙事文学尚在幼稚之时代"。

佩罗说，《荷马史诗》不是完美的，有很多缺点，比如构思粗糙、情节松散、风格粗野、人物品行丑劣。

佩罗说，如果我们不敢批评《荷马史诗》，我们将永远匍匐在《荷马史诗》的脚下，不能创作出新时代的《荷马史诗》。实际上，我们的知识增加了，语言文字也丰富了，用词也更加文雅了，因此今人的作品可以超越《荷马史诗》。

佩罗 1688 年再次批判荷马。1690 年，佩罗第三次攻击荷马。1692 年，佩罗第四次攻击荷马，1697 年佩罗第五次攻击荷马。

他一次也不敢攻击河马。

这首诗开创了一个历史新阶段——古今之争阶段。

中国人民大学刘小枫教授认为，古今之争的重要性可以与文艺复兴、启蒙运动相提并论。

当时的欧洲人认为，欧洲最好的时代是罗马帝国时代。罗马帝国灭亡了，欧洲社会出现了大倒退，进入黑暗的中世纪，愚昧落后。此后的一千多年欧洲各国都不如罗马帝国，甚至以后也很难回升到罗马时代的高度。

在这一点，中国和欧洲是一样的。

明清的皇帝和知识分子认为，"三代"（夏商周）是中国最好的时代。

康熙三十七年，在 18 世纪将要到来的时候，展望新世纪，康熙说自己"有意于三代"。

明清的知识分子认为当时的中国不如三千年前的"三代"。还有人说，"三代"的时候中国是民主，不是君主。

有人认为古代比现代好，历史在退步。

有人认为，历史是循环往复的。好时代会变成坏时代，坏时代又会变成好时代。

有人认为历史是河流，虽然很多时间在转弯，但水一直在流，没有停滞，离大海越来越近。

当社会弊病重重、死气沉沉的时候，一些人怀念过去，觉得古代好。明清知识分子说"三代"好，其实他们根本不了解"三代"。他们对"三代"的理解是一种一厢情愿的想象。

当社会上不断出现新思想、新科学、新发明，越来越多的人就会支持第三种观点。有一种人肯定支持第三种观点，那就是科学家。科学家知道人类过去的无知，知道今天取得的成果，相信未来会有更多的科学定理被发现。

无论如何，科学一直在进步，比过去要好。

文学呢？欧洲人崇拜《荷马史诗》。实际上，莎士比亚、歌德、托尔金都很伟大，《哈姆雷特》《浮士德》《指环王》的艺术性不亚于《荷马史诗》。中国不存在这个问题。汉赋唐诗宋词元曲明清小说，各个朝代都有优秀的文学作品，没有哪部敢排第一。

艺术呢？显然，近代艺术创作高度和广度远远超过古代艺术。

经济呢？近代比古代发达十倍不止。

哲学呢？伏尔泰认为，柏拉图的哲学是原始的，洛克的哲学是新时代的。一个人如果全懂柏拉图，他懂得也很少，不能指导他的生活。如果他懂得洛克，他才能站在时代的潮头。套在中国，如果你读老子、王阳明，你是肯定不能掌握哲学的。你要读笛卡尔、康德、尼采、斯宾诺莎、霍布斯、弗洛伊德、马克思、冯友兰、罗素。王阳明去世后的五百年，世界出现了上百位有独创的哲学家。如果你不学习这些哲学知识，反而拿五百年前王阳明的话来建立三观，那就是刻舟求剑了。为什么古代哲学知识不行？因为哲学是对宇宙和世界的认识。当科学诞生后，科学能够极大地帮助哲学家认识宇宙和世界。没有科学基础的哲学家是原始朴素的、过时的。比如中国古代科学家常常说气充满天和地，但他们并不知道天和地是什么样的。比如几千年来，中国、希腊、印度的哲学家都认为水火土是宇宙的基本物质。直到康熙死后，化学家才发现水不是单一物质，火不是物质是现象，土就更复杂了。比如，古代哲学家说的"空""无"，科学家发现宇宙中并无绝对的"空"。古代哲学家对世界的认识并不是理性的推导，更多的是主观臆断，不仅错误的多，正确的也不是可论证的。

人类几乎各个方面都超过了古代。

对说古代好的人，首先断掉他家里的电，没有手机、电脑和电视，家里顿时安静了。吃饭烧木柴，古人能吃的食物不到今人的五分之一，晚上吃饭还要点蜡烛。普通人蜡烛也点不起，只能早早上床睡觉。其实没有床可以"上"，就是地上的稻草堆。其次是断掉他家的自来水，要从井里打水存到水缸里，想喝的话点火烧开。考虑到用水不便，衣服可能一个月一洗。没有高效的洗衣粉，每件衣服都不那么干净。洗澡十天半个月一回。老百姓家里是没有实木地板，也没有水泥地，实际上就是土。上厕所得出门，那里没有冲水马桶，一进门有一千只苍蝇齐喊"欢迎光临"。排完大便后是没有纸的，得用木棍或石头块解决。想联系亲朋好友也不方便，得出门步行，满大街都是猪屎牛屎。人的脑子也不行了，以为太阳绕着地球转，以为大地是平的，不知道世界上有几大洲几大洋。以为生男生女是女性决定的。有一半的可能性活不过40岁。

从佩罗开始，越来越多的欧洲人相信，今天比过去好，未来会变得更好。

大明大清没有走向现代文明，一个重要的原因就是崇古。

康熙说："从来帝王之治天下，未尝不以敬天法祖为首务。敬天法祖之实，在柔远能迩。"

这个论断在逻辑上是有很多问题的。

比如，敬天是敬什么天？苍天？上天？天上的神？玉皇大帝？这个天没有明确的定义，怎么敬？

法祖，法哪个祖？汉高祖还是宋太祖？不同的祖，其法也不一样，到底执行哪个？

敬自己的天，效法自己的祖宗，远方的人怎么能够臣服呢？

清代文字狱盛行，写明朝或清朝的文章一不小心就可能引来杀身之祸。所以文人学者把精力放在古代，对现实生活视而不见。他们不敢提出尖锐的问题，不敢提超前的建议，大清只能维持、停滞、倒退。

到了清朝末年，列强入侵，日本崛起，很多士大夫认为解决国弱民穷的根本，还是从古人那里寻找解决之道。

直到民国时期，社会思想大解放，中国也出现了激烈的"古今之争"。

比如在语言上的古文与白话文之争，最后白话文赢了。

归纳上述得出两点结论，历史是进步的，今天在学校里读书的孩子，长大后一定比我们懂得多。大清从皇帝到官绅，不承认历史是进步的，所以大清没有进步，反而倒退。

还有一点，西方将 1492 年哥伦布发现美洲当做欧洲近代史的起点，到了康熙四十年，已经两百多年了。在 1492 年之前是古代欧洲，在 1492 年之后是近代欧洲。

我们将 1840 年鸦片战争作为中国近代史的起点。也就是说，康熙时代还属于古代。康熙死后 120 年，中国才进入近代。

横向对比，欧洲近代史比中国早了 340 多年。

直到今天，还有人认为古代比现代好。"用明朝的剑斩清朝的官。"更不可思议的是，还有人认为，西方的发展也要向老子孔子寻求解决之道。

说这种话的人，既不了解西方，也不了解老子孔子。如果孔子复活到今天，他基本上没有什么发言权。他只能拼命地学科学，学上网。在没有了解当今社会之前，孔子提不出什么建议。孔子讲他的政治体系和道德标准，能让人笑掉大牙。

一个康熙年间的读书人精通《四书五经》，但他的知识结构比今天小学毕业生还不如。天文不知道、地理不知道、生物不知道、历史不知道、文学不知道、外语不知道。大清的一品大学士，放在今天，简直可以说连基本常识都不懂。

和古代的悲惨生活相比，今天我们用天燃气做饭，厨房里有微波炉、抽油烟机、烤箱、洗碗机、电饭煲、冰箱，客厅里有电视、音响、空调、吊灯、实木家具和地板，卫生间里有浴缸、马桶、洗手盆、洗衣机。说实话，我们的幸福生活来自科学家、发明家和企业家，而不是孔子。

为什么有人觉得某一本古代的书就高深莫测，就能指导现代生活呢？只能说他读书太少，没有形成自己的知识架构，缺乏判断力。拿到一本古书就大惊小怪，其实是他自身知识匮乏，还不会思考。

我们不忘传统，尊重传统，但更应该面向世界，面向未来，充满自信，实现中国梦，为人类做出更大的贡献。

正如孙中山所说：

　　"世界潮流，浩浩荡荡。顺之者昌，逆之者亡。"

康熙之后是雍正、乾隆，大清继续维系着旧思想、旧制度，继续停滞。
欧洲则发生了翻天覆地的变化，其中的事件和人物包括：

● 法国启蒙运动（伏尔泰、卢梭、孟德思鸠、狄德罗）。
● 法国大革命（罗伯斯庇尔、丹东、拿破仑）。
● 美国独立（华盛顿、富兰克林、杰斐逊、汉密尔顿）。
● 英国工业革命（瓦特）。
● 经济学成为独立学科（亚当·斯密）。
● 化学成为独立学科（拉瓦锡）。
● 植物成为独立学科（林奈）。
● 德国顶级文学家歌德。
● 《鲁滨孙漂流记》的作者笛福。
● 《格列佛游记》的作者斯威夫特。
● 哲学集大成者康德。
● 英国思想家边沁、大卫·休谟。
● 英国史学家爱德华·吉本。
● 天才数学家欧拉、物理学家库仑。
● "音乐之父"巴赫、音乐天才莫扎特。
● 新古典主义绘画创始人大卫。

　　你会看到，欧洲的政治、经济、科技、文化发展滚滚向前，欧洲的名人
在各个领域纷纷做出巨大的贡献。

附 录

康熙朝世界大事记

时　间	事　件
1661 年	• 顺治皇帝去世，康熙登基。 • 克伦威尔被鞭尸。 • 英国国王查理二世继位。 • 路易十四掌权。
1662 年	• 郑成功收复台湾。 • 查理二世颁发宪章给英国皇家学会。 • 罗伯特·波义耳公布波义耳定律。
1664 年	• 英国人占领新阿姆斯特丹，命名为纽约。
1665 年	• 世界上最早的科学期刊《哲学通报》创刊。
	• 胡克发现软木有很多"小房间"，称其为"细胞"。
1666 年	• 宋应星去世。
1667 年	• 英国进行人类首次输血实验。
1668 年	• 牛顿制造了第一台反射望远镜。
1669 年	• 伦勃朗去世。 • 同仁堂成立。
1670 年	• 西班牙承认牙买加和开曼群岛为英国所有。
1671 年	• 路易十四批准法国皇家科学院成立。
1673 年	• 莫里哀刚完成表演就病逝了。
1675 年	• 格林威治天文台开始建设。

续表

时　间	事　件
1676 年	• 列文虎克在显微镜下发现微生物。
1677 年	• 莱布尼茨给出了切线问题的完整解决方案。
1678 年	• 《天路历程》上卷在伦敦出版。 • 吴三桂称帝，然后病逝。
1679 年	• 英国议会通过《人身保护法》。
1681 年	• 查理二世赐威廉·佩恩美国土地，命名为宾夕法尼亚。
1682 年	• 路易十四移居凡尔赛宫。 • 英国贵族兼旅行家西莉亚·菲恩斯开始了她在英国的旅程。
1683 年	• 施琅收复台湾。 • 土耳其大军包围维也纳。
1684 年	• 哈雷找到牛顿，请他证明引力定律。
1685 年	• 清军围攻雅克萨。
1686 年	• 莱布尼茨发表积分学论文。 • "广州十三行"诞生。
1687 年	• 康熙帝为孟子、朱熹题字。 • 法国传教士来华，为康熙带来了 30 箱科学仪器和书籍。 • 牛顿出版《自然哲学的数学原理》。 • 在战争中，帕特农神殿倒塌，雅典娜神庙被拆毁。
1688 年	• 《英国民权法》禁止在任何案件中施加酷刑。 • 世界最早的保险组织"劳合社"出现在英国。 • 路易十四给康熙写过一封私人信件，未能送达。
1689	• 英国通过"光荣革命"，建立君主立宪体制。 • 英国哲学家约翰·洛克完成《政府论》。 • 中俄签订《尼布楚条约》。
1690 年	• 德国人发明单簧管。
1691 年	• 米歇尔·罗尔发明了罗尔定理。
1692 年	• 康熙皇帝发布宽容敕令，允许天主教会在华传教。
1693 年	• 北美威廉玛丽学院获得皇家许可。
1694 年	• 英格兰银行成立。
1695 年	• 布达拉宫完工。
1697 年	• 彼得大帝匿名前往欧洲考察。

续表

时　间	事　件
1700 年	• 柏林科学院成立，莱布尼茨担任院长。莱布尼茨出版《中国近事》，呼吁欧洲人向中国学习。
1701 年	• 西班牙王位继承战争（1701—1714 年）。 • 康涅狄格大学学院成立（后更名为耶鲁大学）。
1703 年	• 牛顿担任英国皇家学会主席。
1704 年	• 罗马教廷和康熙皇帝发生"礼仪之争"。
1705 年	• 英国女王授予牛顿爵士身份。
1708 年	• 安妮女王拒绝《苏格兰民兵法案》，这是英国君主最后一次否决立法。
1709 年	• 第一台钢琴在佛罗伦萨展出。 • 巴黎推出了可折叠的雨伞。
1710 年	• 世界上第一个版权法——英国《安妮法》生效。 • 北京代替伊斯坦布尔，成为世界上最大的城市。 • 路易十四成为世上在位时间最长的君主，至今还是。
1711 年	• 约翰·肖尔发明了音叉。
1712 年	• 彼得大帝把首都从莫斯科迁到圣彼得堡。
1713 年	• 雅各布·伯努利出版关于概率论的书。
1715 年	• 路易十四去世，将王位留给其曾孙路易十五。
1716 年	• 《康熙字典》出版。
1719 年	• 丹尼尔·笛福发表《鲁滨孙漂流记》。
1720 年	• 英国发生"南海泡沫"。 • 康熙皇帝下令，西方商人只能在广州贸易。 • 埃德蒙·哈雷成为英国皇家天文学家。
1721 年	• 巴赫完成《勃兰登堡协奏曲》。
1722 年	• 康熙皇帝去世，雍正皇帝继位。 • 孟德斯鸠 33 岁，伏尔泰 28 岁，本杰明·富兰克林 16 岁，卢梭 10 岁。